文脈でどんどん覚える TOEICテストの英単語

河上源一[編著]
ブルース・ハード上智大学教授[監修]

全パッセージを完全収録!
CD2枚付

TOEIC is a registered trademark of Educational Testing Service(ETS).
This publication is not endorsed or approved by ETS.

中経出版

まえがき

　この本は TOEIC の Part 7 に出題される英文を読みながら，TOEIC730 点レベルまでに必要な単語約 2,100 語（派生語を含めて約 2,500 語）をマスターするものです。リーディングのための素材は，TOEIC に実際に出題されるレベル・内容です。

　リーディング力とリスニング力の総合的な力を試す TOEIC では，語彙力は大変重要な要素です。リーディングと「語彙力」に高い相関性があることについては容易に想像されますが，リスニングでも語彙力がなければ，いくら聞き取る「耳」のトレーニングをしても，一定以上には成績が伸びません。

　問題は，いかにして効率的・効果的に語彙力を強化するかということです。私は，先に『TOEIC テストにでる順 英単語』（中経出版）を出版しました。その本では，TOEIC の得点を最も効率的に伸ばすために，どのような単語を，どの順序で覚えればよいかということを，データ分析に基いて示しています。

　今回は，『TOEIC テストにでる順 英単語』と連動させつつ，より実践的な形で語彙力を増強し，同時にリーディング力を強化できる本を目指しました。ちなみに，さらに上を目指す人のための続編も執筆中です（2 冊で約 3,700 語，派生語を含めて 4,500 語をマスターできます）。

　本書が，あなたのお役に立つことを願っています。

2006 年 7 月

著　者

目　次

まえがき　…………………………………………………………… i
TOEIC 英単語の攻略法　………………………………………… vii
本書の構成と利用法　……………………………………………… xii

■ Part 1 ……………………………………………………………… 1

001	Letter	問い合わせ ……………………… 2
002	Letter	不在の連絡 ……………………… 4
003	Letter	資料の送付 ……………………… 6
004	Letter	注文前の問い合わせ …………… 8
005	Letter	問い合わせの返答 ……………… 10
006	Letter	発送の遅れの通知 ……………… 12
007	Letter	督促状 …………………………… 14
008	Letter	昇進のお祝い …………………… 18
009	Letter	入院のお見舞い ………………… 20
010	Information	レシピ ……………………… 22
011	Information	旅行運賃表 ………………… 24
012	Information	衝動買いを避ける方法 …… 26
013	Information	コンピューターの手引き … 28
014	Information	利用規則 …………………… 30
015	Instructions	フィットネス（１） ……… 34
016	Instructions	フィットネス（２） ……… 36
017	Instructions	使用説明書 ………………… 38
018	Advertisement	雑誌紹介 ………………… 40
019	Advertisement	香港のお買い得品 ……… 42
020	Instructions	あなたの運勢 ……………… 44
021	Article	歯の健康維持法 ………………… 48
022	Article	心の健康維持法 ………………… 50

■ Part 2 ……………………………………………………………… 55

| 023 | Advertisement | セミナーの案内 ………… 56 |
| 024 | Advertisement | 教科書フリーマーケット … 58 |

目次

025	Advertisement	クラブ紹介（1）	60
026	Advertisement	クラブ紹介（2）	62
027	Advertisement	クラブ紹介（3）	64
028	Advertisement	店舗物件	66
029	Letter	ダイレクト・Eメール	70
030	Letter	お悔やみ	72
031	Letter	見本送付への礼状	74
032	Letter	取引条件の問い合わせ	76
033	Letter	製品の売り込み	78
034	Letter	カバーレター	80
035	Letter	採用通知	82
036	Letter	信用口座承認通知	84
037	Letter	顧客アンケート	88
038	Announcement	入賞者発表	90
039	Notice	キャンプ場での注意	92
040	Article	ストレスの必要性	94
041	Article	ボネビル湖	96
042	Article	リスニングの練習法	98
043	Article	心臓発作の予防法	100
044	Article	益虫について	104
045	Weather Report	気象情報	106

■ Part 3 109

046	Report	津波被災者への寄付金	110
047	Report	カヌー競技会	112
048	Report	レジオネラ症	114
049	Report	若者のうつ病	116
050	Letter	製品の売り込み	120
051	Letter	会社移転通知	122
052	Letter	株主総会案内	124
053	Advertisement	フルーツとドリンクバー	126
054	Advertisement	ケータリング・メニュー①	128
055	Advertisement	ケータリング・メニュー②	130
056	Advertisement	ランチ・メニュー	132

057	Advertisement	サッカースクール紹介	134
058	Information	英語コース紹介	136
059	Information	大学公開日	138
060	Information	研究所案内	140
061	Information	カタログの予約購読	142
062	Information	薬の効能と服用法	144
063	Information	禁煙のためのアドバイス	148
064	Information	画像のダウンロード	150
065	Information	オペレーティングシステム	152
066	Instructions	算数問題（1）	154
067	Instructions	算数問題（2）	156
068	Instructions	手荷物の許容量	158
069	Information	違反者教育プログラム	160
070	Information	グラフの読み取り	162
071	Article	広告のうそ	164

■ Part 4 ... 171

072	Report	列車内の2度の爆発	172
073	Report	新生児が顔を見分ける？	174
074	Report	カナダ企業，アメリカへ進出	176
075	Report	イラク全土で投票	178
076	Report	結婚についての意識調査	180
077	Report	総選挙結果	182
078	Report	匿名で100万ドルを寄付	184
079	Notice	返品条件	186
080	Instructions	投稿規定	188
081	Instructions	著作権規定	190
082	Information	投資信託の紹介	194
083	Information	送金方法	196
084	Advertisement	貸事務所	198
085	Advertisement	歴史ある宿	200
086	Advertisement	湖畔のコテージ	202
087	Advertisement	コンビネーション・ライト	204
088	Information	暗号化	206

		目　次	
089	Review	プロフィール	208
090	Review	ブック・レビュー	210
091	Advertisement	園芸機械工募集	212
092	Advertisement	レストランスタッフ募集	214
093	Article	ストレッチ体操	216
094	Article	エクササイズの効用	218
095	Article	ディベートとは？	220

■ Part 5　225

096	Report	捕鯨反対運動	226
097	Report	フィッシャーに新しい故郷	228
098	Report	和平へのロードマップ	230
099	Report	米国誤爆を認める	232
100	Report	中国経済の与える影響	234
101	Report	クラッシュ事故①	236
102	Report	クラッシュ事故②	238
103	Advertisement	宝石・美術品鑑定	240
104	Advertisement	ビーチハウス	242
105	Advertisement	リゾート・ホテル	244
106	Advertisement	デジタル通信スタジオ	248
107	Advertisement	宴会施設	250
108	Advertisement	年越しクルーズ	252
109	Advertisement	高性能サングラス	254
110	Information	ご意見を求む	256
111	Information	ライセンス規定	258
112	Information	講座紹介	260
113	Information	カーシャ	262
114	Instructions	カーシャサラダ	264
115	Instructions	テビオの服用法	266
116	Instructions	手術を受ける心得	268
117	Article	重力について	270
118	Article	敏感肌の原因	272
119	Article	ベビーブーマーの定年	274

■ Part 6 ……………………………………………… 281

1. Report (120 〜 176)
   - ①自然災害 …………… 282
   - ②気候・気象 …………… 286
   - ③事件・犯罪 …………… 288
   - ④芸能・スポーツ …………… 296
   - ⑤社会一般 …………… 300
   - ⑥政治・経済 …………… 307

2. Information/Instructions (177 〜 222)
   - ①健　康 …………… 312
   - ②料　理 …………… 316
   - ③コンピューター …………… 317
   - ④教育・スポーツ …………… 320
   - ⑤ビジネス …………… 325
   - ⑥社　会 …………… 330
   - ⑦ブック・レビュー …………… 332
   - ⑧アナウンスメント …………… 335

3. Article (223 〜 265)
   - ①人物・評伝 …………… 338
   - ②地　理 …………… 341
   - ③医　学 …………… 345
   - ④科学・宇宙 …………… 351

索　引 ……………………………………………… 362

●単語CHECK　　　　　（3ケタの太文字はパッセージの番号を示します）

（1） 001 〜 005 …17		（14） 061 〜 066 …167
（2） 006 〜 010 …33		（15） 067 〜 071 …168
（3） 011 〜 014 …47		（16） 072 〜 076 …192
（4） 015 〜 018 …52		（17） 077 〜 081 …193
（5） 019 〜 022 …53		（18） 082 〜 086 …222
（6） 023 〜 026 …69		（19） 087 〜 091 …223
（7） 027 〜 031 …86		（20） 092 〜 095 …224
（8） 032 〜 036 …87		（21） 096 〜 099 …246
（9） 037 〜 041 …103		（22） 100 〜 105 …247
（10） 042 〜 045 …108		（23） 106 〜 111 …276
（11） 046 〜 049 …119		（24） 112 〜 115 …277
（12） 050 〜 054 …147		（25） 116 〜 119 …278
（13） 055 〜 060 …166			

◆熟語CHECK

- （1） 001 〜 022 …54
- （2） 023 〜 045 …169
- （3） 046 〜 071 …170
- （4） 072 〜 095 …279
- （5） 096 〜 119 …280

TOEIC 英単語の攻略法

■「単語集」か「多読」か

どのようにして語彙力を増強するか，という議論の中で，よく「単語集で丸暗記するのはよくない。実際に英文をたくさん読むべきだ」という意見を耳にします。

もし「単語集」が，単に英単語とその日本語訳が1対1で並んでいるだけのものであれば，「単語集で丸暗記するのはよくない」という意見は正しいでしょう。しかし，「たくさん読むべきだ」ということについても，「どのような英文を，どれだけ読むか」ということを言わなければ学習者には不親切です。

サッカーで，ドリブルやシュートの基本練習が大切か，試合形式の実践練習が大切かという議論をする人はいません。両方が大切であると同時に，それぞれの練習内容に工夫が必要なのです。

例文や語法などをきちんと入れた「単語集」は，ドリブルやシュートのような基本練習です。そして，本書は，試合形式の実践練習を目指したものです。

「どのような英文をどれだけ読めばよいか」という問いに，具体的に答えようというものです。

■どのような内容の英文を読めばよいか

TOEICのPart 7のリーディングには，日常生活やビジネスで使われる実用的な英文が出されます。テストのDirectionsには，

"In this part, you will read a selection of texts, such as magazine and newspaper articles, letters, and advertisements."
とあり，雑誌や新聞の記事，手紙，広告などが例として示されています。

それぞれの問題文では，"Questions 000-000 refer to the following ...."として，followingのあとに，何を読むかが具体的に示されます。

「TOEIC運営委員会」が発行している『TOEICテスト　新公式問題集』で，この部分の表示を集計してみると，次のようになっています。

Letter（手紙）	12
E-mail Message（Eメール）	4
Memorandum（メモ）	4
Article（記事）	3
Advertisement（広告）	2
Information（情報）	2
Document（文書）	2
Billing Statement（請求書）	1
News Report（ニュース記事）	1
Notice（通知）	1
Recipe（レシピ）	1
Schedule（スケジュール）	1

（数字はリーディング・パッセージ数：1問に2つのパッセージがある新形式の問題は，それぞれ別に分類しました）

これを見ると，手紙文が圧倒的に多く出題されるように見えますが，内容的にはAdvertisementと考えたほうがよいものもあります。過去の出題例から見ても，分類名は固定したものではありません。

著者がいままでに収集したデータでは，頻出ベスト5は，以下のようになっています。

1. Article（記事）
2. Advertisement（広告）
3. Letter（手紙）
4. Report（レポート）
5. Information（情報）

■どのようなレベルの英文か

さて、TOEIC に必要な単語については，先に『TOEIC テストにでる順 英単語』（以下、略して『でる順 英単語』とする）で示しました（本書の収録語は、この本に準拠しています）。今回は，特に TOEIC の Part 7 のリーディング・パッセージの単語レベルを分析しました。

※このレベル分析には，株式会社アルクの「標準語彙水準 12,000」を使わせていただきました。これは，12,000 語の単語を，1,000 語ずつ，12 のレベルに区分した語彙リストです。

具体的には，リーディング・パッセージをコンピューターにインプットし，すべての単語のレベルを調べ，そのレベルの平均値を出しています。たとえば，あるリーディング・パッセージがすべて，レベル 1（1,000 語）の単語で書かれているとすると，その「パッセージ・レベル」は 1.0 ということになります。

※同じ単語は 1 度だけカウントする方法で，使用単語の平均値を求めています。また，「標準語彙水準 12,000」に含まれない単語はレベル 12 とし，固有名詞などは除外してあります。

こうして調べた「パッセージ・レベル」が次ページのグラフです。英文の難易度は，必ずしも単語の難易度とは一致しませんが，少なくとも単語レベルでの難易度は，この数値で見ることができます。

『新公式問題集』の 34 のパッセージは，1.3 から 2.2 の範囲で，1.6 がピークになっています。1.6 という数値を見て，値が低いことに驚かれるかもしれません。TOEIC といえども基本語が重要であることを示しています。

本書に収録した 119 のリーディング・パッセージは，1.2 〜 2.4 のレベルのもので構成されていますが，ピークはやはり 1.6 で，TOEIC テストの問題と極めて相関性が高くなっています（この 119 のパッセージをどう配置してあるかについては，「本書の構成と利用法」で説明します）。

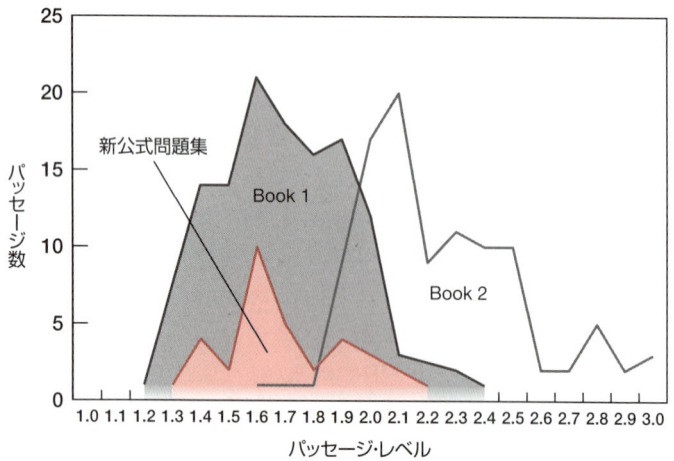

※ちなみに，第2冊目は少しレベルが上がります（1.6〜3.0）。出現頻度の低い単語を効率的にカバーするためには，分野は同じでも，やや難度の高い素材を選択せざるを得なかったからです。しかし，ウエイト・トレーニングと同じで，負荷をかけた読解練習は，相当に力をつけることができるでしょう。

TOEICのPart 7のリーディングでは，「速読力」が必要と言われますが，それは，特別の「速読術」が必要ということではありません。要は，前から読んで，そのまま（日本語に訳していくのではなく）要点をとらえていく「ふつう」の読み方ができるかどうかということです。それと，もう1つ重要なポイントは，手紙文，広告文，ニュース記事など，それぞれの文章特有の構成や展開に慣れているかということです。

本書のリーディング・パッセージで，まず単語と文の意味を確認した後，繰り返し読んだり，付属のCDで繰り返し聞いたりして，それぞれの文章に慣れておくということが，非常に役立つでしょう。

※本書に収録してあるリーディング・パッセージは，著者が収集・分析した英文を元に，監修のBruce Hird先生がリライトしたものです。

■どのような単語を学ぶか

本書の収録単語は『でる順 英単語』に準拠していますので，同書の「まえがき」で紹介した単語の選定方法について，ここに概要を再録してご紹介しておきます。『でる順 英単語』では，基本の3,000語を選定しています。

・語の選定

まず，TOEICの問題をコンピューターにインプットして単語の頻度を調べます。ただしTOEICの問題自体は公開されていませんから，ここでは，いわゆる模擬試験問題を資料としました。模擬問題は，アメリカ，イギリス及び日本国内の出版社のものを収集，利用させていただきました。総語数約20万語の頻度を調べています。

このデータ分析の結果が下図です。このグラフは縦軸が総語数（割合），横軸が頻度順の単語数です。このグラフを見て驚くのは，頻度1位の語から頻度500位くらいまでの急激な線の立ち上がりです。500位で約70％，1,000位で約80％を占めています。このことから，TOEICにおいても，基本語がいかに重要かということがわかります。

頻度1～1,000位くらいまでは，ほとんどが中学校レベルの基本語ですので，TOEICに特徴的な語以外は省きます。さらに頻度5,000位以内から，固有名詞・意味の簡単な名詞・派生語など，不必要なものを削っていき，最終的に，重要語3,000語を選びだしました。

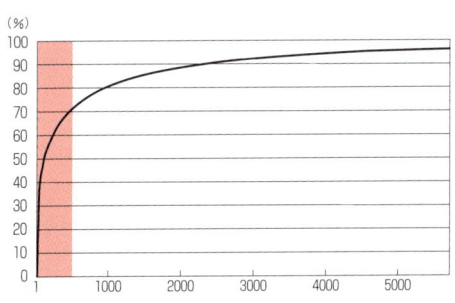

本書の構成と利用法

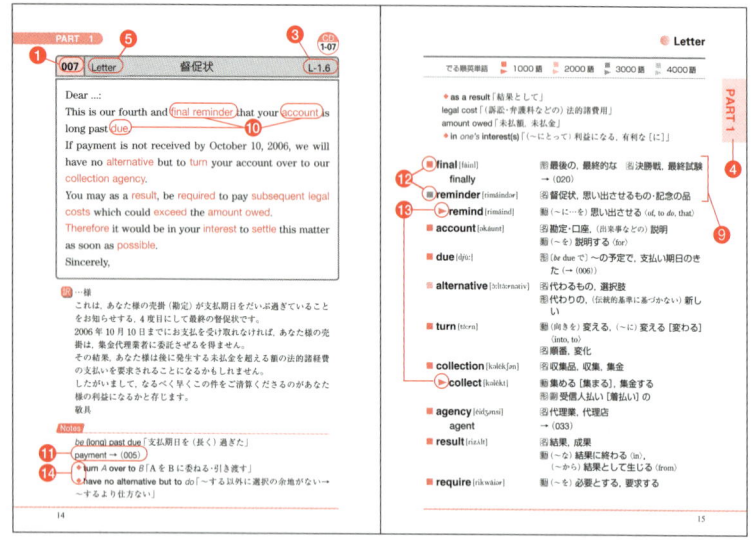

この本には，001〜119まで119のリーディング・パッセージ（❶）と，120〜265まで146のショート・パッセージ（❷）があります。まずは英文を読み，意味がわかるか確認しましょう。

リーディング・パッセージは，前項で述べた「パッセージ・レベル」（❸）によって，易しい順にPart 1〜Part 5の5つのパートに分けています（❹）。

Part 1〜Part 5の中は，Letter, Advertisementなどの分野別に分類してあります（❺）。

それぞれの分野の中は，基本的にはレベル順ですが，テーマが同じものをまとめたり，関連するテーマを並べたりしてあります。

ショート・パッセージはPart 6としました（❻）。

Part 6 の中は，1. Report, 2. Information/Instructions, 3. Article の3つに分け（❼），その中を，さらにテーマ・内容別に分けてあります（❽）。

こうして配列したリーディング・パッセージとショート・パッセージでは，初級レベルの単語を除くすべての単語について，その解説をしています（❾）。英文を読んだとき，わからなかった単語の意味を確認しましょう。初出の個所を太い色文字にして（❿），さらに，2～3度目くらいまでは，初出のページが参照できるようにしてあります（⓫）。

したがって，この本は，最初から読んでいけば（初級レベルの語を除いて）未解説の単語に出合うことはありません。辞書無しで通して読めるようになっています。

また，例えば Letter のみを読んでいくなどすれば，頻出分野・苦手

分野を攻略することもできます。

　Part 6のショート・パッセージは，Part 1～5で扱わなかった単語について，おもに1,000語レベルの語を集中的に扱っています。ただし，単なる単語集の例文というものではありません。これらを通して読むと，その分野・ジャンルの英文のパターンやリズムが見えてくるでしょう。

●単語のレベル表示

　単語の解説では，見出し語に単語レベルを表示するマークを付けています（⓬）。このレベル表示は，『でる順 英単語』に準じています。色の違いと濃淡の意味は下の表の通りです。

単語のレベル	TOEICテストにでる順 英単語
■（1000語レベル）	1～1000＋基本語*1
■（2000語レベル）	1001～2000
■（3000語レベル）	2001～3060
■（4000語レベル）	未収録語*2

*1『でる順 英単語』に収録していない基本語。
*2『でる順 英単語』に収録していない上級語。

　▶は「関連語」を示します（⓭）。レベル表示の色と濃淡は上記の表に準じます。

　　▶（1000語レベル）　　▶（2000語レベル）
　　▶（3000語レベル）　　▶（4000語レベル）

　なお，▶の語は，必ずしも「派生語」ということではありません。リーディング・パッセージやショート・パッセージに派生語が出ているときは，元になる語を▶で示していることもあります。この場合，見出し語（派生語）のレベルは，元の単語のレベルで表示してあります。

●収録している単語

さて,「まえがき」で,本シリーズは「2冊で(派生語を含めて)約4,500語を征服する」と書きましたが,第1冊目と第2冊目で収録している単語の配分は,図のようになります。

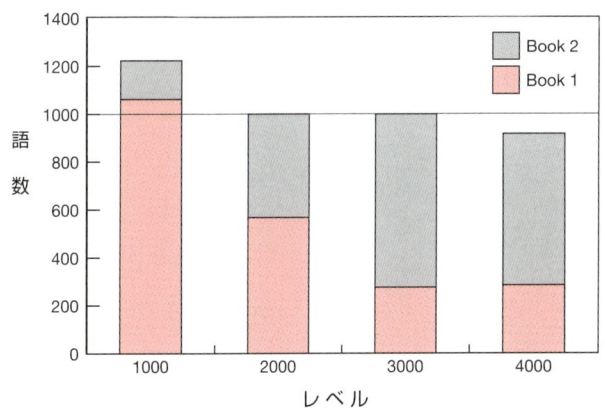

本書に収録している単語は,具体的には下表のようになります。

	単　語	派生語	合　計	
1000語	1,052	174	**1,236**	(基本語を含む)
2000語	567	109	**676**	
3000語	276	52	**328**	
4000語	285	13	**298**	
合　計	2,190	348	**2,538**	

大まかに言えば,この第1冊目では,『でる順 英単語』の3,000語のうち,最初の1,000語のほぼすべてと,次の1,000語(2000語レベル)の約6割を含みます。

目標がTOEIC 600点までの方は,この2000語レベルまでを集中的に攻略してください。

先に書きましたように,この本の英文は,実際のTOEICテストのレ

ベル・内容と同等のものですから，本書を完全に仕上げていただければ，確実に TOEIC 730 点以上の実力が身についているはずです。

●「単語 CHECK」と「熟語 CHECK」

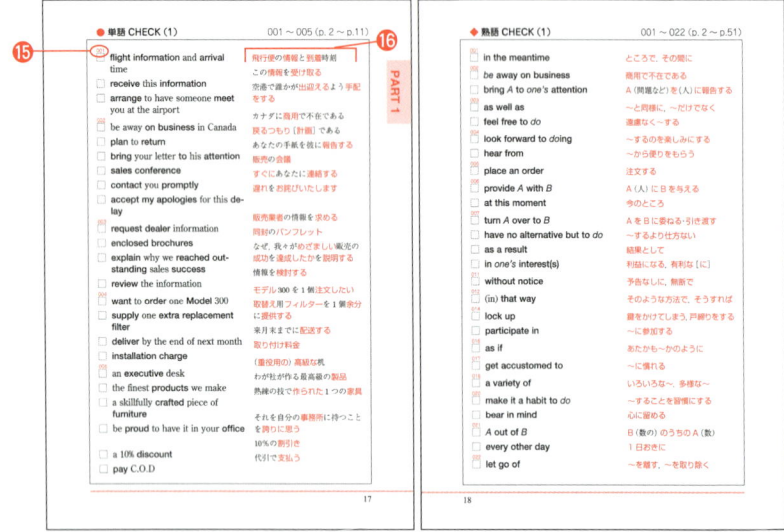

Part 1 ～ 5 までの各パートには，それぞれ 5 回分，計 25 回分「単語 CHECK」があります。おもに 1000 語レベルと 2000 語レベルの単語について，その単語を含むフレーズを抜き出して（⑮はパッセージの番号），意味のチェックができるようになっています。右側に日本語訳を掲載しています（⑯）。しおり等でかくして日本語訳が言えるか確認しましょう。

また，熟語についても，Part 1 ～ 5 の Notes で取り上げた重要熟語（⑭）について，各パートに 1 回ずつ，計 5 回分の「熟語 CHECK」を用意しました。確認に使ってください。

それぞれの配置については「目次」の vi ページをご覧ください。

● 訳と Notes

　Part 1 〜 5 のリーディング・パッセージおよび Part 6 のショート・パッセージには，それぞれ 訳と Notes をつけてあります。

　訳は，直訳に近い日本文になっています。やや不自然と思われるところもあるかもしれません。あくまで「英文」を理解するための手助けという観点で，可能な限り英文の構造を保持しているためです。英語の発想法，あるいは英語の文の構造がそうなっているのだというように理解してください。

　Notes は，語注のほかに，文の構造を理解するうえで必要と思われるものに焦点を絞りました。英語では後ろから修飾する（追加する）語句の読み取りがポイントになります。これを前から読み下すことができるようになることが「速読」のカギです。

● CD の使い方

　本書にはネイティブ・スピーカーが吹き込んだ CD が付属しています。この CD にはリーディング・パッセージとショート・パッセージが収録されています。リスニングの練習に役立てていただけるのはもちろんですが，いままで述べてきたように，英文の構造を頭に入れることと，それぞれの分野の英文のパターンやリズムに慣れるために大変に強力なツールになります。ただ，まんぜんと聞くのではなく，テキストを見ながら一緒に読んでいくことや，テキストを見ないで後からついて読んでいく「シャドー・リーディング」などが非常に効果的です。CD の構成は、以下の通りです。

> CD と収録したパッセージ
> 　CD1:パッセージ 1 〜 99
> 　CD2:パッセージ 100 〜 265

学習のメモ

パッセージの単語を全て覚えたら、「OK!」の欄をぬりつぶしましょう。

パッセージ	OK!	パッセージ	OK!	パッセージ	OK!	パッセージ	OK!	パッセージ	OK!
1		54		107		160		213	
2		55		108		161		214	
3		56		109		162		215	
4		57		110		163		216	
5		58		111		164		217	
6		59		112		165		218	
7		60		113		166		219	
8		61		114		167		220	
9		62		115		168		221	
10		63		116		169		222	
11		64		117		170		223	
12		65		118		171		224	
13		66		119		172		225	
14		67		120		173		226	
15		68		121		174		227	
16		69		122		175		228	
17		70		123		176		229	
18		71		124		177		230	
19		72		125		178		231	
20		73		126		179		232	
21		74		127		180		233	
22		75		128		181		234	
23		76		129		182		235	
24		77		130		183		236	
25		78		131		184		237	
26		79		132		185		238	
27		80		133		186		239	
28		81		134		187		240	
29		82		135		188		241	
30		83		136		189		242	
31		84		137		190		243	
32		85		138		191		244	
33		86		139		192		245	
34		87		140		193		246	
35		88		141		194		247	
36		89		142		195		248	
37		90		143		196		249	
38		91		144		197		250	
39		92		145		198		251	
40		93		146		199		252	
41		94		147		200		253	
42		95		148		201		254	
43		96		149		202		255	
44		97		150		203		256	
45		98		151		204		257	
46		99		152		205		258	
47		100		153		206		259	
48		101		154		207		260	
49		102		155		208		261	
50		103		156		209		262	
51		104		157		210		263	
52		105		158		211		264	
53		106		159		212		265	

本文イラスト／横　ヨウコ

PART 1

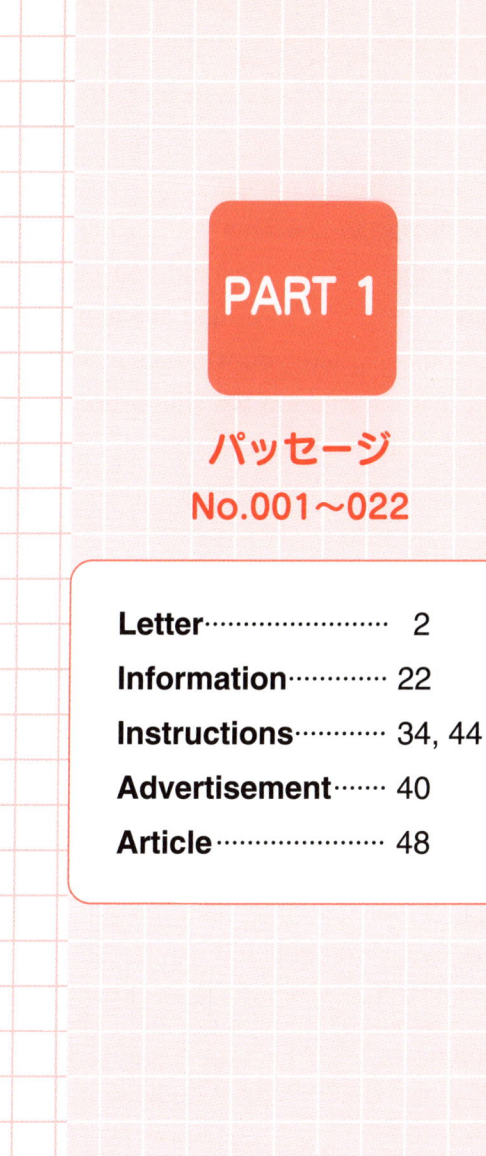

パッセージ
No.001〜022

Letter ·············· 2
Information ·········· 22
Instructions ········· 34, 44
Advertisement ······· 40
Article ················ 48

PART 1

001 Letter　　　　　　問い合わせ　　　　　　L-1.2

Dear ...:

Thank you for your letter of August 7.

We will be very happy to welcome you during the week of August 21. In the meantime, would you please send us your itinerary, flight information, and arrival time? Also could you let us know where you will be staying?

After receiving this information we will arrange to have someone meet you at the airport.

Best regards,

訳 …様

8月7日のお手紙ありがとうございます。

8月21日の週にあなたをお迎えできますこと，とてもうれしく思っております。つきましては，旅行日程と飛行便の情報と到着時刻をお送りいただけますでしょうか。またご宿泊先もお知らせくださいますか。

この情報を受け取りましてから，空港で誰かが出迎えるよう手配をいたします。

敬具

Notes

◆**in the meantime**「ところで，その間に」 手紙で話題を変えたり，補足したりするときによく使う表現。
flight information「飛行機便の情報（航空会社名，便名など）」
arrange to have someone *do*「誰かに～をさせるよう手配する」
Best regards,「敬具」 少しくだけた手紙では Regards も使う。行末はカンマ (,) にし，改行して差出人の名前を入れる。

Letter

でる順英単語 ▶ 1000語 ■ 2000語 ■ 3000語 ■ 4000語

PART 1

■ **dear** [díər]
形 〔Dear ... で〕…様
〔手紙の書き出し。「…」には，親しい間柄ではファースト・ネームを，ビジネスなどの改まった相手には「Mr./Mrs./Ms. + ファミリー・ネーム」を入れる。行末はカンマ (,) あるいはコロン (:) にする〕

■ **meantime** [mí:ntàim]
名 〔in the meantime で〕ところで，その間に

■ **itinerary** [aitínərèri]
名 旅行日程，旅行計画

■ **flight** [fláit]
名 飛行機の旅，(飛行機の) 便

■ **information** [ìnfərméiʃən]
名 情報，案内 (所)

■ **arrival** [əráivl]
名 到着 (⇔ departure「出発」)

▶ **arrive** [əráiv]
動 着く，到着する (⇔ depart「出発する」)

■ **stay** [stéi]
動 とどまる，滞在する 〈at, with〉
〔stay at + 場所，stay with + 人〕
名 滞在

■ **receive** [risí:v]
動 (〜を) 受け取る

■ **arrange** [əréindʒ]
動 (〜の) 手はずを整える，(〜を) 並べる
arrangement → (081)

■ **meet** [mí:t]
動 (〜に) 会う，(〜を) 出迎える，
(要求・条件などを) 満たす，
(会が) 開かれる

■ **regard** [rigá:rd]
名 〔〜s で〕よろしく (というあいさつ)
動 (〜を…と) みなす 〈as〉，(〜を) 評価する

PART 1

002 Letter — 不在の連絡 — L-1.4

Dear ...:

Mr. Miles is away on business in Canada and plans to return to Atlanta in the second week of June.

I will bring your letter about the sales conference to his attention at that time.

I am certain that Mr. Miles will contact you promptly.

Please accept my apologies for this unavoidable delay.

Sincerely,

訳 …様

マイルズ氏はただいまカナダに出張しており、アトランタには6月の第2週に戻る予定です。

そのときに販売会議に関するあなた様の手紙について、マイルズ氏に報告いたします。

マイルズ氏はきっと、すぐにあなた様にご連絡すると思います。

このように、やむを得ずご返答が遅れますこと、お詫び申し上げます。

敬具

Notes

- ◆ *be* away on business「商用で不在である、出張している」
- ◆ bring A to *one's* attention「A（問題など）を（人）に注目させる［報告する］」

sales conference「販売会議」

I am certain (that) ...「…（である）と確信しています」

Please accept my apologies for ...「…についての私のお詫びを受け入れてください→お詫び申し上げます」 丁寧なお詫びの表現。

Sincerely,「敬具」 Best regards より丁寧。Sincerely yours, とするとさらに丁寧になる。

Letter

| でる順英単語 | ▶ 1000語 | ▶ 2000語 | ▶ 3000語 | ▶ 4000語 |

- **business** [bíznəs] 　名 事業, 業務, (やるべき) 事
- **plan** [plǽn] 　動 計画する, (~する) つもりである
　　　　　　　　　名 計画・予定, 案
- **return** [ritə́ːrn] 　動 戻る [戻す]
　　　　　　　　　名 戻る [戻す] こと, 〔~s で〕利益・収益
- **sale** [séil] 　名 販売, 特売, 〔~s で〕売上 (高)
- **conference** [kánfərəns] 　名 会議, 協議
- **attention** [əténʃən] 　名 注意, 配慮, ~宛 〔Attn. として人名・部課名などの前に置く〕
　　attend 　→ (052)
- **certain** [sə́ːrtn] 　形 〔be certain で〕確かな (⇔ uncertain「不確かな」), ある~, いくらかの
- **contact** [kántækt] 　動 (~に) 連絡する・接触する
　　　　　　　　　名 連絡 (先), 接触
- **promptly** [prámptli] 　副 (時間) きっかりに, 即座に
　▶ **prompt** [prámpt] 　形 即座の
　　　　　　　　　動 (~を…へ) 駆り立てる 〈to, to *do*〉
- **accept** [əksépt] 　動 (~を) 受け入れる, 受諾する
　　　　　　　　　(⇔ reject (169), refuse (226))
　　acceptance 　→ (035)
- **apology** [əpálədʒi] 　名 謝罪
　▶ **apologize** [əpálədʒàiz] 　動 (~に / ~のことで) 謝る 〈to/for〉
- **unavoidable** [ʌ̀nəvɔ́idəbl] 　形 避けられない
　　avoid 　→ (012)
- **delay** [diléi] 　名 遅れ, 延期　動 遅らせる, 延期する
- **sincerely** [sinsíərli] 　副 心から
　▶ **sincere** [sinsíər] 　形 心からの, 誠実な

003 Letter — 資料の送付 — L-1.8

Dear ...:

Thank you for your fax of April 23 requesting dealer information about our company's Grand Mobile Homes.

The enclosed brochures, as well as other dealership information, will explain why our Grand Mobile Homes have reached outstanding sales success over the last three years.

After reviewing the information, please feel free to contact us.

Sincerely,

訳 …様

わが社のグランド・モービル・ホームズの販売業者に関する情報をお求めの 4 月 23 日付ファックスをありがとうございます。
販売業者のご案内とともに、同封のパンフレットをご覧くださいますと、わが社のグランド・モービル・ホームズが、なぜこの 3 年間にめざましく売上げを伸ばしているかがお分かりいただけると思います。
どうぞ情報をご検討の上、お気軽にご連絡ください。
敬具

Notes

- **as well as**...「…と同様に」
- ... will explain why 〜「なぜ〜かを…が説明するでしょう」
- reach outstanding sales success「めざましい販売の成功を達成する」
- **feel free to** *do*「遠慮なく〜する」

Letter

でる順英単語 ▶ 1000語 ▶ 2000語 ▶ 3000語 ▶ 4000語

- **fax** [fæks]
  - 名 ファックス（で送られた文書）
  - 動 (〜を) ファックスで送る
- **request** [rikwést]
  - 動 (〜を) 要請する　名 依頼, 要請
- **dealer** [díːlər]
  - 名 販売店 [人]
  - ▶ **dealership** [díːlərʃip]　名 販売代理店
  - deal → (043)
- **company** [kʌ́mpəni]
  - 名 会社, 同席 [同行] すること, 仲間 (→ (020))
- **grand** [grǽnd]
  - 形 (規模・範囲・程度などが) 大きな, 完全な
- **mobile** [móubl]
  - 形 移動可能な, (社会が) 流動性のある
- **enclose** [enklóuz]
  - 動 (〜を) 同封する, 囲む
- **brochure** [brouʃúər]
  - 名 パンフレット・小冊子
- **explain** [ikspléin]
  - 動 (〜を) 説明する
  - explanation → (017)
- **reach** [ríːtʃ]
  - 動 (〜に) 着く, (手などを) 伸ばす 〈out〉, (〜に) 達する
  - 名 (手の) 届く範囲
- **outstanding** [àutstǽndiŋ]
  - 形 傑出した, 未解決の・未払いの
- **success** [səksés]
  - 名 成功
  - successful → (009)
  - succeed → (194)
- **review** [rivjúː]
  - 動 (〜を) 調査する, 復習する, 批評する
  - 名 調査, 批評
- **free** [fríː]
  - 形 自由な, 無料の, 暇な
  - 動 (〜を) 解放する

004 Letter　注文前の問い合わせ　L-1.6

Dear ...:

I might want to order one Aqua Water Filter, Model 300.

First, could you answer these questions:

1. Could you supply one extra replacement cartridge filter ?
2. Could you deliver by the end of next month?
3. Would there be an installation charge? If so, how much?

I am looking forward to hearing from you.

Sincerely,

訳 …御中

アクア・ウォーターフィルターのモデル300を1個注文するかもしれません。

まず，以下の質問にお答え願えますか。

1. 取替え用カートリッジフィルターを1個余分に提供してもらえますか。
2. 来月末までに配送してもらえますか。
3. 取り付け料金はかかりますか。もし，かかるならばいくらですか。

ご返事をお待ちしています。

敬具

Notes

aqua「アクア，水」

◆look forward to *do*ing「～するのを楽しみにする」

◆hear from「～から便りをもらう」

Letter

| でる順英単語 | ▶ 1000 語 | ▶ 2000 語 | ▶ 3000 語 | ▶ 4000 語 |

- **want** [wánt]　　動 (〜を) 望む，(〜が) 欠けている
　　　　　　　　　　名 欠乏

- **order** [ɔ́ːrdər]　　動 注文する，命じる
　　　　　　　　　　名 注文 (品)，順序，命令

- **filter** [fíltər]　　名 ろ過装置，フィルター
　　　　　　　　　　動 (〜を) ろ過する，浸透する

- **model** [mádl]　　名 模型，型式，(ファッション) モデル，手本

- **supply** [səplái]　　動 (〜を / 〜に) 供給する〈with / to〉
　　　　　　　　　　　名 供給 (⇔ demand (040))

- **extra** [ékstrə]　　形 余分の，追加の　　副 特別に
　　　　　　　　　　名 余分のもの

- **replacement** [ripléismənt]　　名 取替え (品)
  - ▶ **replace** [ripléis]　　動 (〜に) 取って代わる，(〜を…と) 取り替える〈with〉

- **cartridge** [káːrtridʒ]　　名 (インク・フィルムなどの) カートリッジ

- **deliver** [dilívər]　　動 配達する，(演説などを) する
  delivery　　→ (060)

- **installation** [ìnstəléiʃən]　　名 設置
  - ▶ **install** [instɔ́ːl]　　動 (装置などを) 取り付ける，(プログラムなどを) 組み込む (⇔ uninstall (111))

- **charge** [tʃáːrdʒ]　　名 料金，責任，告発
　　　　　　　　　　　〔「料金」のいろいろ→ p.133〕
　　　　　　　　　　　動 (金額を) 請求する，(〜を) 非難 [告発] する

- **forward** [fɔ́ːrwərd]　　副 前方へ [に] (⇔ backward「後方へ [に]」)
　　　　　　　　　　　　動 (郵便物などを) 転送する，(計画などを) 進める

005 Letter 問い合わせの返答 L-1.4

Dear ...:

Thank you for asking about our Wharton Executive Desk. This desk is one of the finest products we make: a skillfully crafted piece of furniture that we think you'll be proud to have in your office.

To answer your questions, we could deliver the desk by May 30 if your order is placed within the next 10 days.

We could accept your request for a 10% discount if you pay C.O.D. However, this offer will be valid only until June 30.

If you need more information, please let us know.

Sincerely,

訳 …様

わが社のウォートン高級デスクについてお問い合わせいただきありがとうございます。

この机は、わが社が作るものの中でも最高級の製品でございます。熟練の技で作られた家具ですから、あなた様の事務所に置くことを誇りに思われることと存じます。

ご質問にお答えいたしますと、10日以内にご注文をいただければ5月30日までに机をお届けすることができます。

代引でお支払いいただければ、ご要望通り10%引きとさせていただきます。ただしこの割引は6月30日までに限り有効です。

さらに詳しいご案内がご入用でしたら、どうぞお知らせください。

敬具

Notes

executive desk「（重役が使うような）高級な机」, deliver → (004)

Letter

でる順英単語　▶ 1000語　▶ 2000語　▶ 3000語　▶ 4000語

if your order is placed「もし注文がなされたならば」　◆ place an order で「注文する」。
C.O.D. = cash [collect] on delivery「代引で」

- **executive** [igzékjətiv]　形 執行 [実行] する, (重役用の) 高級な
　　　　　　　　　　　　　名 (企業の) 幹部・役員
- **product** [prádəkt]　名 製品, 生産 (物)
  - ▶ **production** [prədʌ́kʃən]　名 製造, 生産 (高)
  - ▶ **productive** [prədʌ́ktiv]　形 生産的な, 生産力のある
  - produce　→ (044)
- **skillfully** [skílfəli]　副 うまく, 巧みに
  - ▶ **skillful** [skílfl]　形 熟練した, 上手な
  - skill　→ (023)
- **craft** [krǽft]　動 (物・製品を) 精巧に作る
　　　　　　　　　　名 (職人などの) 技術・工芸, 飛行機・船舶
- **furniture** [fə́ːrnitʃər]　名〔集合的に〕家具〔1つの家具は a piece of ~〕
- **proud** [práud]　形 (~を) 誇りに思う〈of, to do〉
  - pride　→ (219)
- **office** [ɔ́(ː)fəs]　名 事務所, 会社・職場, 役所
- **discount** [dískaunt]　名 割引　動 (~を) 割引く
- **pay** [péi]　動 (金を) 支払う, (注意などを) 払う
　　　　　　　　名 給料・報酬
  - ▶ **payment** [péimənt]　名 支払い (額)
- **offer** [ɔ́(ː)fər]　名 申し出
　　　　　　　　動 (~を) 勧める・申し出る, 提供する
- **valid** [vǽlid]　形 (法的に) 有効な, 妥当な
　　　　　　　　　(⇔ invalid「無効な」)

006 Letter　発送の遅れの通知　L-1.6

Dear ...:

Thank you very much for your order.

Unfortunately we cannot send your order on the expected shipping date due to a delay by our overseas suppliers.

However, we will ship your merchandise as soon as we receive it. We cannot provide you with a specific shipping date at this moment but do not expect the delay to be more than two weeks.

In the meantime, we appreciate your patience in this matter.

Sincerely,

訳 …様

ご注文まことにありがございます。

残念ながら，海外の供給業者による遅れが生じたため，予定していた発送日にご注文の品をお送りすることができなくなりました。

しかし，商品が入り次第，発送いたします。目下のところ具体的な発送日をお伝えできませんが，2週間以上の遅れはないと思います。

事情はともかく，この件につきまして，あなた様のご寛容に感謝申し上げます。

敬具

Notes

◆ **provide** *A* **with** *B*「A（人）にBを与える」（=provide *B* for *A*）
shipping date「発送日，出荷日」．◆ **at this moment**「今のところ」
We appreciate your patience　直訳すれば「あなたの忍耐に感謝します」（「詫び状」でよく使う表現）。

Letter

でる順英単語 ▶ 1000語 ▶ 2000語 ▶ 3000語 ▶ 4000語

- **unfortunately** [ʌnfɔ́ːrtʃənətli]　副 残念ながら (⇔ fortunately (006))
  - ▶ **fortunate** [fɔ́ːrtʃənət]　形 幸せな・幸運な 〈in, to do〉
  - ▶ **fortunately** [fɔ́ːrtʃənətli]　副 幸いにも (⇔ unfortunately (006))
- **expected** [ikspéktid]　形 予期 [期待] された
  - ▶ **expect** [ikspékt]　動 (~を) 予期する・期待する, (人・事を) 待つ
  - ▶ **expectation** [èkspektéiʃən]　名 予想, 期待
- **shipping** [ʃípiŋ]　名 出荷・発送, 輸送
  - ▶ **ship** [ʃíp]　名 船　動 発送 [出荷] する, 輸送する
  - ▶ **shipment** [ʃípmənt]　名 出荷・発送, 積荷
- **date** [déit]　名 日付, デート, 会う約束
  動 (~に) 日付をつける, (~と) デートする
- **due** [djúː]　形 〔due to で〕~のために [せいで] (→ (007))
- **overseas** [òuvərsíːz]　形 副 海外の [へ・に], 外国の [へ・に]
- **supplier** [səpláiər]　名 納入業者・供給者
  supply　→ (004)
- **merchandise** [mɔ́ːrtʃəndàiz]　名 〔集合的に・単数扱い〕商品
  - ▶ **merchant** [mɔ́ːrtʃənt]　形 商業の　名 商人
- **provide** [prəváid]　動 (~に…を) 供給 [提供] する 〈with, for〉, (~に) 備える 〈for, against〉
- **specific** [spəsífik]　形 明確な, 具体的な
- **moment** [móumənt]　名 ちょっとの間, 〔the ~で〕(~の) とき
- **appreciate** [əpríːʃièit]　動 (~を) 感謝する, (価値などを) 認める
- **patience** [péiʃəns]　名 忍耐 (力), 我慢
  patient　→ (080)
- **matter** [mǽtər]　名 問題, 困難
  動 〔主に疑問文・否定文で〕重要である

007　Letter　督促状　L-1.6

Dear ...:

This is our fourth and final reminder that your account is long past due.

If payment is not received by October 10, 2006, we will have no alternative but to turn your account over to our collection agency.

You may as a result, be required to pay subsequent legal costs which could exceed the amount owed.

Therefore it would be in your interest to settle this matter as soon as possible.

Sincerely,

訳 …様

これは，あなた様の売掛（勘定）が支払期日をだいぶ過ぎていることをお知らせする，4度目にして最終の督促状です。

2006年10月10日までにお支払を受け取れなければ，あなた様の売掛は，集金代理業者に委託さぜるを得ません。

その結果，あなた様は後に発生する未払金を超える額の法的諸経費の支払いを要求されることになるかもしれません。

したがいまして，なるべく早くこの件をご清算くださるのがあなた様の利益になるかと存じます。

敬具

Notes

be (long) past due「支払期日を（長く）過ぎた」

payment → (005)

◆ turn *A* over to *B*「AをBに委ねる・引き渡す」

◆ have no alternative but to *do*「～する以外に選択の余地がない→～するより仕方ない」

Letter

でる順英単語　▶ 1000語　▶ 2000語　▶ 3000語　▶ 4000語

◆ **as a result**「結果として」
legal cost「(訴訟・弁護料などの) 法的諸費用」
amount owed「未払額, 未払金」
◆ **in** *one's* **interest(s)**「(~にとって) 利益になる, 有利な [に]」

■ **final** [fáinl]	形 最後の, 最終的な　名 決勝戦, 最終試験
finally	→ (020)
■ **reminder** [rimáindər]	名 督促状, 思い出させるもの・記念の品
▶ **remind** [rimáind]	動 (~に…を) 思い出させる ⟨of, to *do*, that⟩
■ **account** [əkáunt]	名 勘定・口座, (出来事などの) 説明
	動 (~を) 説明する ⟨for⟩
■ **due** [djú:]	形 [*be* due で] ~の予定で, 支払い期日のきた (→ (006))
■ **alternative** [ɔ:ltɜ́:*r*nətiv]	名 代わるもの, 選択肢
	形 代わりの, (伝統的基準に基づかない) 新しい
■ **turn** [tɜ́:*r*n]	動 (向きを) 変える, (~に) 変える [変わる] ⟨into, to⟩
	名 順番, 変化
■ **collection** [kəlékʃən]	名 収集品, 収集, 集金
▶ **collect** [kəlékt]	動 集める [集まる], 集金する
	形 副 受信人払い [着払い] の
■ **agency** [éidʒənsi]	名 代理業, 代理店
agent	→ (033)
■ **result** [rizʌ́lt]	名 結果, 成果
	動 (~な) 結果に終わる ⟨in⟩, (~から) 結果として生じる ⟨from⟩
■ **require** [rikwáiə*r*]	動 (~を) 必要とする, 要求する

PART 1

- **subsequent** [sʌ́bsəkwənt] 形 後の, (~に) 続く
- **legal** [líːgl] 形 合法的な (⇔ illegal (143)), 法律 (上) の
- **cost** [kɔ́(ː)st] 名 代価・費用, 犠牲
  動 (費用・時間・労力が) かかる
- **exceed** [iksíːd] 動 (~を) 超える, まさる
  excess → (068)
- **amount** [əmáunt] 名 量, (金) 額
  動 総計~になる ⟨to⟩
- **owe** [óu] 動 (~に) 支払い義務 [借り] がある, (~の) おかげである ⟨to⟩
- **therefore** [ðéərfɔ̀ːr] 副 それゆえに, したがって
- **interest** [íntərəst] 名 興味・関心, 利益・利害, 利息・利子
  動 興味 [関心] を持たせる
- **settle** [sétl] 動 (~に) 決着をつける, (負債・勘定を) 払う, 腰をすえる ⟨down⟩
- **possible** [pásəbl] 形 (実行) 可能な, 起こりうる, 〔as ... as possible で〕可能な限り…に
  ▶ **possibly** [pásəbli] 副 おそらく, 〔can ~で〕何とかして・できれば・どうしても (否定文)
  ▶ **possibility** [pàsəbíləti] 名 可能性

● 単語 CHECK (1)　　　001〜005 (p.2〜p.11)

001
- flight information and arrival time　　飛行便の情報と到着時刻
- receive this information　　この情報を受け取る
- arrange to have someone meet you at the airport　　空港で誰かが出迎えるよう手配をする

002
- *be* away on business in Canada　　カナダに商用で不在である
- plan to return　　戻るつもり[計画]である
- bring your letter to his attention　　あなたの手紙を彼に報告する
- sales conference　　販売の会議
- contact you promptly　　すぐにあなたに連絡する
- accept my apologies for this delay　　遅れをお詫びいたします

003
- request dealer information　　販売業者の情報を求める
- enclosed brochures　　同封のパンフレット
- explain why we reached outstanding sales success　　なぜ，我々がめざましい販売の成功を達成したかを説明する
- review the information　　情報を検討する

004
- want to order one Model 300　　モデル300を1個注文したい
- supply one extra replacement filter　　取替え用フィルターを1個余分に提供する
- deliver by the end of next month　　来月末までに配送する
- installation charge　　取り付け料金

005
- an executive desk　　(重役用の)高級な机
- the finest products we make　　わが社が作る最高級の製品
- a skillfully crafted piece of furniture　　熟練の技で作られた1つの家具
- *be* proud to have it in your office　　それを自分の事務所に持つことを誇りに思う
- a 10% discount　　10%の割引
- pay C.O.D.　　代引で支払う

PART 1

008 Letter　昇進のお祝い　L-1.6

Dear ...:

I read with great pleasure about your promotion to Chief Financial Officer of HORIZON HOLDINGS.

I am sure your company has made a very wise choice and that you will excel in your new role as Chief Financial Officer.

Please accept my congratulations on your promotion and best wishes for your continued success.

訳 …様

あなたのホライズン・ホールディングス社最高財務責任者への昇進について，大変喜ばしく読みました。

あなたの会社は極めて賢明な選択をされたのであり，あなたはCFOとしての新しい職務を立派に果たされることと確信しております。

あなたの昇進を心からお祝い申し上げますとともに，今後とも（引き続いての）ご成功をお祈りします。

Notes

Chief Financial Officer（〔略〕CFO）「最高財務責任者」
holdings（= holding company）「持株会社」
I am sure (that) ...「…（である）と確信しています」
Best wishes for「〜を祈ります」
continued success「引き続きの成功」

Letter

でる順英単語 ▶ 1000語　▶ 2000語　▶ 3000語　▶ 4000語

- **pleasure** [pléʒər]　名 喜び・楽しみ，楽しい事
- **promotion** [prəmóuʃən]　名 昇進〈to〉，(販売の)促進
  - promote　→ (061)
- **chief** [tʃíːf]　形 (階級が)最高(位)の，主要な
  　　　　　　　名 (組織の)長
- **financial** [fənǽnʃl]　形 財政上の，金融の
  - finance　→ (090)
- **officer** [áfəsər]　名 (企業の)役員，警察官 (= police officer)，将校
  - office　→ (005)
- **horizon** [həráizn]　名 水平線[地平線]，視野
- **sure** [ʃúər]　形 (〜を)確信する〈of, that〉，必ず〜する〈to do〉
- **wise** [wáiz]　形 賢い
  - ▶ **wisdom** [wízdəm]　名 知恵
- **choice** [tʃɔ́is]　名 選択(する権利・機会)，選択肢
  - choose　→ (036)
- **excel** [iksél]　動 (〜に)秀でている〈at, in〉
- **role** [róul]　名 任務・役目，役割，(演劇の)役
- **congratulation** [kəngrætʃuléiʃən]　間〔〜s で〕祝いの言葉，〔C〜s で〕おめでとう
  - ▶ **congratulate** [kəngrætʃəlèit]　動 (〜に)お祝いを述べる〈on〉
- **continued** [kəntínju:d]　形 継続する，引き続きの
  - ▶ **continue** [kəntínju:]　動 (〜を)続ける〈to do, doing〉，続く

009 Letter — 入院のお見舞い　L-1.5

Dear ...:

I just learned from Mr. Lewis that you were hospitalized last week.

This is quite a shock for us, since it was just two months ago that with your help we completed the new and very successful software project.

I understand, however, that your stay is only temporary. Nevertheless, all of us at Okamoto Corporation would like to express our sincerest wishes for your speedy recovery.

All the best,

訳 …様

あなたが先週入院なさった旨、今しがたルイス氏よりうかがいました。

私どもはこのことにとても驚いております。それというのも、ほんの2か月前にあなたのご尽力により、新規の非常に成功したソフトウエア事業を完成させたばかりだったのですから。

一時的なご入院とはうかがっておりますが、それでもなお、私どもオカモト株式会社の社員一同、あなたのすみやかなご回復を心よりお祈りいたしております。

敬具

Notes

learn (that) ...「(…ということを) 耳にする・聞く・知る」
understand (that) ...「…と聞いている」
All the best「万事うまくいきますように、お元気で〔手紙の結辞〕」
express one's sincerest wishes for ...「…であるよう心からの願いを表明する→心からお祈りいたします」, sincere → (002)

Letter

でる順英単語 ▶ 1000語 ▶ 2000語 ▶ 3000語 ▶ 4000語

- **hospitalize** [háspətəlàiz] 動〔be ~d で〕入院する
- **shock** [ʃák] 名（精神的な）ショック，衝撃
  動（~に）衝撃を与える
- **complete** [kəmplíːt] 動（~を）完成させる
  形 全部の，完全な
  - ▶ **completely** [kəmplíːtli] 副 完全に・すっかり
  - ▶ completion [kəmplíːʃən] 名 完成，完了
- **successful** [səksésfl] 形 好結果の，成功した
  success → (003)
- **software** [sɔ́(ː)ftwèər] 名 ソフトウエア
  （⇔ hardware「ハードウエア」）
- **project** [prádʒekt] 名 計画・事業
  動 [prədʒékt]（~を）予測する，計画する，投影する
- **temporary** [témpərèri] 形 一時的な
- **nevertheless** [nèvərðəlés] 副 それにもかかわらず
- **corporation** [kɔ̀ːrpəréiʃən] 名 会社，団体
  corporate → (032)
- **express** [iksprés] 動（考えなどを）表現する
  名形 急行（列車）の，速達（便）の
  （⇔ local (046)）
  - ▶ **expression** [ikspréʃən] 名 表現，表情
- **speedy** [spíːdi] 形 迅速な・すみやかな，速い
- **recovery** [rikʌ́vəri] 名 回復，回収
  recover → (043)

PART 1

010 | Information | レシピ* | L-1.4

SCALLOPED APPLES

Slice 6-8 apples into a buttered baking dish. Blend together 3/4 cup cinnamon-flour mix, 1/4 cup melted butter, 1/2 tsp salt, and 1 tbsp lemon juice. Pour over the apples and bake at 400 degrees for about 30 minutes, or until the apples are soft. A very nice dessert served with ice cream!

訳 リンゴのスカラップ

6〜8個のリンゴを薄く切って，バターをぬったベイキング・ディッシュに入れます。シナモン入り小麦粉3/4カップ，溶かしたバター1/4カップ，塩小さじ1/2，それからレモンジュース大さじ1を一緒に混ぜ合わせます。それらを，リンゴの上に注ぎ入れ，400度で30分ほど，またはリンゴが柔らかくなるまで焼きます。アイスクリームと一緒に出すととてもすてきなデザートになります！

Notes

＊レシピ (= recipe) → (026)
scalloped「(クリーム，チーズなどを加えて) 蒸し焼きにした」
baking dish「ベイキング・ディッシュ」(電子レンジなどで使う焼き物用の深皿)
blend (together) ...「…を混ぜ合わせる」「...」がA, B, and Cと列挙されている。
cinnamon「シナモン」
tsp = teaspoon, teaspoonful「小さじ」
tbsp = tablespoon, tablespoonful「大さじ」

Information

| でる順英単語 | ▶ 1000 語 | ■ 2000 語 | ▶ 3000 語 | ▷ 4000 語 |

PART 1

- **slice** [sláis]
  - 動 薄く切る [切り取る]
  - 名 (薄く切った) 一片, 分け前

- **butter** [bʌ́tər]
  - 動 (パンなどに) バターを塗る
  - 名 バター

- **bake** [béik]
  - 動 (〜を) 焼く
    〔オーブンなどでパン, ケーキ, ジャガイモなどを料理すること。roast は (肉や野菜を直火またはオーブンで)「焼く」→ (056), grill → (056)〕
    〔ほかの料理用語→ p.127, 129, 131, 265 参照〕

  - ▶ **bakery** [béikəri]
    - 名 パン屋

- **blend** [blénd]
  - 動 混ぜ合わせる 〈together〉, 混ざる
  - 名 混合 (物)

- **flour** [fláuər]
  - 名 小麦粉

- **mix** [míks]
  - 名 混合 (物)
  - 動 混ぜる, 混同する 〈up〉

  - **mixture**
    - → (187)

- **melt** [mélt]
  - 動 溶ける [溶かす]

- **pour** [pɔ́:r]
  - 動 (〜を) 注ぐ・つぎ込む,
    (雨が) 激しく降る

- **degree** [digrí:]
  - 名 (温度などの) 度, 学位, 程度

- **minute** [mínət]
  - 名 (時間・角度の) 分, ちょっとの間,
    〔〜s で〕議事録

- **dessert** [dizə́:rt]
  - 名 (食後の) デザート

- **serve** [sə́:rv]
  - 動 (食事などを) 出す, (〜に) 仕える, 役立つ

PART 1

011 Information 旅行運賃表 L-1.4

2006 TRAVEL FARES BETWEEN ANY TWO POINTS ON ALL ROUTES

The chart below is helpful in determining the travel fare between any destination points.

All fares listed in the chart are in U.S. Dollars. Every attempt is made to keep the information up-to-date; however, prices can change at any time without notice.

For Canadian Fares, multiply the U.S. Dollar figures in the chart by 1.43.

訳 2006年版全路線2地点間運賃

下の表は,どの目的地点間の運賃を判定するのにも役立ちます。

表に記載されているすべての料金は,米ドルです。最新の情報を掲載するよう最大の努力をしておりますが,料金は予告なしに変わることがあります。

カナダの料金を求めるには,表の合衆国ドルの数字に1.43を掛けてください。

Notes

destination point「目的地点」
every attempt is made「すべての試み[努力]がなされている」
keep the information up-to-date「情報を最新のものに保つ」
◆without notice「予告なしに,無断で」

Information

| でる順英単語 | ▶ 1000語 | ▶ 2000語 | ▶ 3000語 | ▶ 4000語 |

- **fare** [féər]　　名 (交通機関の) 運賃・料金
  〔「料金」のいろいろ→ p.133〕

- **point** [pɔ́int]　　名 点, 要点
  動 (〜を) 指し示す 〈at, to〉,
  (〜を) 指摘する 〈out〉

- **route** [rúːt]　　名 道 (筋)・ルート

- **chart** [tʃɑ́ːrt]　　名 図・表
  動 (〜を) 図表にする

- **determine** [ditə́ːrmin]　　動 (〜を) 判定する・特定する,
  (〜を) 決定する・決心する

- **destination** [dèstənéiʃən]　　名 目的地, 行き先

- **list** [líst]　　動 (〜を名簿などに) 載せる, (〜を) 列挙する
  名 表・リスト

- **attempt** [ətémpt]　　名 試み, 努力
  動 (〜を) 試みる・企てる 〈to do〉

- **up-to-date**　　形 最新の (情報を含んでいる), 現代的な

- **price** [práis]　　名 価格, 物価
  動 (〜に) 値段をつける

- **change** [tʃéindʒ]　　動 変える [変わる]
  名 変化, つり銭・小銭

- **notice** [nóutəs]　　名 通知, 予告
  動 (〜だと) 気がつく

- **multiply** [mʌ́ltəplài]　　動 (数を) 掛ける (⇔ divide (051)),
  (大幅に) 増加させる [する]

- **figure** [fígjər]　　名 数字, 姿, 人物
  動 (〜と) 考える 〈that〉

PART 1

25

012 Information 衝動買いを避ける方法 L-1.4

How do you avoid impulse shopping?

One of the best ways is to take a shopping list with you and buy only those items that appear on the list. If you happen to see an additional item that appeals to you, don't buy it. Instead, wait until you get home, then start a new shopping list that includes that item.

Another way to curb impulse spending is to leave your credit cards and checkbook at home and carry only enough cash for the purchases you planned to make. That way, you will be able to avoid any impulse purchases.

訳 衝動買いはどうしたら避けられるのでしょう？

最善策の1つは買い物リストを持って行き，リストにある品物だけを買うことです。もし，その他の気に入ったものをたまたま見つけてしまったとしても，買わないことです。その代わり，家に帰るまで待って，それからその品物を含めた新しい買い物リストに取り掛かりましょう。

衝動買いを抑えるもう1つの方法は，クレジットカードと小切手帳を家に置いておき，購入を予定している分の現金だけを持ち歩くことです。そうすれば，どんな衝動買いもしないですむことでしょう。

Notes

impulse shopping「衝動買い」

cash for the purchases you (plan to) make「購入（予定）のための現金」 make purchase で「購入する」の意味

◆ (in) that way「そのような方法で，そうすれば」 in は省略することが多い。

Information

でる順英単語　▶ 1000 語　▶ 2000 語　▶ 3000 語　▶ 4000 語

- **avoid** [əvɔ́id]　動 (〜を) 避ける
- **impulse** [ímpʌls]　名 (〜したいという) 衝動 ⟨to do⟩, 衝撃
- **way** [wéi]　名 (〜の) やり方 ⟨to do, of doing⟩, 道筋, 方角, 道のり
- **item** [áitəm]　名 項目, 品目・品物, (新聞などの) 記事 (の 1 つ)
- **appear** [əpíər]　動 現れる, (〜) のようだ ⟨to be, to do, that⟩
- **happen** [hǽpn]　動 起こる, 偶然〜する ⟨to do⟩
- **additional** [ədíʃənl]　形 追加の, その他の
  - add　→ (064)
- **appeal** [əpíːl]　動 (〜 (の心) に) 訴える・気に入る ⟨to⟩
  - 名 (援助などの) 訴え ⟨for⟩, 人気
- **instead** [instéd]　副 その代わりに, 〔instead of で〕(〜の) 代わりに
- **include** [inklúːd]　動 (〜を) 含む・入れる (⇔ exclude「除外する」)
- **curb** [kə́ːrb]　動 (〜を) 抑制する
  - 名 (歩道の) 縁石, 抑制 (策)
- **spend** [spénd]　動 (時間・お金を) 費やす
- **leave** [líːv]　動 (〜を) 置いて行く, (〜を) 去る, (〜に向けて) 出発する ⟨for⟩
- **credit** [krédit]　名 信用取引, 信用, 称賛
  - 動 (〜を) 信用する, (銀行口座に) 振り込む
  - ▶ **creditor** [kréditər]　名 債権者, 貸し主 (⇔ debtor (174))
- **checkbook** [tʃékbùk]　名 小切手帳 (check → (013))
- **cash** [kǽʃ]　名 現金　動 (〜を) 現金にする
  - ▶ **cashier** [kæʃíər]　名 現金出納係・レジ係
- **purchase** [pə́ːrtʃəs]　名 購入 (品)　動 (〜を) 購入する

013 Information コンピューターの手引き　L-1.5

A Guide to the Most Common Computer Faults

If your programs are running more slowly than they should be, there could be one of two causes: (1) a lack of disk space or (2) a lack of RAM (Random-Access Memory). Disk space is used to store data and programs. RAM can be defined as moving memory used to help the computer think.

If you have plenty of disk space left, then check on how much RAM your computer has.

訳 コンピューターに最もよくある故障についての手引き

プログラムの速度がふつうより遅い場合，次の2つの原因のうちどちらかが考えられます。(1) ディスク・スペース不足か (2) RAM (ランダム・アクセスメモリー) 不足です。ディスク・スペースはデータやプログラムを保存するのに使われます。RAM は，コンピューターが考えるのを助けるのに使われる動的なメモリーと定義することができます。

ディスク・スペースの残りがまだ十分であれば，ご使用のコンピューターが RAM をどれだけ持っているかを確認してください。

Notes

disk space「ディスク・スペース」 ハードディスク内のスペース，space → (104)

RAM = random-access memory「読み出しと書き込みができるメモリー」

moving memory「動的メモリー」 RAM ではプログラム自身によって書き換えが行われるので「動的」と言っている。

have ~ left「~が残っている」

check on「~を確認[点検・調査]する」

Information

でる順英単語 ▶ 1000語 ▶ 2000語 ▶ 3000語 ▶ 4000語

- **guide** [gáid] 　　名 案内者 [書]　動 (〜を) 案内する
- **common** [kámən] 　　形 よくある [起きる], ふつうの, 共通の
- **computer** [kəmpjú:tər] 　　名 コンピューター
  - ▶ **compute** [kəmpjú:t] 　　動 (〜を) コンピューターで計算する
- **fault** [fɔ́:lt] 　　名 故障, 過失, 欠点
- **program** [próugræm] 　　名 プログラム, 計画, 番組
  　　動 プログラムを作る
- **run** [rʌ́n] 　　動 (機械などが) 動く, (会社などを) 経営する, (競走・選挙に) 出る ⟨for⟩
- **cause** [kɔ́:z] 　　名 原因, 理由　動 (〜を) 引き起こす
- **lack** [lǽk] 　　名 (〜の) 不足・欠乏 ⟨of⟩
  　　動 (〜が) 不足している
- **disk** [dísk] 　　名 ディスク, 円板, レコード
- **random** [rǽndəm] 　　形 無作為の・任意の, 〔at random で〕手当たりしだいに・でたらめに
- **access** [ǽkses] 　　名 接近 (方法), (〜を [に]) 利用 [出入り] する資格 ⟨to⟩
  　　動 (コンピューターで〜に) アクセスする
- **memory** [méməri] 　　名 (コンピューターの) 記憶 (装置), 記憶 (力), 思い出
- **store** [stɔ́:r] 　　動 (〜を) 蓄える・格納する　名 店, 蓄え
- **data** [déitə] 　　名 データ, 資料, 情報
- **define** [difáin] 　　動 (〜を) 定義する, 明確にする
- **moving** [mú:viŋ] 　　形 可動 (式) の, 感動的な
  　move 　　→ (227)
- **plenty** [plénti] 　　名 多量 [多数] ⟨of⟩
- **check** [tʃék] 　　動 (〜を) 調べる　名 小切手, 勘定書, 検査

014 Information 利用規則 L-1.4

LOCKER ROOM PROCEDURE (Physical Education Department)

1. Enter and exit gym classes only through the front locker room door. DO NOT ENTER OR EXIT FROM POOL.
2. Please bring your own combination lock and give the combination to your P.E. Teacher.
3. All P. E. students will be assigned a small locker. The large locker next to the small one is your "CLASS HOUR ONLY" locker for temporary storage of your street clothes and belongings. Be sure to LOCK UP your belongings while participating in P. E.

訳 更衣室の利用手順（体育科）
1. 体育の授業には，更衣室の正面ドアからのみ入退室すること。プールから出入りをしないこと。
2. 自分のダイヤル錠を用意し，ダイヤル番号を体育教師に伝えてください。
3. 体育科の学生にはすべて小型ロッカーが割り当てられます。小型のロッカーの横にある大型ロッカーは，私服や所持品の一時的収納のためのあなたの「授業中のみ」ロッカーです。体育の授業中，必ず所持品は鍵をかけて保管するように。

Notes
Physical Education (= P.E.)「体育（科）」
combination lock「ダイヤル錠，文字［数字］合わせ錠」
temporary → (009)
street clothes「私服・外出着」

Information

でる順英単語 ▶ 1000語 ■ 2000語 ▶ 3000語 ■ 4000語

◆lock up「鍵をかけて(物を)しまう,戸締りをする」
while participating in「～に参加している間は…」 while のあとの you are が省略された形。 ◆participate in「～に参加する」

- **locker** [lákər] 　　　　　　　图 ロッカー, 冷凍庫
  - ▶ **lock** [lák] 　　　　　　　動 (～に) 鍵をかける,
    　　　　　　　　　　　　　　　　(鍵をかけて～を) 閉じこめる〈in〉
    　　　　　　　　　　　　　　　图 錠
- **procedure** [prəsíːdʒər] 　　图 (正しい) 手順・やり方, 処置・手術
- **physical** [fízikl] 　　　　　　形 身体の (⇔ mental (049)), 物質的な,
  　　　　　　　　　　　　　　　　　物理的な
- **education** [èdʒəkéiʃən] 　　图 教育
  - ▶ **educate** [édʒəkèit] 　　動 (～を) 教育する
  - ▶ **educational** [èdʒəkéiʃənl] 形 教育 (用) の, 教育的な
- **department** [dipáːrtmənt] 图 部, 部門, 学部 [科]
- **enter** [éntər] 　　　　　　　動 (～に) 入る, (～を) 入力 [記入] する
- **exit** [égzit] 　　　　　　　　動 (～から) 退出する・出る
  　　　　　　　　　　　　　　　图 出口 (⇔ entrance (200))
- **gym** [dʒím] 　　　　　　　　图 〔gymnasium の略〕体育館, 〔学科〕体育
- **front** [fránt] 　　　　　　　形 前部の, 正面の
  　　　　　　　　　　　　　　　图 前部, 正面 (⇔ back, rear「後部, 裏」),
  　　　　　　　　　　　　　　　〔in front of で〕(～の) 前に [で, の]
- **own** [óun] 　　　　　　　　形 自分自身の
  　　　　　　　　　　　　　　　動 (～を) 所有する
- **combination** [kàmbinéiʃən] 图 (文字 [数字] の) 結合・組合せ
  - ▶ **combine** [kəmbáin] 　　動 (～と) 結合する [させる] 〈with〉

PART 1

31

PART 1

- **assign** [əsáin] 動 (～を…に) 割り当てる ⟨to⟩, (人を…に) 任命する ⟨to, to *do*⟩
  - ▶ **assignment** [əsáinmənt] 名 (仕事などの) 割り当て・任命, 宿題
- **storage** [stɔ́:ridʒ] 名 貯蔵 (庫・場所・量)
  - store → (013)
- **clothes** [klóuz] 名 衣服, 衣類
  - ▶ **cloth** [klɔ́(:)θ] 名 布, 織物
  - clothing → (019)
- **belonging** [bilɔ́(:)ŋiŋ] 名 〔～s で〕所有物
  - ▶ **belong** [bilɔ́(:)ŋ] 動 (～に) 所属する ⟨to⟩, (人の) 所有である ⟨to⟩
- **participate** [pɑ:*r*tísəpèit] 動 (～に) 参加する ⟨in⟩
  - ▶ **participation** [pɑ:*r*tìsəpéiʃən] 名 参加
  - ▶ **participant** [pɑ:*r*tísəpənt] 名 参加者, 当事者

● 単語 CHECK (2)　　006〜010 (p. 12〜p. 23)

006
- the **expected shipping date** — 予定の発送日
- **due** to a **delay** by the **overseas** suppliers — 海外の供給業者による遅れのために
- **provide** you with a **specific shipping date** — 具体的な発送日を伝える [与える]
- **appreciate** your **patience** — あなたの寛容 [忍耐] に感謝する

007
- the **final reminder** — 最後の督促状
- have no **alternative** but ... — …以外に選択肢がない
- **turn** your **account** over to our **collection agency** — あなたの売掛 (勘定) を集金代理業者に委託する
- *be* **required** to pay **legal costs** — 法的経費の支払いを要求される
- **exceed** the **amount owed** — 未払いの金額を超える
- in your **interest** — あなたの利益のため
- **settle** this matter — この件を清算する

008
- Chief **Financial** Officer — 最高財務責任者
- make a very wise **choice** — 極めて賢明な選択をする
- new **role** as CFO — CFO としての新しい職務
- my **congratulations** on your **promotion** — あなたの昇進に対する私のお祝い (の言葉)
- wish for your **continued** success — 引き続いての成功を祈る

009
- **complete** the **successful** software **project** — 好結果のソフトウェア事業 [プロジェクト] を完成する
- His **stay** is only **temporary**. — 滞在は一時的である。
- speedy **recovery** — すみやかな回復

010
- **slice** apples — リンゴを薄く切る
- **blend** together **flour** and **melted** butter — 小麦粉と溶かしたバターを一緒に混ぜ合わせる
- **pour** over the apples — リンゴの上に注ぐ
- **bake** at 400 **degrees** for about 30 minutes — 400 度で約 30 分間焼く

PART 1

015 Instructions* フィットネス（1）   L-1.4

Fitness Workouts (1)

Stand with your back pressed against the wall. Then move your feet slowly away from the wall, allowing your back to slide down the wall until reaching a chair-sitting position. Hold that position for a count of about 5 to 10 seconds. Return to a standing position and repeat the exercise.

訳 健康のためのトレーニング（1）

背中を壁に押しつけて立ちます。次に少しずつ両足を壁から離していき，椅子に座る姿勢になるまで背中を壁にそってすべり降ろさせていきます。その姿勢をおよそ5秒から10秒数える間保ちます。立った姿勢に戻って，この運動を繰り返します。

Notes

stand with *one's* back pressed against ... 「背中を…に押しつけた姿勢で立つ」「with *one's* ＋体の一部＋過去分詞」で「(体の一部)を～した状態・姿勢で」の意味。016の(2)にも同様の表現がある。
hold that position「その姿勢を保つ」
＊instruction → (017)

Instructions

でる順英単語	▶ 1000語	▶ 2000語	▶ 3000語	▶ 4000語

- **fitness** [fítnəs]   　名 健康, 良好
    fit   　→ (019)
- **workout** [wə́ːrkàut]   　名 (スポーツの) トレーニング
- **stand** [stǽnd]   　動 立つ, (〜の状態) である,
  　〔疑問文・否定文で〕(〜を) 我慢する
  　名 売店
- **press** [prés]   　動 (〜を) 押す, (〜に) 強く求める
  　名 〔the 〜で〕新聞 (記者)
    pressure   　→ (094)
- **allow** [əláu]   　動 (〜に…するのを) 許す・させておく,
  　(〜するのを) 可能にする 〈to do〉
  　(⇔ forbid「禁じる」)
    allowance   　→ (068)
- **slide** [sláid]   　動 滑る, (そっと) 動く, (価格などが) 下がる
  　名 スライド
- **position** [pəzíʃən]   　名 姿勢, 立場, 位置, 職 (業)
- **hold** [hóuld]   　動 (〜をある状態に) しておく, (〜を) 手に持つ, (〜を) 持ち続ける, (会などを) 催す
- **count** [káunt]   　名 数えること
  　動 数える, (〜と) みなす 〈as〉,
  　(〜を) あてにする 〈on〉
- **repeat** [ripíːt]   　動 (〜を) 繰り返す, (〜を) 繰り返して言う
    repetition   　→ (042)
- **exercise** [éksərsàiz]   　名 運動, 練習, (権利などの) 行使
  　動 運動する, (権利などを) 行使する

016 Instructions フィットネス（２） L-1.4

Fitness Workouts (2)

Stand as if in a striding position with one leg bent forward and the other leg extended back and straight. Placing your hands on the wall (or other surface) and both heels flat on the floor, lean your upper body forward until you feel tension on the calf muscle. Hold that position for a count of about 10 seconds, then switch leg positions and repeat the exercise.

訳
健康のためのトレーニング（２）
片方の足を前に曲げ，もう片方の足は後ろにまっすぐ伸ばし，大またで歩くような姿勢で立ってください。両手を壁（もしくはほかの平面）に置き，かかとは両足とも床にぴったりとつけたまま，ふくらはぎの筋肉が張るのを感じるところまで上体を前方に傾けていきます。その姿勢を約10秒間保ちます。そして足の位置を交代して，この運動を繰り返します。

Notes

◆ **as if...**「あたかも…かのように」 後ろに続くＳ＋Ｖが省略された形。with one leg bent forward「片方の足を前に曲げて」
(with) the other leg extended back「もう一方の足を後ろに伸ばして」
placing your hands on ... and both heels flat on ～「両手を…の上に，両足のかかとを平らに～の上に置いて」
upper body「上体，上半身」
feel tension「緊張を感じる」

Instructions

でる順英単語	▶ 1000 語	▶ 2000 語	▶ 3000 語	▶ 4000 語

- **stride** [stráid]
  - 動 大またで歩く
  - 名 大またで歩くこと, 歩幅
- **bend** [bénd]
  - 動 曲げる [曲がる]
  - 名 曲がり, 湾曲部
  - ▶ **bent** [bént]
    - 形 曲がった, へこんだ
    - 名 (生まれつきの) 適性
- **extend** [iksténd]
  - 動 (手足・体などを)伸ばす, 延長[拡張]する, (〜を) 差し伸べる
  - ▶ **extension** [iksténʃən]
    - 名 延長
- **surface** [sə́ːrfəs]
  - 名 表面 形 表面の
- **heel** [híːl]
  - 名 かかと
- **flat** [flǽt]
  - 副 平らに, きっかり
  - 形 平らな, パンクした, (数が) きっかりの, (面と) ぴったり接して
  - 名 平らな部分, 平地
- **floor** [flɔ́ːr]
  - 名 床, 階
- **lean** [líːn]
  - 動 傾く [傾ける] 〈over, forward〉, 寄りかかる・立て掛ける 〈on, against〉
  - 形 やせた (⇔ fat (020))
- **upper** [ʌ́pər]
  - 形 上の, 上方 [上部] の (⇔ lower (115))
- **tension** [ténʃən]
  - 名 緊張 (状態), ぴんと張ること
- **calf** [kǽf]
  - 名 ふくらはぎ
- **muscle** [mʌ́sl]
  - 名 筋肉, 筋力
- **switch** [swítʃ]
  - 動 (〜を) 交換する・交代する, (〜の) スイッチを切り換える
  - 名 スイッチ, 転換

017 | Instructions 使用説明書 | L-1.6

Read the following before using your camera:

Before using your camera, please read the manual carefully to ensure its correct use. To get accustomed to your camera, we recommend that you experiment with a few test shots before taking important photographs.

The following instructions are only for quick reference. For more detailed instructions and an explanation of the functions, refer to the Reference Guide on the provided CD-ROM.

訳 カメラを使用する前に下記をお読みください：

カメラをご使用になる前に，この説明書をよく読んで，正しい使用法を身につけるようにしてください。カメラに慣れるために，大切な写真を撮る前に2,3枚の試し撮りを試みていただくことをお勧めします。

以下の説明は，単なるクイック・レファレンス用のものです。より詳しい使用法の説明および機能の説明は付属のCD-ROMのレファレンス・ガイドを参照してください。

Notes

correct use「正しい使い方」
◆ get accustomed to「～に慣れる」
guide → (013)
provide → (006)
reference guide「レファレンス・ガイド（参考の手引）」

Instructions

| でる順英単語 | ▶ 1000語 | ▶ 2000語 | ▶ 3000語 | ▶ 4000語 |

- **following** [fálouiŋ] 　名 次のもの　形 次の, 以下の
  　　(⇔ previous (076), preceding「先立つ」)
- **manual** [mǽnjuəl] 　名 手引書　形 手の, 手動の
- **carefully** [kέərfəli] 　副 注意深く
  - ▶ **careful** [kέərfl] 　形 (～に) 気をつける, 慎重な
  　　(⇔ careless「不注意な」)
- **ensure** [enʃúər] 　動 (～を) 確実にする
- **correct** [kərékt] 　形 正しい, 適切な
  　動 (誤りを) 訂正する
- **accustomed** [əkʌ́stəmd] 　形 〔be ～ to で〕(～に) 慣れている, いつもの
- **recommend** [rèkəménd] 　動 (～を) 勧める〈doing, that〉, (～を) 推薦する
- **experiment** [ikspérəmənt] 　動 (～を) 試みる・実験する〈with, on〉
  　名 実験
- **shot** [ʃát] 　名 撮影, シュート, 注射, 発射
  - shoot 　→ (134)
- **instruction** [instrʌ́kʃən] 　名 〔～s で〕使用説明 (書)・指示 (書), 指導
  - ▶ **instruct** [instrʌ́kt] 　動 (～に) 指示する, 教える
- **reference** [réfərəns] 　名 参照, 照会, 言及
- **detailed** [ditéild] 　形 詳しい, 詳細な
  - ▶ **detail** [ditéil] 　名 細部, 詳細
- **explanation** [èksplənéiʃən] 　名 説明
  - explain 　→ (003)
- **function** [fʌ́ŋkʃən] 　名 機能, 働き　動 機能する
- **refer** [rifə́ːr] 　動 (～を) 参照する〈to〉,
  　　(～に) 関連する・言及する〈to〉

018 Advertisement 雑誌紹介 L-1.5

English Meridian is a bimonthly magazine whose mission is to deliver news, entertainment, and general interest stories from all over the world in the English language.
Nearly half of the magazine is dedicated to main issues of the day through a variety of perspectives. Other sections cover sports, science, entertainment, and much more. The articles are collected from a wide network of writers around the world.

訳「イングリッシュ・メリディアン」は世界中のニュース,芸能,世間の関心を呼ぶ出来事を英語でお届けすることを使命とする隔月刊誌です。

誌面の半分近くは,多様な視点から見た,今一番重要な問題にあてられています。その他のセクションでは,スポーツ,科学,芸能,そのほか多くをカバーします。記事は世界中にいる記者の広範なネットワークから集められています。

Notes

＊advertisement → (034)
meridian「子午線,経線」
general interest stories「世間一般の関心事」
of the day「現代の,その日の」
◆ a variety of「いろいろな〜,多様な〜」

Advertisement

| でる順英単語 | ▶ 1000語 | ▶ 2000語 | ▶ 3000語 | ▶ 4000語 |

- **bimonthly** [bàimʌ́nθli] 形副 隔月の[に]〔bi-「2, 複」〕
  - ▶ **monthly** [mʌ́nθli] 形 月1回の, 1か月間の
    副 月ごとに, 毎月　名 月刊誌
- **mission** [míʃən] 名 使命・任務, 使節団
- **entertainment** [èntərtéinmənt] 名 娯楽, 芸能
  - entertain → (054)
- **general** [dʒénərl] 形 一般の, 全般の, 概略の
  - ▶ **generally** [dʒénərəli] 副 一般に, 一般的に言って
- **language** [lǽŋgwidʒ] 名 言葉・言語
- **nearly** [níərli] 副 ほとんど・もう少しで
- **dedicate** [dédikèit] 動 (〜を…に) 捧げる 〈to〉
- **main** [méin] 形 主要な　名 (水道・ガスなどの) 本管
- **issue** [íʃuː] 名 問題 (点), (雑誌などの) …号
  動 (本などを) 発行する, (命令などを) 発する
- **variety** [vəráiəti] 名 多様性, 種類
  - vary → (113)
- **perspective** [pərspéktiv] 名 (総体的) 見方・観点, 遠近法
- **section** [sékʃən] 名 区分, (会社の) 部 [課]
- **cover** [kʌ́vər] 動 (〜を) 覆う, (問題・話題などを) 取り上げる・報道する, (保険で) 保証する
  名 覆い, 表紙
- **science** [sáiəns] 名 科学
  - ▶ **scientific** [sàiəntífik] 形 科学の, 科学的な
  - scientist → (073)
- **article** [áːrtikl] 名 (〜についての) 記事 〈about, on〉, 品物
- **network** [nétwəːrk] 名 ネットワーク, 放送 [通信・交通] 網

019　Advertisement　香港のお買い得品　L-1.5

Men's Clothes

One of the best bargains in Hong Kong is a tailor made suit. You pick the fabric, and the tailor takes your measurements. Within an hour or two, you return to a perfectly fitted suit or other item of fine clothing. The prices are almost impossible to beat. You can expect to pay the same price, or less than what you would pay for an off-the-rack item in a major U.S. department store.

訳 紳士服

香港で超お買い得の1つは，テーラーメイド・スーツです。
あなたが布地を選べば，仕立て屋が採寸します。1, 2時間して戻れば申し分なくぴったりに作られたスーツもしくはほかの上等な衣類を手にすることでしょう。そのお値段はほとんど勝ることが不可能です。アメリカの大手デパートで既製服を買うのと同じかそれ以下の値段を期待してよいでしょう。

Notes

tailor made suit「注文仕立てのスーツ」

You pick ..., and 〜「(あなたが)…しなさい，そうすれば〜」「命令文 + and」の形（you は強調）。

Within ..., you return to 〜「1, 2時間以内に (1, 2時間すれば) あなたは〜のもとへ戻るでしょう」within ... が条件を表している。

item → (012)

less than ...「…より少ない」「…」の部分が what に続く内容。

Advertisement

| でる順英単語 | 1000語 | 2000語 | 3000語 | 4000語 |

- **bargain** [báːrgin]　　　名 特価品・買い得品, 取引
　　　　　　　　　　　　動 (〜と [を]) 交渉する ⟨with, for⟩
- **tailor** [téilər]　　　　　名 テーラー・注文服店
- **suit** [súːt]　　　　　　　名 スーツ・衣服
　　　　　　　　　　　　動 (〜に) 適する, (〜に) 似合う
- **pick** [pík]　　　　　　　動 (〜を) 選び出す, (物を) 取りに行く ⟨up⟩,
　　　　　　　　　　　　(車で人を) 迎えに行く ⟨up⟩
- **fabric** [fæbrik]　　　　　名 織物・布地, (社会の) 骨組み
- **measurement** [méʒərmənt]　名 〔〜s で〕寸法, 測定
　　measure　　　　　　→ (046)
- **perfectly** [pɔ́ːrfiktli]　　副 完ぺきに・申し分なく
　▶ **perfect** [pɔ́ːrfikt]　　形 完全な　動 [pərfékt] (〜を) 完全にする
- **fitted** [fítid]　　　　　　形 (〜に) ぴったり合うように作られた
　▶ **fit** [fít]　　　　　　　形 (〜に) 適した ⟨for, to⟩, 体の調子がよい
　　　　　　　　　　　　動 (〜に) ぴったり合う
- **clothing** [klóuðiŋ]　　　名 〔集合的に〕衣料品・衣類
　　clothes　　　　　　　→ (014)
- **beat** [bíːt]　　　　　　　動 (〜を) 打ち負かす, (連続的に) 打つ,
　　　　　　　　　　　　(心臓が) 鼓動する
　　　　　　　　　　　　名 連打, 鼓動
- **rack** [rǽk]　　　　　　　名 棚, 〔... rack で〕…掛け [台]
　▶ **off-the-rack**　　　　形 既製の　副 既製で
- **major** [méidʒər]　　　　形 主要な, 重大な (⇔ minor (183))
　　　　　　　　　　　　名 専攻科目
　　　　　　　　　　　　動 (〜を) 専攻する ⟨in⟩
　　majority　　　　　　→ (043)

PART 1

020 | Instructions あなたの運勢 | L-1.5

Astrology : Leo

You should make it a habit to drink seven to ten glasses of water every day. It is good that you eat sparingly and are rarely fat, but bear in mind that you should never skip meals since you tend to consume energy at a higher rate than most people. Hot, spicy food is likely to ruin your constitution, so be careful, especially since you have a tendency to eat too fast.

Do your best to maintain a harmonious environment at home because in good company and peaceful surroundings you generally eat well.

Finally, conduct your life at an even pace and avoid unnecessary worries.

訳 星占い：獅子座

あなたは毎日コップ7杯から10杯の水を飲むことを習慣にしましょう。あなたは食事を控えめにするのでめったに太ることがないのはよいのですが，あなたは大多数の人に比べて高い比率でエネルギーを消費する傾向があるので，食事を決して抜いてはいけないということを心に留めておいてください。辛い香辛料の効いた食事はあなたの（病気に対する）抵抗力を損ないやすいので，注意してください，特にあなたは早食いの傾向がありますから。

調和のとれた家庭の環境を維持するように最善を尽くしてください。よい人間関係および平和的な生活環境のもとであなたの食欲は概して良好ですから。

最後に，規則正しいペースで生活を送り，不必要な心配事は避けましょう。

Notes

astrology「占星術」，Leo「獅子座」

◆ **make it a habit to** *do*「～することを習慣にする」

Instructions

| でる順英単語 | ▶ 1000語 | ▶ 2000語 | ▶ 3000語 | ▶ 4000語 |

It is good that ..., but ~「…ということはよいのだが，しかし～」
◆ **bear in mind that ...**「…ということを心に留める」
in good company and (in) peaceful surroundings「よい仲間の中にいることと，平和的な環境の中にいること（で）」
at an even pace「一定のペースで」
avoid → (002)

- **habit** [hǽbit] 　　　　　　　名（個人の）習慣・癖，習性
- **sparingly** [spéəriŋli] 　　　　副 控えめに
  - ▶ **spare** [spéər] 　　　　　　動（時間などを）割く
  　　　　　　　　　　　　　　　形 予備の，余分な　名 予備品
  - ▶ **sparing** [spéəriŋ] 　　　　形 倹約的な，控えめな
- **rarely** [réərli] 　　　　　　　副 めったに～ない
  - ▶ **rare** [réər] 　　　　　　　形 まれな・珍しい，(ステーキが)レアの
- **fat** [fǽt] 　　　　　　　　　形 太った (⇔ lean (016), thin)　名 脂肪
- **bear** [béər] 　　　　　　　　動（費用・責任などを）負う・担う，
  　　　　　　　　　　　　　　　　（～を）がまんする
- **mind** [máind] 　　　　　　　名 心・精神，考え
  　　　　　　　　　　　　　　　動〔疑問・否定文で〕気にする
- **skip** [skíp] 　　　　　　　　動（～を）抜かす，軽く跳ぶ，
- **meal** [míːl] 　　　　　　　　名 食事
- **tend** [ténd] 　　　　　　　　動（～の[する]）傾向がある〈to, to do〉
  - ▶ **tendency** [téndənsi] 　　　名 傾向
- **consume** [kənsjúːm] 　　　　動（～を）消費する (⇔ produce (044))
- **energy** [énərdʒi] 　　　　　名 エネルギー，精力
- **rate** [réit] 　　　　　　　　名（比）率・割合，料金　動（～を）評価する
- **hot** [hát] 　　　　　　　　　形 辛い，熱い，激しい

PART 1

- **spicy** [spáisi] 形 香辛料の効いた，きわどい
  - ▶ **spice** [spáis] 名 香辛料 動 (～に) 香辛料を加える．
- **likely** [láikli] 形 ～しそうな ⟨to do, that⟩，見込みのある
  - ▶ **unlikely** [ʌnláikli] 形 ～しそうもない ⟨to do⟩，ありそうもない
- **ruin** [rú(:)in] 動 破滅させる，台なしにする 名 破滅
- **constitution** [kànstətjúːʃən] 名 体質・(病気に対する) 抵抗力，憲法
  - ▶ **constitute** [kánstətjùːt] 動 (～の) 構成要素となる
- **especially** [ispéʃəli] 副 特に，とりわけ
- **maintain** [meintéin] 動 (～を) 維持する，保守する
- **harmonious** [hɑːrmóuniəs] 形 調和のとれた
  - ▶ **harmony** [háːrməni] 名 調和，ハーモニー
- **environment** [enváiərənmənt] 名 (周囲の) 環境，〔the ～で〕自然環境
  - environmental → (024)
- **company** [kʌ́mpəni] 名 仲間 (→ (003))，同席 [同行] すること，
  - ▶ **companion** [kəmpǽnjən] 名 仲間・連れ
- **surrounding** [səráundiŋ] 名 〔～s で〕環境，周囲の状況 形 周囲の
  - ▶ **surround** [səráund] 動 (～を) 取り囲む
- **finally** [fáinəli] 副 最後に，ついに
  - final → (007)
- **conduct** [kəndʌ́kt] 動 (調査などを) 行う，(～を) 導く，指揮する
  名 [kándəkt] 行い・行為
- **even** [íːvn] 形 規則正しい，平らな 副 ～ (で) さえ
- **pace** [péis] 名 速度・ペース，歩調
- **unnecessary** [ʌnnésəsèri] 形 不必要な，必要以上の
  - necessary → (040)
- **worry** [wə́ːri] 名 心配 (事)・悩み (事)
  動 (～を) 心配する ⟨about⟩
  - ▶ **worried** [wə́ːrid] 形 (～を) 心配している ⟨about⟩

● 単語 CHECK (3)　　　011〜014 (p.24〜p.32)

011
between any two **points** on all **routes**	全路線の2地点間
the **chart** below is ...	下の表は…
determine the travel **fare**	旅行運賃を判定する
destination point	目的地点
change without **notice**	予告なしに変わる
multiply the **figures** by 1.43	数字に1.43を掛ける

012
avoid impulse shopping	衝動買いを避ける
items that **appear** on the list	リストにある [現れる] 品目
happen to see an **additional** item that **appeals** to you	偶然, その他の気に入るものを見つける
leave your **credit** cards and **checkbook** at home	クレジットカードと小切手帳を家に置いて行く
enough **cash** for the **purchases** you planned to make	購入を予定している分の現金

013
the most **common** computer **faults**	コンピューターに最もよくある故障
one of two **causes**	2つの原因のうちの1つ
a **lack** of disk space	ディスク・スペースの不足
store data and programs	データやプログラムを保存する
check on how much RAM your computer has	コンピューターがどれだけのRAMを持っているか確認する

014
locker room **procedure**	更衣室の利用手順
enter and **exit** through the **front** door	正面のドアから出入りする
be **assigned** a small locker	小型ロッカーが割り当てられる
temporary storage of your **belongings**	所持品の一時的収納
participate in **physical education**	体育 (の授業) に参加する

021 Article 歯の健康維持法 L-1.4

Three out of four dentists recommend that you brush and floss your teeth after every meal.

It is also recommended that you have your teeth checked by a dentist every six months. This is the best way to keep your teeth and gums healthy.

The Dental Association believes that if everybody follows these simple steps, serious teeth problems and expensive visits to the dentist can be avoided for a lifetime.

訳 歯科医4人のうち3人が，毎食後に歯をみがくことと歯間そうじをすることを勧めている。

また，6か月ごとに歯科医に行って歯を検査してもらうことも勧めている。これが歯と歯茎を健康に保つ最善の方法なのである。

歯科医師会は，誰もがこの簡単な対策に従ってくれれば深刻な歯の病気や高額な歯科医の受診を生涯を通して避けられるだろう，と信じている。

Notes

◆*A* out of *B*「B（数の）のうちのA（数）」
recommend → (017)
have your teeth checked「歯を検査してもらう」，check → (013)
every six months「6か月ごとに」 every three days は「3日目ごとに」で「2日おきに」ということ。◆every other day「1日おきに」

● **Article**

| でる順英単語 | ▶ 1000 語 | ▶ 2000 語 | ■ 3000 語 | ▶ 4000 語 |

- **dentist** [déntəst] 　　　　名 歯医者
  - ▶ **dental** [déntl] 　　　　名 歯の, 歯科の
- **brush** [bráʃ] 　　　　動 (〜に) ブラシをかける,
  　　　　　　　　　　　(〜を) 払いのける 〈away, off〉
  　　　　　　　　　名 ブラシ, 刷毛
- **floss** [flɔ́(:)s] 　　　　動 (フロスを使って歯間を) そうじする
  　　　　　　　　名 デンタル・フロス (= dental floss)
- **gum** [gʌ́m] 　　　　名 歯茎
- **healthy** [hélθi] 　　　　形 (心・身体が) 健康な
  - ▶ **health** [hélθ] 　　　　名 健康 (状態)
- **association** [əsòusiéiʃən] 　　　　名 協会・組合, 提携, 連想
  - ▶ **associate** [əsóuʃièit] 　　　　動 〔be 〜d で〕関係 [提携] する, 連想する
  　　　　　　　　　　　　　　　名 [əsóuʃiət] 仲間　形 準…
  - ▶ **associated** [əsóuʃièitid] 形 関連した, 連合した
- **believe** [bilíːv] 　　　　動 (人・言葉を) 信じる,
  　　　　　　　　　　　〔〜 in で〕(〜の存在を) 信じる
  - ▶ **belief** [bilíːf] 　　　　名 信念, 信仰, 信頼
- **follow** [fálou] 　　　　動 (〜に) ついて行く, (忠告などに) 従う,
  　　　　　　　　　　　〔as follows で〕次の通りで [に]
- **simple** [símpl] 　　　　形 単純な・簡単な, 簡素な
- **step** [stép] 　　　　名 一歩, 手段・対策, 〔〜s で〕階段
  　　　　　　　　動 歩を進める
- **serious** [síəriəs] 　　　　形 まじめな, 重大な
- **problem** [prábləm] 　　　　名 問題, 課題
- **expensive** [ikspénsiv] 　　　　形 高価な
  　　　　　　　　　　　(⇔ cheap (210), inexpensive「安い」)
- **lifetime** [láiftàim] 　　　　名 一生・生涯

| 022 | Article | 心の健康維持法 | L-1.4 |

Advice for the Soul

Having the grace to forgive someone eases the strain on our hearts. When we let go of our anger or hurt, a great sense of relief, a kind of lightness, enters our souls. Thus the secret of forgiveness is that we bring relief not only to the person who has hurt or harmed but to ourselves!

訳 魂へのアドバイス

他人を許す（心を持つ）ことによって，心の重圧は和らげられます。怒りや心の傷を取り除けば，大いなる安堵感と軽やかさのようなものが魂に訪れるのです。このように，許すことの真義とは，傷つけたり害を与えたりした人だけでなく，自分自身も救われる，ということなのです。

Notes

have the grace to do「～するたしなみ［礼儀］がある，いさぎよく～する」

◆ let go of「～を離す，取り除く」

● **Article**

でる順英単語 ▶ 1000 語 ▶ 2000 語 ▶ 3000 語 ▶ 4000 語

- **advice** [ədváis] 名 助言・忠告
  ▶ **advise** [ədváiz] 動 助言 [忠告] する, 通知する
  ▶ **advisor** [ədváizər] 名 助言者・アドバイザー
- **soul** [sóul] 名 魂・精神
- **grace** [gréis] 名 優雅さ, 猶予 (期間)
- **forgive** [fərgív] 動 (人・罪などを) 許す
  ▶ **forgiveness** [fərgívnəs] 名 許し [許すこと]
- **ease** [íːz] 動 (苦痛などを) 和らげる
  名 〔at ease で〕くつろいで
- **strain** [stréin] 名 緊張, ストレス, 重圧
  動 (〜を) 引っぱる・緊張させる
- **heart** [háːrt] 名 心臓, 心
- **anger** [ǽŋgər] 名 怒り
  ▶ **angry** [ǽŋgri] 形 (〜に) 腹を立てて 〈at, with〉, 怒った
- **hurt** [háːrt] 名 傷, 害 動 痛む, (〜を) 傷つける
- **sense** [séns] 名 感覚, 意味 動 (〜を) 感知する
- **relief** [rilíːf] 名 安心, (苦痛などの) 除去, 救援
  relieve → (093)
- **lightness** [láitnəs] 名 軽快さ, 明るさ
  ▶ **light** [láit] 形 軽い
  名 光, 照明 動 点灯 [点火] する
- **secret** [síːkrit] 名 秘密, 真義 形 秘密の
- **harm** [háːrm] 動 害を与える 名 害
  ▶ **harmful** [háːrmfl] 形 有害な

51

● 単語 CHECK (4)　　015〜018 (p.34〜p.41)

015
- fitness workouts — 健康（のための）トレーニング
- stand with your back pressed against the wall — 背中を壁に押しつけて立つ
- allow your back to slide down the wall — 背中を壁にそってすべり降ろさせる
- hold that position for a count of about 5 to 10 seconds — その姿勢をおよそ5秒から10秒数える間保つ
- repeat the exercise — この運動を繰り返す

016
- stand with one leg bent forward and the other leg extended back — 片方の足を前に曲げ，もう片方の足は後ろに伸ばして立つ
- place your hands on the wall and both heels flat on the floor — 両手を壁に，両足のかかとを床に平らに置く
- lean your upper body forward — 上体を前方に傾ける
- feel tension on the calf muscle — ふくらはぎの筋肉の緊張を感じる
- switch leg positions — 足の位置を交代する

017
- read the manual carefully to ensure its correct use — 正しい使用法を身につけるために説明書をよく読む
- get accustomed to your camera — あなたのカメラに慣れる
- experiment with a few test shots — 2, 3枚の試し撮りを試みる
- more detailed instructions — より詳しい使用説明
- an explanation of the functions — 機能の説明
- refer to the reference guide — レファレンス・ガイドを参照する

018
- a bimonthly magazine — 隔月刊誌
- a mission to deliver news — ニュースを届ける使命
- general interest stories — 世間一般の関心事
- main issues of the day — 現代の主要な問題
- a variety of perspectives — 多様な視点
- cover sports, science and entertainment — スポーツ，科学，芸能をカバーする[報道する]

● 単語 CHECK (5)　　019〜022 (p. 42〜p. 51)

019	one of the best **bargains** in Hong Kong	香港の超お買い得品の1つ
	a **perfectly fitted** suit	申し分なくぴったりに作られたスーツ
	be impossible to **beat**	勝ることが不可能である
	a **major** U.S. department store	アメリカの大手デパート
020	make it a **habit** to drink a glass of water every day	毎日コップ1杯の水を飲むことを習慣にする
	bear in mind that you should never **skip meals**	食事を決して抜いてはいけないということを心に留める
	tend to **consume** energy at a higher **rate**	高い比率でエネルギーを消費する傾向がある
	be **likely** to **ruin** your **constitution**	あなたの（病気に対する）抵抗力を損ないやすい
	maintain a harmonious **environment** at home	調和のとれた家庭の環境を維持する
	conduct your life at an even **pace**	規則正しいペースで生活を送る
	avoid **unnecessary worries**	不必要な心配事を避ける
021	**brush** and floss your teeth after every meal	毎食後に歯をみがき，歯間をそうじする
	have your teeth checked by a **dentist**	歯科医に歯を検査してもらう
	follow these **simple steps**	これらの簡単な対策に従う
	serious teeth **problems**	深刻な歯の病気［問題］
022	have the grace to **forgive** someone	他人を許す心を持つ
	eases the **strain** on our hearts	心の重圧を和らげる
	let go of our **anger** or **hurt**	怒りや（心の）傷を取り除く
	a **sense** of **relief**	安堵感

◆ 熟語 CHECK (1)　　001〜022 (p.2〜p.51)

001	in the meantime	ところで，その間に
002	*be* away on business	商用で不在である
	bring *A* to *one's* attention	A（問題など）を（人）に報告する
003	as well as ...	…と同様に，…だけでなく
	feel free to *do*	遠慮なく〜する
004	look forward to *doing*	〜するのを楽しみにする
	hear from	〜から便りをもらう
005	place an order	注文する
006	provide *A* with *B*	A（人）にBを与える
	at this moment	今のところ
007	turn *A* over to *B*	AをBに委ねる・引き渡す
	have no alternative but to *do*	〜するより仕方ない
	as a result	結果として
	in *one's* interest(s)	〜の利益になる，有利な[に]
011	without notice	予告なしに，無断で
012	(in) that way	そのような方法で，そうすれば
014	lock up	鍵をかけてしまう，戸締りをする
	participate in	〜に参加する
016	as if ...	あたかも…かのように
017	get accustomed to	〜に慣れる
018	a variety of	いろいろな〜，多様な〜
020	make it a habit to *do*	〜することを習慣にする
	bear in mind	心に留める
021	*A* out of *B*	B（数の）のうちのA（数）
	every other day	1日おきに
022	let go of	〜を離す，〜を取り除く

PART 2

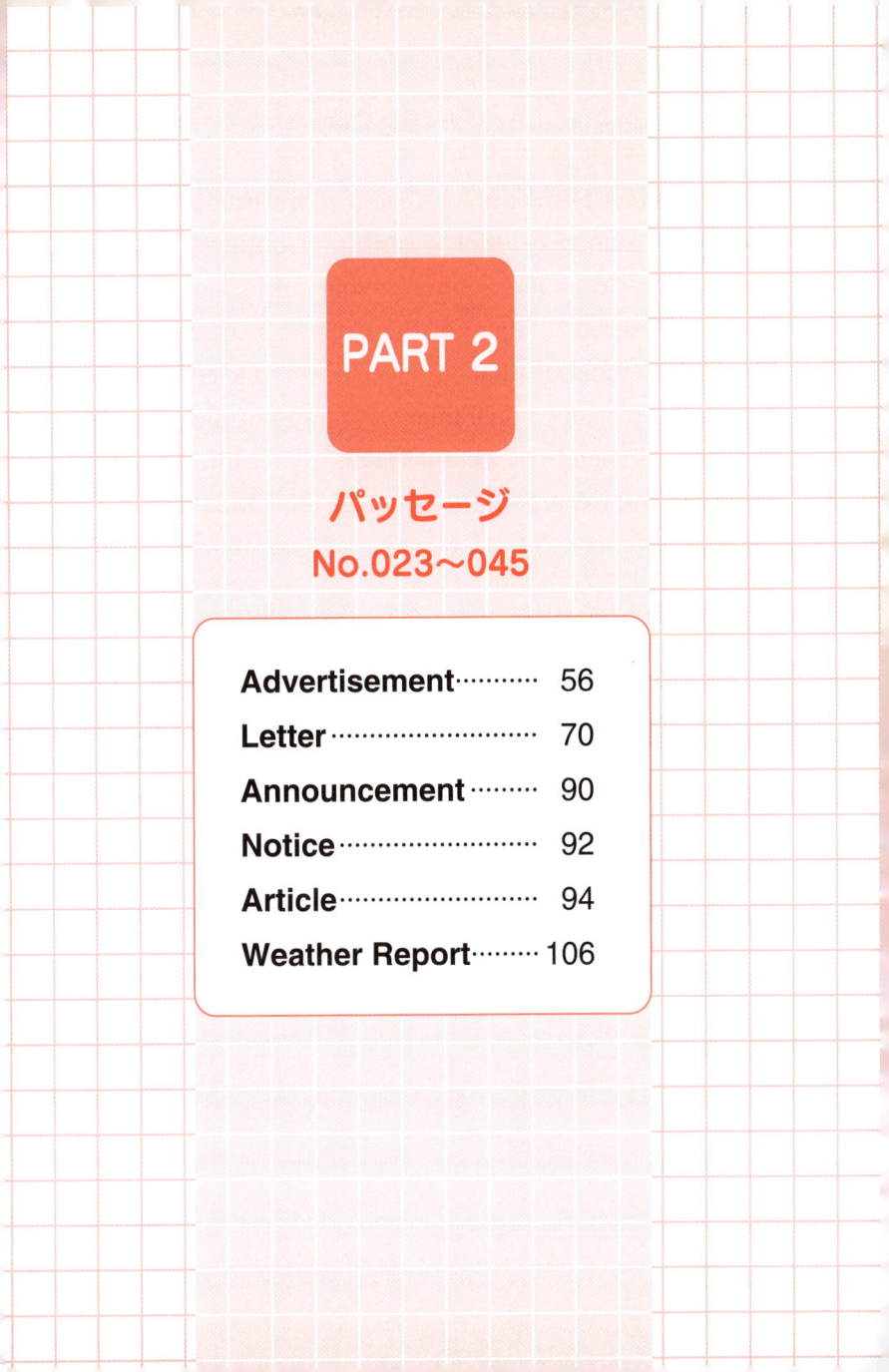

パッセージ
No.023〜045

Advertisement	56
Letter	70
Announcement	90
Notice	92
Article	94
Weather Report	106

023 Advertisement セミナーの案内　L-1.6

2006 Summer Seminars for Teachers of German

JATG is pleased to offer a variety of opportunities for you to develop and strengthen your professional skills, here and abroad. Many of the programs described below offer stipends that actually cover the cost of the seminar. We hope you'll take advantage of these opportunities to spend valuable learning time with other colleagues and experts in the language education field.

訳 2006年度ドイツ語教師向け夏期セミナー

JATGは，あなたが専門的な技能を発達させ，強化させる多様な機会を国内外で提供できることを喜ばしく思っております。下記のプログラムの多くは，セミナーの費用を事実上補填する給付金が支給されます。これらの機会を利用して語学教育分野のほかの同僚や専門家と一緒に貴重な学習の一時を過ごされますことを願っております。

Notes

- *be* **pleased to** *do*「〜すること快く思う，喜んで〜する」
- offer → (005)，variety → (018)
- here and abroad「国内外で」
- **cover the cost of**「〜の費用をまかなう」
- **take advantage of**「〜を利用する」

Advertisement

でる順英単語　▶ 1000語　▶ 2000語　▶ 3000語　▶ 4000語

- **seminar** [sémənà:r]　名 セミナー，研究会
- **pleased** [plí:zd]　形 うれしい・喜んだ
  - ▶ **please** [plí:z]　動 (～を) 喜ばせる
- **opportunity** [àpərtjú:nəti]　名 機会・好機
- **develop** [divéləp]　動 発達する [させる]，(～を) 開発する，(フィルムを) 現像する
  - ▶ **development** [divéləpmənt]　名 発達・発展，開発
- **strengthen** [stréŋkθn]　動 強くする [なる]，強化する
  - ▶ **strength** [stréŋkθ]　名 強さ，力
- **professional** [prəféʃənl]　形 プロの，職業上の・専門職の　名 プロ (⇔ amateur「アマチュア」)，専門家
  - ▶ **profession** [prəféʃən]　名 (主に知的な) 職業
- **skill** [skíl]　名 技能，熟練
  - skillfully　→ (005)
- **abroad** [əbró:d]　副 外国へ [で]
- **describe** [diskráib]　動 (～の様子を) 述べる・描写する
- **stipend** [stáipend]　名 (学生への) 給付金・奨学金，(主に聖職者の) 俸給
- **actually** [ǽktʃuəli]　副 実は，実際に (は)
  - actual　→ (075)
- **advantage** [ədvǽntidʒ]　名 利点 (⇔ disadvantage「不利 (な点)」)
- **valuable** [vǽljəbl]　形 貴重な，高価な　名 〔～s で〕貴重品
  - value　→ (037)
- **colleague** [káli:g]　名 同僚
- **expert** [ékspə:rt]　名 専門家，熟練者　形 熟練した

024 Advertisement 教科書フリーマーケット* L-1.5

Schoolbooks for Exchange is a FREE service that allows people to buy and sell college books, as well as elementary through high school books. There are two major benefits to this program:

1. It helps people save money.
2. It helps the environment.

In California, almost one million schoolbooks each year are discarded or not reused. Our website can help to reverse this huge economic and environmental waste. Please DO NOT throw away your used books. This online service is free, so take advantage of this chance to register your unneeded books for sale!

訳「教科書交換」は,小学校から高校までの教科書はもちろん,大学の教科書も売買することができる無料のサービスです。このプログラムには2つの主要な利点があります:

1. お金の節約に役立つこと。
2. 環境に役立つこと。

カルフォルニア州では,毎年およそ100万冊の教科書が捨てられるか,再利用されないままになっています。私たちのウェブサイトは,この巨大な経済的,環境的無駄をくつがえすのに役立つはずです。どうか使った教科書を捨てないでください。このオンラインサービスは無料ですので,この機会を利用して不要になった教科書を売りに出す登録をしてください。

Notes

free service「無料サービス,無料奉仕」, free → (003)
*「フリーマーケット」とは flea market(蚤の市)のこと。
◆ throw away「〜を(投げ)捨てる」
advantage → (023)

Advertisement

でる順英単語 ▶ 1000語 ▶ 2000語 ▶ 3000語 ▶ 4000語

- **exchange** [ikstʃéindʒ]   名 交換, 両替
    動 (~を) 交換する, 両替する
- **service** [sə́:rvəs]   名 接客, 奉仕, (公共の) 事業, 設備
- **elementary** [èləméntəri]   形 初等の, 初歩の
- **benefit** [bénəfit]   名 利点・効用, 給付・手当て, 利益・恩恵
    動 (~の) ためになる
- **save** [séiv]   動 (~を) 節約する, (~を) 蓄える,
    とっておく, (~を) 救う
- **discard** [diská:rd]   動 (~を) 捨てる
- **reuse** [rì:jú:z]   動 (~を) 再利用する 名 [rì:jú:s] 再利用
- **website** [wébsàit]   名 〔インターネットの〕ウェブサイト
- **reverse** [rivə́:rs]   動 (~を) 逆にする 名 逆 形 逆の
- **huge** [hjú:dʒ]   形 巨大な, 莫大な
- **economic** [èkənámik]   形 経済の
    economy   → (100)
- **environmental** [envàiərənméntl]   形 環境の, 周囲の
    environment   → (020)
- **waste** [wéist]   名 浪費, 廃棄物 動 (~を) 浪費する
- **used** [jú:zd]   形 使用された・中古の,
    [jú:st] 〔be ~ to で〕(~に) 慣れている
- **online** [ánláin]   形 副 インターネット (上) の [で]
- **chance** [tʃǽns]   名 機会, 見込み, 幸運, 危険
- **register** [rédʒistər]   動 (~を) 登録する, (手紙を) 書留にする
    名 登録簿 [機]
    ▶ **registered** [rédʒistərd]   形 登録された
- **unneeded** [ʌnní:did]   形 不必要な

025 Advertisement クラブ紹介(1) L-1.4

THE UNIVERSITY OF WASHINGTON WOMEN'S CLUB

One of many rewarding reasons for participating in the University of Washington's Women's Club is to join a group of particular interest to you. These informal gatherings provide members a chance to meet and explore a variety of common interests, and we encourage you to sign up for a group (or groups) of your choice at the opening meeting on Wednesday, September 1. As a paid member you may visit or join any group you find interesting to you at any time of the year. Please join us!

訳 ワシントン大学女性クラブ

ワシントン大学女性クラブに加わることの数多くの価値ある理由の1つは，あなたが特定の興味を持ったグループに参加することです。これらの気軽な会合は会員が知り合い，さまざまな共通の趣味を探究する機会を提供します。9月1日水曜日の初回の集会で，あなたの好みのグループ（複数でも可）に登録することをお勧めします。会費をお支払いいただいた会員としては，年間を通じていつでも，興味を持ったグループを訪ねたり参加したりすることができます。ぜひご参加ください！

Notes

participate → (014)
provide members a chance to *do*「～する機会を会員に提供する」
chance の内容は (to) meet「知り合い」と explore「探究する」こと。
common → (013)
◆**sign up for**「～に自分の名を登録する，登録する」

Advertisement

でる順英単語 ▶ 1000語 ■ 2000語 ▶ 3000語 ▶ 4000語

- **club** [klʌ́b] 　　　名 クラブ, 同好会
- **rewarding** [riwɔ́ːrdiŋ] 　　形 (〜する) 価値のある, 報いのある
  - ▶ **reward** [riwɔ́ːrd] 　動 (〜に) 報いる　名 報酬, 見返り
- **reason** [ríːzn] 　　　名 理由, 道理
- **join** [dʒɔ́in] 　　　動 (組織・活動などに) 加わる・参加する, (〜を) つなぐ
- **particular** [pərtíkjələr] 　形 特定の, 特別の, (〜について) 好みがうるさい 〈about, over〉
  - ▶ **particularly** [pərtíkjələrli] 　副 特に
- **informal** [infɔ́ːrml] 　　形 形式ばらない, 非公式の (⇔ formal (091))
- **gathering** [gǽðəriŋ] 　　名 集まること, 集まり
  - ▶ **gather** [gǽðər] 　動 集まる [集める], (〜と) 推測する 〈that〉
- **explore** [ikplɔ́ːr] 　　動 探検する, 調査する
  - ▶ **exploration** [èkspləréiʃən] 　名 探検
- **encourage** [enkə́ːridʒ] 　　動 (〜を…するように) 励ます・奨励する 〈in, to do〉 (⇔ discourage (058))
  - ▶ **encouragement** [enkə́ːridʒmənt] 　名 激励・奨励
- **sign** [sáin] 　　　動 (〜に) 署名する　名 標識, 徴候
  - ▶ **signature** [sígnətʃər] 　名 署名
- **paid** [péid] 　　　形 支払い済みの, 有給の
  - pay 　→ (005)

026　Advertisement　クラブ紹介（2）　L-1.4

① **GOURMET**: Enjoy six international-class meals and wonderful conversation at only a fraction of what it would cost to dine at first-rate restaurants. Members and guests from a variety of cultures share detailed recipes as well as the cooking and costs. Sign up alone or as a couple on a regular or substitute basis. Meetings are held on the first Saturday of each month from 7:30 p.m. The person to contact is Clara Fischer at 351-4033.

訳 ①グルメの会：一流レストランで食事をすればかかるであろうお金のほんの一部で，6回の国際的クラスの食事と素敵な会話を楽しみましょう。さまざまな文化を持った会員あるいはゲストが，皆で料理や経費を分かち合い，同様に詳しいレシピを共有します。お1人でも，2人1組で，定期的に参加するか，あるいはどちらか1人が交代で参加するということでも結構ですので，登録してください。会合は毎月第1土曜日の午後7:30からです。連絡はクララ・フィッシャー，電話351-4033まで。

Notes

international-class「国際的クラス（レベル）の」 -class「…レベル・水準・等級」

◆**a fraction of...**「…のうちのわずかな」「...」の部分がwhat（関係代名詞）に導かれた文になっている。

detailed → (017)

on a regular or substitute basis「(2人が) 定期的に参加するかあるいは，どちらかが交代で参加する」 on a ～ basisで「～という基準［方式］で」という意味。

（例）◆**on a daily basis**「毎日」, on a part-time basis「パートタイムで」

Advertisement

| でる順英単語 | ▶ 1000 語 | ▶ 2000 語 | ▶ 3000 語 | ▶ 4000 語 |

- **gourmet** [guərméi] 　名 グルメ, 美食家　形 グルメの
- **enjoy** [endʒɔ́i] 　動 (〜を) 楽しむ
  - ▶ **enjoyment** [endʒɔ́imənt] 　名 楽しむこと, 享受
- **international** [ìntərnǽʃnl] 　形 国際的な
- **conversation** [kɑ̀nvərséiʃən] 　名 会話
- **fraction** [frǽkʃən] 　名 一部, 断片, 端数, 分数
- **dine** [dáin] 　動 食事をする
- **first-rate** 　形 一流の, すばらしい
- **culture** [kʌ́ltʃər] 　名 文化, 教養
  - ▶ **cultural** [kʌ́ltʃərl] 　形 文化的な, 教養の
- **share** [ʃéər] 　動 (〜を) 分ける・共有する
  　名 市場占有率, 分け前, 株式 (= stock)
- **recipe** [résəpi] 　名 (〜の) 調理法・レシピ 〈for〉
- **couple** [kʌ́pl] 　名 1対・1組, 〔a couple of で〕2, 3の
- **regular** [régjələr] 　形 規則的な, 定期的な, 正規の, 通常の
  　(⇔ irregular (062))
  - regularly → (115)
- **substitute** [sʌ́bstətjùːt] 　名 (〜の) 代用品・代理人 〈for〉
  　動 (〜を…の) 代わりに使う 〈for〉
  - ▶ **substitution** [sʌ̀bstətjúːʃən] 　名 代用, 置換
- **basis** [béisis] 　名 (知識などの) 基礎, 基準
  - base → (028)

027 Advertisement クラブ紹介(3) L-1.4

② **ANTIQUES** AND **COLLECTIBLES**: Members and invited speakers give presentations on personal collections and partake in other activities, which include house tours and specialty shop tours. This very large group often holds auctions, the proceeds of which go to the Women's Club scholarship fund.

For further details contact Lyla Barker at 344-0226. Meetings are held on every second Wednesday from 1:15 p.m.

訳 ②骨董品と収集品の会:メンバーと招待を受けた講演者が,自分の収集品の発表をしたり,その他の活動に参加します。活動には住宅めぐりや専門品店めぐりなどが含まれます。この大所帯のグループは,よくオークションを開きます。このオークションで得た収益は,「女性クラブ」奨学金の資金にまわされます。

詳しいことは,ライラ・バーカー,電話344-0226に連絡してください。会合は毎月第2水曜日の午後1:15からです。

Notes

house tour は家を見て回ること。
the proceeds of which go to ...「(オークションの)利益は…へ行く」
which は auctions を受ける関係代名詞。
◆ **for further details**「さらに詳しいことについて(は)」
every second Wednesday「毎月第2水曜日」

Advertisement

でる順英単語　▶ 1000 語　▶ 2000 語　▶ 3000 語　▶ 4000 語

- **antique** [æntí:k] — 名 骨董品　形 年代物の
- **collectible** [kəléktəbl] — 名〔~s で〕文化的収集品　形 集められる，収集可能な
  - collect → (007)
- **invite** [inváit] — 動 (~を) 招待する，(~に…を) 勧める〈to do〉
  - ▶ **invitation** [ìnvitéiʃən] — 名 招待 (状)
- **presentation** [prì:zəntéiʃən] — 名 (論文・製品などの) 発表，贈呈・授与，上演 [上映]
  - ▶ **present** [prizént] — 動 (~を) 提出する，贈る　名 [préznt] 贈物　(→ (031))
- **personal** [pə́:rsənl] — 形 個人の，個人的な
- **partake** [pá:rtéik] — 動 (~に) 参加する，加わる〈in〉
- **activity** [æktívəti] — 名 活動
- **tour** [túər] — 名 旅行，視察
  - tourist → (048)
  - ▶ **tourism** [túərìzm] — 名 観光事業
- **specialty** [spéʃəlti] — 名 (店などの) 得意料理，専門
  - special → (081)
- **auction** [ɔ́:kʃən] — 名 競売，オークション
- **proceed** [prəsí:d] — 名 売上げ高，収入　動 引き続き~する〈with, to do〉，(~へ) 進む〈to〉(⇔ recede「後退する」)
- **scholarship** [skálərʃìp] — 名 奨学金
  - ▶ **scholar** [skálər] — 名 学者
- **fund** [fʌ́nd] — 名〔~s で〕資金，基金　動 (~に) 基金 [資金] を出す
- **further** [fə́:rðər] — 形 それ以上の　副 さらに，それ以上に

028 Advertisement　店舗物件　L-1.6

If you are looking for a high-volume, owner-absentee, independent grocery store, then you need look no further. This fine store is located in a small town north of Sacramento in a 20,000 sq. ft. building with gross sales figures of approximately $5MM! The store is part of a small Northern California chain that serves and caters to a relatively small-town customer base, where major competitors do not perform as well.

訳 容積が大きい所有者不在の自営食料雑貨店をお探しなら，これ以上さらに探す必要はありません。このすばらしい店はサクラメントの北の小さな町に位置し，2万平方フィートのビルの中にあり，総売上げ高はおよそ500万ドルです！ この店は比較的小さな町の顧客層向けに営業，仕出しをするカルフォルニア州北部の小さなチェーンに属しています。このような所では，大手の競争相手は同じようにうまくは機能しません。

Notes

owner-absentee「所有者不在の」
need look no further ＝ don't need to look any further
sq. ft. ＝ square foot [feet]「(面積) 平方フィート」
gross sales figures「総売上高，販売額」, figure → (011)
MM ＝ million（M はローマ数字で 1,000 を表すので，MM は，本来は 2,000 の意味だが，アメリカの不動産業界などでは，慣用的に MM を 1,000×1,000 と考え 100 万の意味で使っている）
◆ cater to「〜に食事を出す，仕出しをする」
customer base「顧客層，顧客ベース」
perform as well (as this store)「(この店と) 同じようにうまく機能する (利益を上げる)」 perform well「うまく機能する (利益を上げる)」 この文の as well は「〜と同様にうまく」の意味になる。(041)

Advertisement

の as well との違いに注意。

- **volume** [válju(ː)m] 　名 体積 [容積], 音量, 1 巻 [冊], (取引などの) 量,
- **owner** [óunər] 　名 所有者
  - own 　→ (014)
- **absentee** [æbsntíː] 　形 不在の, 欠席者の　名 欠席者, 不在者
  - ▶ **absent** [ǽbsənt] 　形 [be absent from で] (〜を) 欠席する, 不在の (⇔ present (031))
  - ▶ **absence** [ǽbsəns] 　名 欠席, 不在
- **independent** [ìndipéndənt] 　形 (〜から) 独立した・自立した 〈of〉 (⇔ dependent (209))
  - ▶ **independence** [ìndipéndəns] 　名 独立
- **grocery** [gróusəri] 　名 食料雑貨
- **locate** [lóukeit] 　動 [be 〜d で] (〜に) 位置する 〈at, in, etc.〉, (位置・場所を) 突き止める
  - location 　→ (084)
- **square** [skwéər] 　形 平方の, 正方形の, 直角の　名 正方形, 平方, (四角い) 広場
- **gross** [gróus] 　形 総計の (⇔ net「正味の」)　名 グロス 〔12 ダース〕　動 (〜の) 総収益を上げる
- **approximately** [əpráksəmətli] 　副 おおよそ, 約
  - ▶ **approximate** [əpráksəmət] 　形 おおよその
- **part** [páːrt] 　名 部分, 役割　動 [part ways で] (〜と) 別れる 〈with〉
- **northern** [nɔ́ːrðərn] 　形 北の, 北部の
- **chain** [tʃéin] 　名 チェーン店, 鎖, 連鎖

PART 2

	動 (〜を) 鎖でつなぐ
■ **cater** [kéitər]	動 出張料理をする, (要望などに)応じる ⟨to⟩
▶ **catering** [kéitəriŋ]	名 ケータリング〔出張料理〕
■ **relatively** [rélətivli]	副 比較的に, 相対的に
▶ **relative** [rélətiv]	名 親類 (の人) 形 比較的 (な), 関連した
■ **customer** [kʌ́stəmər]	名 顧客・得意先
■ **base** [béis]	名 基準, 基礎, 基地 動 〔be 〜d on で〕(〜に) 基づいている
basis	→ (026)
■ **competitor** [kəmpétitər]	名 競争相手, 競合品
▶ **compete** [kəmpíːt]	動 (〜と) 競争する ⟨with, against⟩
■ **perform** [pərfɔ́ːrm]	動 (機械・ビジネスなどが) 機能する, (〜を) 演奏 [上演] する, (〜を) 成し遂げる
performance	→ (074)

● 単語 CHECK (6)　　023 〜 026 (p. 56 〜 p. 63)

023	develop and strengthen your professional skills	専門的な技能を発達させそして強化する
	take advantage of these opportunities	これらの機会を利用する
	valuable learning time	貴重な学習時間
	colleagues and experts in the language education field	語学教育分野の同僚や専門家
024	a free service	無料のサービス
	elementary through high school books	小学校から高校までの教科書
	two major benefits	2つの主要な利点
	save money	お金を節約する
	reverse this huge economic and environmental waste	この巨大な経済的かつ環境的な無駄をくつがえす
	the chance to register your unneeded books for sale	不要になった本を売りに出す登録をする機会
025	rewarding reasons for participating in the club	そのクラブに加わることの価値ある理由
	join a group of particular interest to you	あなたが特定の興味を持つグループに参加する
	informal gatherings	気軽な会合
	explore a variety of common interests	さまざまな共通の趣味を探究する
	encourage you to sign up for a group of your choice	あなたの好みのグループに登録することを勧める
026	enjoy international-class meals and wonderful conversation	国際的クラスの食事と素敵な会話を楽しむ
	dine at first-rate restaurants	一流レストランで食事をする
	a variety of cultures	さまざまな文化（背景）
	share detailed recipes	詳しいレシピを共有する
	on a regular basis	定期的に

PART 2

029 Letter ダイレクト・Eメール L-1.4

Dear ...:

I visited your website just now. Your site is beautifully made and contains a good deal of useful content. However, the load speed of your site is, regrettably, a little slow, and also the pages open up rather slowly.

I managed to do an analysis of your site using a web-optimization service provided by a leading company (http://www.webswimmer.com).

If you are interested in this analysis, please contact me at window@webswimmer.com.

Best wishes,

訳 …様

私はあなたのウェブサイトをたった今，訪れたところです。あなたのサイトはきれいに作られていて役立つ内容も非常にたくさんあります。しかしながら，あなたのサイトは残念なことに読み込みスピードが少し遅く，ページも開くのがややゆっくりです。私はある先進的な企業（http:/www.webswimmer.com）が提供するウェブ最適化サービスを使って，あなたのサイトの分析をしてみました。

この分析に興味を持たれましたら，window@webswimmer.comの私までご連絡ください。

敬具

Notes

◆ a good [great] deal of「非常にたくさんの〜，多量の〜」
web-opitimization「ウェブ最適化」 optimizeは「（〜を）最適化する」。

Letter

でる順英単語 ▶ 1000 語 ▶ 2000 語 ▶ 3000 語 ▶ 4000 語

- **site** [sáit]
  - 名 〔インターネット〕**サイト**，(建物などの) **場所, 用地**
  - 動 〔*be* ～d で〕**位置する**

- **contain** [kəntéin]
  - 動 (～を) **中に含む**, (感情を) **抑える**

- **deal** [díːl]
  - 名 **量・額** (→ (043))

- **content** [kántent]
  - 名 〔通例 ～s で〕**内容, 目次**
  - 形 [kəntént] (～に) **満足して** 〈with〉

- **load** [lóud]
  - 名 〔コンピューター〕**ロード・読み込み**, **積み荷**, (精神的な) **重荷**
  - 動 (～を) **積み込む**, (～に弾などを) **入れる** (⇔ unload「降ろす」)

- **regrettably** [rigrétəbli]
  - 副 **残念なことには**

  ▶ **regret** [rigrét]
  - 動 (～を) **後悔する**, **残念ながら～する** 〈to *do*〉
  - 名 **後悔**

  ▶ **regrettable** [rigrétəbl]
  - 形 **残念 [遺憾] な**

- **rather** [rǽðər]
  - 副 **いくぶん, やや**

- **manage** [mǽnidʒ]
  - 動 **なんとか [どうにか] ～する** 〈to *do*〉, (～を) **管理 [経営] する**

  ▶ **management** [mǽnidʒmənt] 名 **管理・経営**, 〔集合的に〕**経営陣・管理職**

- **analysis** [ənǽləsis]
  - 名 **分析** (⇔ synthesis「統合」)
  - analyst → (034)
  - analyze → (112)

- **leading** [líːdiŋ]
  - 形 **主要な, 先導する**

  ▶ **lead** [líːd]
  - 動 (～を) **導く**, (道などが) **通じる** 〈to〉, **リードする**, (～な生活を) **送る**
  - 名 **先導**

PART 2

030 Letter — お悔やみ L-1.5

Dear ...:

I was **deeply saddened** to hear that Mr. John Martin **passed** away and on **behalf** of my company wish to express our sincerest **condolences**.

He was not only an **excellent businessman** but a good friend, and we shall **certainly miss** him.

All of us at Sangyo Corporation express our deepest **sympathy** to you, to Mr. Martin's family, and the **rest** of the **staff**.

Sincerely yours,

訳 …様

ジョン・マーチン氏がご逝去されたとうかがい，深く悲しく思いますとともに，わが社を代表して心からの哀悼の意を表します。

マーチン氏は優れたビジネスマンであっただけでなく，よき友人でありました。私どもは彼がいないことを必ずや寂しく思うことでしょう。

私どもサンギョー株式会社の社員一同，あなたとマーチン氏のご遺族，並びにほかの社員の皆様に，心からのお悔やみの意を表します。
敬具

Notes

- **pass away**「亡くなる」（die の婉曲表現）
- **on behalf of**「（人など）に代わって，代表して」

Sincerely yours,「敬具」（丁寧な結びの言葉）

Letter

でる順英単語 ▶ 1000語 ▶ 2000語 ▶ 3000語 ▶ 4000語

- **deeply** [díːpli] 副 深く, 非常に
- **sadden** [sǽdn] 動 (〜を) 悲しませる
- **pass** [pǽs] 動 通り過ぎる, (時が) 過ぎる, (〜を) 手渡す, (試験などに) 合格する, (人が) 亡くなる〈away〉
  名 通行許可証
- **behalf** [bihǽf] 名 〔on behalf of で〕〜に代わって, 〜の代表として〔on one's behalf の形でも使う〕
- **condolence** [kəndóuləns] 名 悔やみ, 哀悼
- **excellent** [éksələnt] 形 優れた・すばらしい
  ▶ **excellence** [éksələns] 名 優秀さ, 卓越
- **businessman** [bíznəsmæ̀n] 名 ビジネスマン
  〔女性は businesswoman と言うが, 区別せずに businessperson とすることも多い〕
- **certainly** [sə́ːrtnli] 副 確かに, きっと, 〔返事で〕承知しました
- **miss** [mís] 動 (〜が) いないのを寂しく思う, (〜を) し損なう, (〜に) 乗り遅れる
- **sympathy** [símpəθi] 名 同情, 共感, 悔やみ
  ▶ **sympathize** [símpəθàiz] 動 (〜に) 同情する〈with〉, 共鳴する〈with〉
- **rest** [rést] 名 〔the 〜で〕(〜の) 残り〈of〉, 休息
  動 休息する [させる]
- **staff** [stǽf] 名 〔集合的に〕職員・スタッフ
  〔個々人を言うときは a staff member とする〕

031 Letter　見本送付への礼状　L-1.8

Dear ....:

Thank you for sending your IC recorder IC-294 to JTREND for review and evaluation.

We were impressed with the quality of your product, but our marketing review committee has decided not to distribute products of this kind at the present time.

If there is any policy change in the future, we will consider your IC recorders as a candidate for distribution.

Again, thank you for considering JTREND as a potential distributor.

Sincerely,

訳 …様

貴社の IC レコーダー IC-294 を審査・評価用に JTREND にお送りくださりありがとうございました。

貴社の製品の品質には感銘を受けました。しかし，私どもの販売（商品）審査委員会は目下のところこの種の製品を卸さない決定をいたしました。

将来的に何らかの方針変更があれば，わが社は貴社の IC レコーダーを卸し売りの候補の品と考えることでしょう。

JTREND を可能性のある卸売先とお考えいただけましたことに重ねてお礼申し上げます。

敬具

Notes

◆ *be* impressed with「～に感心する，～をすばらしいと思う」
products of this kind「この種の製品」
consider your IC recorders as ...「IC レコーダーを…とみなす」　最終行の considering ～ as ... も同じ用法。

Letter

でる順英単語 ▶ 1000語 ▶ 2000語 ▶ 3000語 ▶ 4000語

- **evaluation** [ivæljuéiʃən] 　名 評価
  - evaluate 　→ (112)
- **impress** [imprés] 　動 (〜に) 感銘を与える・印象を与える
  - ▶ **impression** [impréʃən] 名 印象
- **quality** [kwáləti] 　名 品質 (⇔ quantity「量」)
  　　　　　　　　　　　形 高品質の
- **marketing** [má:rkitiŋ] 　名 営業・販売 (活動)
  - ▶ **market** [má:rkit] 名 市場・マーケット, (取引) 市場
- **committee** [kəmíti] 　名 〔集合的に〕委員会
- **decide** [disáid] 　動 (〜することを) 決心する ⟨to do⟩,
  　　　　　　　　　　　(〜を) 決める
  - decision 　→ (116)
- **distribute** [distríbjət] 　動 (〜を) 卸す, 分配する, 配布する
  - ▶ **distribution** [dìstribjú:ʃən] 名 流通, 分配・配布
  - ▶ **distributor** [distríbjətər] 名 販売 [卸売] 業者, 流通業者
- **present** [préznt] 　形 現在の, 出席している (⇔ absent (028))
  　　　　　　　　　　　(→ (027))
- **policy** [páləsi] 　名 政策・方針, 保険証書
- **future** [fjú:tʃər] 　名 未来, 将来　形 未来の
- **consider** [kənsídər] 　動 (〜を) よく考える,
  　　　　　　　　　　　(〜を…と) みなす ⟨to be, as⟩
  - ▶ **consideration** [kənsìdəréiʃən] 名 考慮・熟慮
- **candidate** [kændidèit] 　名 候補者, 志願者
- **potential** [pəténʃəl] 　形 可能性のある　名 可能性, 潜在能力

032 Letter 取引条件の問い合わせ L-1.8

Dear ...:

Attached to this letter is an overview of those items and services which we anticipate ordering from your firm, providing your terms and conditions are favorable and prices competitive.

Please provide us with a price list, along with your terms and conditions of sale, applicable discounts, shipping dates, and an explanation of your sales and corporate policy.

Thank you for your cooperation.

訳 …様

この手紙に，品目と業務の概要を添付します。これらは，もし貴社の取引条件が有利なもので，かつ他社に負けない(低)価格であれば，注文を予定しているものです。
私どものほうに価格表とともに，販売条件，適用される割引，発送日程，貴社の販売および企業方針についてのご説明を一緒にお送りください。
ご協力に感謝いたします。

Notes

attached (to this letter) is ...「(この手紙に) 添付したものは…です」(倒置用法が慣用化された表現)
those items and services which ...「(which 以下)であるような品目と業務」
◆order A from B「A を B に注文する」
providing は接続詞で「もし…ならば」という意味。
and prices (are) competitive　are が省略されている。
terms and conditions「取引条件」
◆along with「～と一緒に，～とともに」

Letter

でる順英単語　■ 1000語　■ 2000語　■ 3000語　■ 4000語

- **attach** [ətǽtʃ]　動 (〜を) 添付する, 貼り付ける [取り付ける]
  - ▶ **attached** [ətǽtʃt]　形 付属 [添付] の
  - attachment　→ (110)
- **overview** [óuvərvjùː]　名 概観, 概要
- **anticipate** [æntísəpèit]　動 (〜を) 予想する, 期待する
  - ▶ **anticipation** [æntìsəpéiʃən]　名 予想
- **firm** [fə́ːrm]　名 会社
  　形 堅い, しっかりした
- **providing** [prəváidiŋ]　接 もし〜ならば, 〜という条件で
  - provide　→ (006)
- **term** [tə́ːrm]　名 〔〜s で〕条件, 期間, 用語, 間柄
- **condition** [kəndíʃən]　名 状態, 〔〜s で〕状況, 条件
  　動 (〜をよい [特定の]) 状態にする
- **favorable** [féivərəbl]　形 好都合な・有利な, 好意的な
  - favor　→ (097)
- **competitive** [kəmpétətiv]　形 競争力のある・(ほかのものに) 負けない, 競争の (激しい)
  - compete　→ (028)
- **applicable** [ǽplikəbl]　形 適用できる
  - apply　→ (058)
- **corporate** [kɔ́ːrpərit]　形 法人の, 会社の
  - corporation　→ (009)
- **cooperation** [kouàpəréiʃən]　名 協力
  - ▶ **cooperate** [kouápərèit]　動 (〜と・を) 協力する 〈with, in, for, to *do*〉

PART 2

033 Letter 製品の売り込み L-1.7

Dear ...:

We read about your company in *Fabrics America* and noted that you are one of Japan's major importers of quality garments and accessories.

Since 1973, our company has been an export agent for the well-known Sutherland Fabrics in Willamette, Oregon, and we are confident that our company can offer a great variety of high-quality garments at very competitive prices.

We have enclosed a copy of our most recent sales catalog and price list and encourage you to place a trial order with us.

Sincerely,

訳 …様

貴社のことを「ファブリックス・アメリカ」で読み，貴社が日本で有数の高級衣類と装飾品の輸入業者であるということに注目いたしました。

1973年以来，わが社はオレゴン州ウィラメットにある有名なサザーランドファブリックス社の輸出代理業を営んでおり，多様な高級衣類を格安の価格でご提供できますことを確信しております。

最新の販売カタログと価格表1部を同封いたしますので，試みにご注文されることをお勧めいたします。

敬具

Notes

encourage → (025)

place a trial order with「〜に試験注文する」

Letter

でる順英単語	▶ 1000 語	▶ 2000 語	■ 3000 語	■ 4000 語

PART 2

- **note** [nóut] 動 (〜に) 注目する，(〜を) 書き留める
  名 メモ，注 (釈)
- **importer** [impɔ́ːrtər] 名 輸入業者
  - ▶ **import** [impɔ́ːrt] 動 (〜を) 輸入する (⇔ export (033))
    名 輸入，〔〜s で〕輸入品
- **garment** [gáːrmənt] 名 衣服
- **accessory** [əksésəri] 名 アクセサリー・装飾品
- **export** [ékspɔːrt] 名 輸出，〔〜s で〕輸出品
  動 [ikspɔ́ːrt] (〜を) 輸出する (⇔ import (033))
- **agent** [éidʒənt] 名 代理店，代理人
  agency → (007)
- **well-known** [wélnóun] 形 有名な，よく知られた
- **confident** [kánfidənt] 形 (〜を) 確信している・自信がある
  ⟨of, about, that⟩
  - ▶ **confidence** [kánfidəns] 名 信頼，自信，〔in confidence で〕秘密で
- **high-quality** [háikwáləti] 形 高品質の
- **copy** [kápi] 名 (本の) 〜部 [冊]，写し
  動 複写する・コピーする
  - ▶ **photocopy** [fóutoukàpi] 名 写真複写・コピー
    動 (コピー機で〜の) コピーをとる
- **recent** [ríːsnt] 形 最近の，近ごろの
  - ▶ **recently** [ríːsntli] 副 最近
- **catalog** [kǽtəlɔ̀(ː)g] 名 カタログ・目録
  動 (〜を) カタログに載せる
- **trial** [tráiəl] 形 試験的な 名 裁判，試み

034 Letter　　　カバーレター*　　　L-1.7

Dear ....:
I am responding to your advertisement in the August 14 issue of *The Springvale Sun* for the position of Environmental Analyst.
I believe that my background, qualifications, and work experience are well suited to your company's candidate specifications and hope you will consider me for this position.
As you will see from my résumé, I am very committed to environmental concerns and plan to make this a lifetime study.
Thank you for your time in reviewing the enclosed résumé. I look forward to hearing from you.
Sincerely,

訳 …様

「スプリングベイル・サン」紙の8月14日号に掲載されていた貴社の環境アナリスト職の求人広告に応募いたします。

私の経歴，資格そして職歴は貴社の応募要件に適していると思いますので，このポストに私をお考えくださるよう願っております。

私の履歴書からお分かりいただけるように，私は環境（に関連する）問題に深くかかわっており，この問題を生涯の研究課題にしていきたいと思っております。

同封の履歴書のご審査に時間を割いていただけますこと，ありがとうございます。ご連絡をお待ちしております。

敬具

Notes

＊カバーレター（cover letter）：履歴書に添える手紙
issue → (018)
candidate specifications「応募要件（会社が応募者に求める条件などの明細）」candidate → (031)

◆ *be* committed to「～に熱心である，～に専心する」．

Letter

でる順英単語 ▶ 1000語 ▶ 2000語 ▶ 3000語 ▶ 4000語

- **respond** [rispánd] 　動 (〜に) 答える・反応する 〈to〉
  - response 　→ (062)
- **advertisement** [ædvərtáizmənt] 　名 (〜の) 広告・宣伝 ([略] ad) 〈for〉
  - advertise 　→ (071)
- **analyst** [ǽnəlist] 　名 (情勢などの) アナリスト
  - analyze 　→ (112)
- **background** [bǽkgràund] 　名 (人の) 経歴, (事件などの) 背景
- **qualification** [kwàləfikéiʃən] 　名 資格
  - ▶ **qualify** [kwáləfài] 　動 (〜の) 資格を得る [与える] 〈for, to do〉
  - ▶ **qualified** [kwáləfàid] 　形 資格がある
- **experience** [ikspíəriəns] 　名 経験・体験
  　動 (〜を) 経験する・体験する
- **specification** [spèsəfikéiʃən] 　名 [〜s で] 仕様 (書)・明細 (書)
  - specific 　→ (006)
  - specify 　→ (055)
- **résumé** [rézəmèi] 　名 履歴書, 要約・レジュメ
- **commit** [kəmít] 　動 [be 〜ted to で] (〜に) 深くかかわる・打ち込む,
  　(罪などを) おかす,
  　(〜を) 約束する 〈to〉
  - ▶ **commitment** [kəmítmənt] 　名 約束・公約, 献身・かかわり合い
- **concern** [kənsə́:rn] 　名 心配, 関心事, 関係・関連
  　動 [be 〜ed about で] (〜を) 心配する,
  　[be 〜ed in で] (〜に) 関係している
- **study** [stʌ́di] 　名 勉強, 研究 (課題), 調査, 書斎
  　動 (〜を) 勉強する,
  　(〜を) 調査 [研究] する

PART 2

PART 2

035 | Letter — 採用通知 — L-1.7

Dear ...:

This letter confirms the salary offer I made during our interview on March 1, 2006.

It is agreed that your starting annual salary will be $66,550 and will include the following benefits and bonus provisions:

.....

Please acknowledge your acceptance of this offer by signing and dating one copy of this letter and returning it to me. Welcome aboard!

Sincerely yours,

訳 …様

この書面は2006年3月1日の面接において私が提示した給与額を確認するものです。

あなたの最初の年俸は6万6,550ドル、そして以下の諸手当と賞与の支給を含むことで合意されています。

　（中略）

この申し出の受諾を確認するものとしてこの手紙の1部に署名と日付を入れて私宛にご返送ください。わが社へようこそ！

敬具

Notes

the salary offer I made「私が行った給与（額）の提案」　◆make an offer で「提案する，（金額を）提示する」。

annual salary「年俸」, benefit → (024)

Welcome aboard!「（入社した人に）ようこそ，（乗り物に乗ってきた人に）ご乗車［乗船・搭乗］ありがとうございます」

Letter

でる順英単語　■ 1000語　■ 2000語　■ 3000語　■ 4000語

- **confirm** [kənfə́:rm]　動（〜を）確認する，（信念などを）強める
  - ▶ **confirmation** [kɑ́nfərméiʃən]　名 確認
- **salary** [sǽləri]　名 給料
- **interview** [íntərvjù:]　名 インタビュー，面接
  　　　　　　　　　　動（人に）インタビューをする，（人と）面接する
  - ▶ **interviewer** [íntərvjù:ər] 名 インタビューする人
  - ▶ **interviewee** [ìntərvju:í:] 名 インタビューされる人
- **agree** [əgrí:]　動（〜に）合意[同意]する〈to do, that, on〉（⇔ disagree「同意しない」），
  　　　　　　　（〜に）賛成する〈with〉（⇔ oppose (096)）
  - agreement　→ (098)
- **annual** [ǽnjuəl]　形 毎年の，1年間の
- **bonus** [bóunəs]　名 賞与・ボーナス
- **provision** [prəvíʒən]　名 用意（された物），準備，供給・支給，（法律などの）条項
  - provisional　→ (075)
- **acknowledge** [əknɑ́lidʒ]　動（〜を）認める，（手紙などを）受け取ったことを知らせる
  - ▶ **acknowledgment** [əknɑ́lidʒmənt]　名 承認，感謝
- **acceptance** [əkséptəns]　名 受諾，容認
  - accept　→ (002)
  - ▶ **acceptable** [əkséptəbl]　形 許容できる，受諾できる
- **aboard** [əbɔ́:rd]　副（乗り物に）乗って

PART 2

036 Letter 信用口座承認通知 L-1.5

Dear ...:

We are happy to inform you that your application for a charge account has been approved. We welcome you as a new customer and hope you enjoy the convenience of our charge account system.

Enclosed is your credit card and a pamphlet that explains how to use it. The pamphlet also explains our billing procedure and contains additional information that you should find quite useful.

Thank you again for choosing to shop with us.

訳 …様

あなた様の信用口座申請が受理されましたことをお知らせできることをうれしく思います。新しいお客様として歓迎いたしますとともに，私どもの便利な信用口座制度をお楽しみくださることを願っています。

あなた様のクレジットカードとご利用法を記したパンフレットを同封いたします。パンフレットには請求手順の説明と，あなた様がきっと役に立つと思われる追加情報が記されています。

お買い物に当店をご利用くださり，まことにありがとうございます。

Notes

charge account「信用口座，掛け売り勘定」, charge → (004), account → (007)

enjoy the convenience of「〜の便利さを享受する」

procedure → (014)

Enclosed is ...「…を同封しました，同封したものは…です」(倒置用法が慣用化した表現)

Letter

| でる順英単語 | ▶ 1000語 | ▶ 2000語 | ▶ 3000語 | ▶ 4000語 |

- **inform** [infɔ́ːrm] 動 (～に…を) 知らせる ⟨about, of, that⟩
- **application** [æplikéiʃən] 名 応募・申請 (書), アプリケーション〔実務用ソフトウエア〕, 応用
  - apply → (058)
- **approve** [əprúːv] 動 (～を) 承認する, (～に) 賛成する ⟨of⟩
  - ▶ **approval** [əprúːvl] 名 承認・賛同, 許可
- **convenience** [kənvíːniəns] 名 便利さ, (好) 都合
  (⇔ inconvenience (063))
  - ▶ **convenient** [kənvíːnjənt] 形 (～に) 都合がよい ⟨for⟩, 便利な
  (⇔ inconvenient (063))
- **system** [sístəm] 名 制度, 装置, 方式
- **pamphlet** [pǽmflət] 名 パンフレット・小冊子
- **bill** [bíl] 動 (～に) 請求書を送る
  名 請求書, 紙幣, 法案
- **choose** [tʃúːz] 動 選ぶ
  - choice → (008)

● 単語 CHECK (7)　　　　　　027〜031 (p.64〜p.75)

027	invited speakers	招待を受けた講演者
☐	give presentations on personal collections	自分[個人]の収集品の発表をする
☐	partake in activities	活動に参加する
☐	the proceeds go to the scholarship fund	その収益は奨学金の資金にまわされる
028	independent grocery store	自営の食料雑貨店
☐	be located in a small town	小さな町にある[位置する]
☐	gross sales figures of approximately $5MM	およそ500万ドルの総売上高
☐	cater to a relatively small-town customer base	比較的小さな町の顧客層向けに仕出しする
☐	major competitors do not perform well	大手の競争相手はうまく機能しない
029	contain a good deal of useful content	役立つ内容をたくさん含んでいる
☐	the load speed is, regrettably, a little slow	読み込みスピードが、残念なことに、少し遅い
☐	manage to do an analysis of your site	あなたのサイトの分析を(どうにか)やってみる
030	an excellent businessman	優れたビジネスマン
☐	certainly miss him	必ず彼がいないのを寂しく思う
☐	deepest sympathy	心からの悔やみ[同情]
☐	the rest of the staff	ほかの社員
031	be impressed with the quality of your product	貴社の製品の品質に感銘を受ける
☐	our marketing review committee	販売審査委員会
☐	a policy change in the future	将来の方針変更
☐	consider it as a candidate for distribution	それを卸し売りの候補と考える
☐	a potential distributor	可能性のある卸売先

● 単語 CHECK (8)　　　　　032 〜 036 (p.76 〜 p.85)

032
- [ ] **anticipate** ordering from your firm — 貴社に注文することを**予想する**
- [ ] providing your **terms and conditions** are **favorable** and prices (are) **competitive** — もし貴社の**取引条件**が**有利**で，かつ**他社に負けない**価格であれば
- [ ] **applicable** discounts — **適用される**割引

033
- [ ] major **importers** of quality **garments** and accessories — 高級**衣類**と装飾品の有力な**輸入業者**
- [ ] an **export agent** for the **well-known** Sutherland Fabrics — **有名な**サザーランドファブリックス社の**輸出の代理業**
- [ ] a **copy** of our most **recent** sales catalog — **最新**の販売**カタログ 1 部**
- [ ] place a **trial** order — **試験**注文をする

034
- [ ] **respond** to your **advertisement** — **(求人) 広告に応える**
- [ ] the position of environmental **analyst** — 環境**アナリストの職**
- [ ] my **background**, qualifications, and work **experience** — 私の**経歴**，資格そして職**歴**
- [ ] *be* **committed** to environmental **concerns** — **環境 (に関連する) 問題に深くかかわる**

035
- [ ] **confirm** the **salary** offer I made — 私が提示した**給与**額を**確認する**
- [ ] your starting **annual salary** — あなたの最初の**年俸**
- [ ] the following benefits and **bonus** provisions — 以下の諸手当と**賞与**の支給
- [ ] **acknowledge** your **acceptance** of this offer — この申し出の**受諾**を**確認する**

036
- [ ] Your **application** has been **approved**. — あなたの**申請**は**受理**されました。
- [ ] Enjoy the **convenience** of our charge account **system**. — 私どもの信用口座**制度の便利さ**をお楽しみください。
- [ ] our **billing** procedure — **請求**手順

037 Letter 顧客アンケート L-1.7

TELL US WHAT YOU THINK!
The owners of GATEWAY Car Wash would like to express their gratitude for your continued patronage and wish to continue providing you with the best car care possible. To help in this effort, we would greatly appreciate your feedback on our services. Gateway values your opinions and support! Please answer the following questions and be as frank and open-minded as you can.
Our thanks for your time and thoughts.

訳 あなたのお考えを教えてください！
ゲートウェイ・カーウォッシュのオーナーは、あなたの日ごろのご愛顧に感謝の意を表すとともに今後も可能な限り最良の、車のお手入れを提供し続けたいと存じます。この取り組みを手助けするために、私どものサービスについてご意見をいただけるとまことにありがたく存じます。ゲートウェイはあなたのご意見とご支援を大切にいたします。次の質問にどうぞお答えください。そしてできる限り率直に思ったとおりにお願いします。
お時間とご意見に感謝いたします。

Notes

We would (greatly) appreciate your ...「…をいただけるとまことにありがたく存じます」(丁寧に依頼するときの表現) I would appreciate it if you would/could ...「もし…していただければまことにありがたく存じます」の形で使うことも多い。この場合、it が if ... の内容を受ける。appreciate → (006)

Letter

でる順英単語 ▶ 1000語 ▶ 2000語 ▶ 3000語 ▶ 4000語

- **gratitude** [grǽtətjùːd] 名感謝（の気持ち）
- **patronage** [pǽtrənidʒ] 名（店などへの）ひいき・愛顧
- **care** [kéər] 名世話, 注意
  動（〜を）気にかける〈about〉, （〜が）欲しい〈for〉
- **effort** [éfərt] 名努力
- **greatly** [gréitli] 副おおいに, 非常に
- **feedback** [fíːdbæk] 名（〜についての）意見・感想
- **value** [vǽljuː] 動（〜を）大事にする・尊重する, （価値, 価格を）評価する
  名価値, 価格
  valuable → (023)
- **opinion** [əpínjən] 名意見, 〔in my opinion で〕私の考えでは…
- **support** [səpɔ́ːrt] 名支持・支援
  動（人・考えなどを）支持する,（物を）支える
- **frank** [frǽŋk] 形率直な
- **open-minded** [óupnmáindid] 形心の広い, 開放的な
- **thought** [θɔ́ːt] 名考えること, 思考（力）, 思いやり, 〔〜s で〕意見・提案

038 Announcement* 入賞者発表 L-1.7

Winners of the Toronto "Anime Film Festival"

We would like to sincerely thank all the members for participating in our Toronto "Anime Film Festival" and wish a hearty Congratulations! to the following winners:

Prizes: Two round-trip air tickets for the first winner.

One accommodation coupon for the second winners.

No. of winners: xxxxx xxxxx

We will be contacting each winner by e-mail with more information.

＊ Winner's correct address and phone number are required to deliver the prize, so please log in and update your profile.

訳 トロント「アニメ映画祭」入賞者
トロント「アニメ映画祭」に参加してくださったすべての会員の皆様に心から感謝いたしますとともに，以下の入賞者に心からおめでとうございます！と申し上げます。
賞品：1位の受賞者に往復の航空券をペアで。
　　　2位の受賞者に宿泊券1枚を。
入賞者番号：xxxxx　xxxxx
入賞者の方々にはEメールで詳細をご連絡いたします。
＊賞品をお届けするためには入賞者の皆様の正確な住所と電話番号が必要ですので，ログインしてご自身のプロフィールを最新のものにしてください。

Notes

＊announcement →（051），accommodation coupon「宿泊券」

Announcement

| でる順英単語 | ▶ 1000語 | ▶ 2000語 | ▶ 3000語 | ▶ 4000語 |

- **winner** [wínər] 　名 受賞者・入賞者, 勝利者
  - ▶ **win** [wín] 　動 (戦い・試合に) 勝つ (⇔ lose (049)), (賞などを) 勝ち取る, 成し遂げる
- **anime** [ǽnimèi] 　名 アニメ・動画
  - ▶ **animation** [æ̀nəméiʃən] 　名 アニメ (製作), 生気・活発
- **film** [fílm] 　名 映画, (写真) フィルム
  　動 (〜を) 撮影する
- **festival** [féstəvl] 　名 祭り, 祝祭
- **hearty** [háːrti] 　形 心からの, (料理などが) ボリュームのある
- **prize** [práiz] 　名 賞 (品) 形 賞の
- **round-trip** 　形 往復 (旅行) の 〔round trip 「往復旅行」〕
  - ▶ **trip** [tríp] 　名 小旅行 動 つまずく [つまずかせる]
- **air** [éər] 　名 空気, 様子, 〔形容詞的に〕 航空 (機) の
- **accommodation** [əkɑ̀mədéiʃən] 　名 〔〜s で〕 宿泊設備, 収容能力
  - accommodate → (107)
- **coupon** [kúːpɑn] 　名 クーポン券, 割引券
- **e-mail** [íːmèil] 　名 E メール 動 (〜に) E メールを送る
  - mail → (083)
- **address** [ədrés] 　名 住所, 演説
  　動 (〜に) 宛名を書く, 講演する
- **log** [lɔ́ːg] 　動 〔log in/on で〕 (ネットワーク・システムに) 接続する (⇔ log out/off)
  　名 (交信) 記録
- **update** [ʌ̀pdéit] 　動 (〜を) 最新のものにする
  　名 [ʌ́pdèit] 最新情報 [版], 更新
- **profile** [próufail] 　名 プロフィール・概要, 横顔

039 | Notice　　キャンプ場での注意　　L-1.5

Be Considerate of Others

One of the keys to enjoying the outdoors is courtesy towards other visitors. Listening to nature as well as seeing it is what makes an outdoor experience so enjoyable, and it stands to reason that excessive noise, not to mention unleashed pets and damage to the surroundings, destroys this experience. So please, keep noise levels down while walking along the trails, and if you must bring a CD or cassette player, use headphones. As for your cell phone, why not leave it at home or in your car? If you must have it, keep it in the "silent" mode.

訳　他人に思いやりを

野外を楽しむ秘訣の1つは，ほかの来訪者に対する礼儀です。自然を見ることと同様，自然を聞くことは野外体験のこの上ない楽しみです。そして，ペットの野放しや周囲の環境破壊は言うまでもありませんが，度を越えた騒音はこの体験を台なしにするのは当然のことです。ですから，どうか小道を歩くときは(騒)音のレベルを下げておいてください。そして，CDやカセットテープを持ってこざるをえないのでしたらヘッドホンを使いましょう。携帯電話については，家か車に置いてきてはどうでしょうか。身につけていなければならないのであれば，「サイレント」モードにしておきましょう。

Notes

- ◆ **the key to** *do*ing「～するカギ，秘訣」
- It stands to reason (that) ....「…は理にかなう，…は当然だ」
- ◆ **not to mention**「～は言うまでもなく，～のほかに」
- ◆ **as for**「～については，～に関しては」

● **Notice**

でる順英単語 ▶ 1000語 ▶ 2000語 ▶ 3000語 ▶ 4000語

- **considerate** [kənsídərət] 形 思いやりがある
- **outdoors** [àutdɔ́ːrz] 名 戸外 副 戸外で (⇔ indoors「屋内で」)
  - ▶ **outdoor** [áutdɔːr] 形 戸外の (⇔ indoor「屋内の」)
- **courtesy** [kə́ːrtəsi] 名 礼儀正しさ, 親切, 好意
- **nature** [néitʃər] 名 自然, 性質
- **enjoyable** [endʒɔ́iəbl] 形 楽しい, おもしろい
- **excessive** [iksésiv] 形 過度の
  - excess → (068)
- **noise** [nɔ́iz] 名 騒音
  - ▶ **noisy** [nɔ́izi] 形 騒がしい
- **mention** [ménʃən] 動 (〜に) 言及する 名 (〜への) 言及 〈of〉
- **unleash** [ʌnlíːʃ] 動 (〜の) 皮ひもを解く
  - ▶ **leash** [líːʃ] 動 (皮ひもを) つなぐ 名 皮ひも, 綱
- **damage** [dǽmidʒ] 名 損害, 被害 動 (〜に) 損害を与える
- **destroy** [distrɔ́i] 動 (〜を) 破壊する, (〜を) 台なしにする
- **level** [lévl] 名 水準・程度, 水平面 形 平らな 動 (〜を) 平らにする, なぎ倒す
- **trail** [tréil] 名 (野山の) 小道 動 (〜の後を) ついて行く, 引きずる
- **cassette** [kəsét] 名 (録音・録画用) カセット (テープ)
- **player** [pléiər] 名 (CD などの) プレーヤー, 選手, 演奏者
- **headphone** [hédfòun] 名 ヘッドホン
- **cell phone** 名 携帯電話 (= cellphone, cellular phone)
- **silent** [sáilənt] 形 沈黙した, 静かな
  - ▶ **silence** [sáiləns] 名 沈黙, 静けさ
- **mode** [móud] 名 モード〔動作の状態〕, 様式

PART 2

040 | Article | ストレスの必要性 | L-1.5

Stress is a necessary part of living. Without it, you might not be able to face many of the demands or challenges that can lead you to accomplish great things. Think about a recent accomplishment: perhaps you defeated a tough opponent in a debate or tennis match. Do you remember how stressful the experience was? Do you think that you would have performed as well WITHOUT that stress? Though people often think of stress as a negative experience, it can actually be quite positive.

訳 ストレスは生活に欠かせないものです。ストレスがなかったら，偉大なことを成し遂げるためにあなたを導く要求や課題の多くに立ち向かうことはできないでしょう。最近何か成し遂げたことを考えてみてください。あなたはディベートかあるいはテニスの試合で手ごわい相手を打ち負かしたかもしれません。そのときどんなにストレスが多かったか覚えていますか。そのストレスがなくても同じようにうまくやれたと思いますか。ストレスはしばしば否定的な体験と考えられていますが，実は極めて肯定的なものなのです。

Notes

without it, you might not be able to do「それがなかったら，あなたは…できないでしょう」 without は「～がなかったら」という仮定的な意味を表す。

(Do you think that) you would have performed ... も without 以下が仮定の意味を表している。would have performed「成し遂げただろう」, perform → (028)

as well「同じくらいじょうずに」 (041) の as well との意味の違いに注意。

Article

でる順英単語　▶1000語　2000語　▶3000語　4000語

- **stress** [strés]　　　　名 ストレス, 強調
　　　　　　　　　　　　動 (〜を) 強調する
  ▶ **stressful** [strésfl]　形 ストレスの多い, 緊張を要する
- **necessary** [nésəsèri]　形 必要な, 必然的な
  　unnecessary　　　→ (020)
- **face** [féis]　　　　　動 (困難などに) 直面する・立ち向かう,
　　　　　　　　　　　　　(〜に) 面している
　　　　　　　　　　　　名 顔, 表面
- **demand** [dimǽnd]　名 需要 (⇔ supply (004)), 要求
　　　　　　　　　　　　動 (〜を) 要求する
- **challenge** [tʃǽlindʒ]　名 (やりがいのある) 課題, 挑戦
　　　　　　　　　　　　動 (〜に) 挑む
- **accomplish** [əkámpliʃ]　動 (〜を) 成し遂げる
  ▶ **accomplishment** [əkámpliʃmənt]　名 完成, 業績
- **defeat** [difíːt]　　　動 (〜を) 打ち負かす　名 敗北, 挫折
- **tough** [tʌ́f]　　　　形 (人が) 手ごわい, 堅い,
　　　　　　　　　　　　　(仕事などが) 骨の折れる
- **opponent** [əpóunənt]　名 (競技・討論などの) 相手, 反対者
- **debate** [dibéit]　　　名 討論, ディベート
　　　　　　　　　　　　動 討論する, 熟考する
- **match** [mǽtʃ]　　　　名 試合, 適合 (するもの)
　　　　　　　　　　　　動 (〜と) 調和する, (〜に) 匹敵する
- **remember** [rimémbər]　動 (〜を) 覚えている, (〜を) 思い出す
- **negative** [négətiv]　形 消極的な (⇔ positive), 否定の
　　　　　　　　　　　　名 否定, (写真の) ネガ
- **positive** [pázətiv]　形 積極的な・肯定的な, 確信している,
　　　　　　　　　　　　(検査の結果が) 陽性の (⇔ negative (040))

041 Article ボネビル湖

Utah's Great Salt Lake is actually the remains of a much larger lake that existed over one million years ago during the ice age. Known as Lake Bonneville, it covered almost 20,000 square miles and included not only Utah, but Idaho, and Nevada, as well. When the glaciers finally retreated, the waters of Lake Bonneville flowed out to the Pacific Ocean via the Snake and Columbia rivers. As the climate dried, the lake evaporated, leaving a huge expanse of concentrated minerals. We know this area today as the Great Salt Lake and Bonneville Salt Flats.

訳 ユタ州のグレートソルト湖は，実は100万年以上も昔の氷河期に存在したはるかに広大な湖の名残である。ボネビル湖として知られているその湖は，ほぼ2万平方マイルに及ぶ面積を有し，ユタ州だけでなくアイダホ州とネバダ州をも含んでいた。氷河が最終的に後退したとき，ボネビル湖の水はスネーク川とコロンビア川を通って太平洋に流れ出た。気候が乾燥するにつれて，湖は蒸発し，広大な濃縮された鉱物の広がりを残した。この地帯が今日のグレートソルト湖であり，ボネビル・ソルトフラットなのである。

Notes

flat → (016)

known as ...「…として知られているが」 接続詞と主語が略されている分詞構文の形。

◆ as well「～もまた，同様に」

the lake evaporated, leaving ...「蒸発して…を残した」 これも2つ目の動詞をing形でつなげた分詞構文。

● Article

でる順英単語 ▶ 1000語 ▶ 2000語 ▶ 3000語 ▶ 4000語

- **remain** [riméin] 名〔~s で〕残り(もの), 残骸・名残
  動 (~の状態)のままである, 後に残る
- **exist** [igzíst] 動 存在する, 生存する
- **age** [éidʒ] 名 時代, 年齢, 〔~s で〕長い間
- **glacier** [gléiʃər] 名 氷河
  ▶ **glacial** [gléiʃl] 形 氷河の
- **retreat** [ritrí:t] 動 (~から)退却[後退]する〈from〉,
  (決めたことを)撤回する
  名 退却, (決めたことの)撤回
- **flow** [flóu] 動 流れる 名 流れ
- **Pacific** [pəsífik] 形 太平洋の,〔the ~ Ocean で〕太平洋
- **ocean** [óuʃən] 名 大洋, 海洋
- **via** [váiə] 前 ~経由で (= by way of)
- **climate** [kláimət] 名 気候, 情勢
- **evaporate** [ivǽpərèit] 動 蒸発する
  ▶ **evaporation** [ivæpəréiʃən] 名 蒸発
- **expanse** [ikspǽns] 名 広がり, 広々とした場所
  expand → (061)
- **concentrated** [kánsəntrèitid] 形 濃縮した, 集中した
  ▶ **concentrate** [kánsəntrèit] 動 (~に)(注意を)集中する〈on〉,
  (~を)集中する
  ▶ **concentration** [kànsəntréiʃən] 名 集中
- **mineral** [mínərl] 名 鉱物 形 鉱物を含んだ
- **area** [éəriə] 名 地域・区域, (活動の)範囲

042 | Article — リスニングの練習法 | L-1.5

Language listening exercises are becoming more common in high schools, but they tend to overemphasize the need to understand everything. As such, the exercises are intensive. Many elementary listening texts consist of very short items, each focusing on one point only. However, students should be trained from early on to listen to longer, more natural passages.

There is no advantage in reducing the speed. We find that using natural speed, with repetitions if necessary, helps the students to become more confident in dealing with native speaker speeds.

訳 言語のリスニング練習は高校でますます普及しつつあるが、すべてを理解する必要性を強調しすぎる嫌いがある。このために、練習は集中的である。多くの初級リスニングの文章はごく短い記事で成り立っており、各々の記事はただ1つのポイントに焦点を当てている。しかしながら、生徒は早いうちからより長く、より自然な文章を聞き取るよう訓練されるべきである。

速度を落とすメリットはない。私たちは、自然の速度を使うことが（必要ならば繰り返しをともなって）、生徒がネイティブスピーカーの速度に対処する自信をつけるのに役立つということを見出している。

Notes

tend to *do* → (020)
as such「このような事情なので、そういうものとして」
elementary → (024)、text「本文、文章」、item「記事、項目」→ (012)
◆ from early on「早い時期から」
advantage「利点、メリット」→ (023)、deal with → (043)

Article

でる順英単語 ▶ 1000 語　2000 語　▶ 3000 語　▶ 4000 語

native speaker「母国語話者」(その言語を母国語とする人)

- **overemphasize** [òuvərémfəsaiz] 動 (〜を) 過度に強調する
  - ▶ **emphasize** [émfəsàiz] 動 (〜を) 強調する
  - ▶ **emphasis** [émfəsis] 名 強調
- **intensive** [inténsiv] 形 集約的な・集中的な
  - ▶ **intense** [inténs] 形 激しい, 強烈な
- **consist** [kənsíst] 動 (〜から) 成り立っている 〈of〉
- **short** [ʃɔ́ːrt] 形 短い, (〜が) 不足している 〈of, on〉
  - ▶ **shortly** [ʃɔ́ːrtli] 副 まもなく・すぐに, 手短に
- **focus** [fóukəs] 動 (〜に) 焦点を合わせる [当てる] 〈on〉, (〜を…に) 集中させる 〈on, upon〉
  名 焦点, (興味・関心の) 中心
  focal → (084)
- **train** [tréin] 動 (〜を) 訓練する
  - ▶ **training** [tréiniŋ] 名 訓練・養成
- **natural** [nǽtʃərəl] 形 自然の
  nature → (039)
- **passage** [pǽsidʒ] 名 (文章などの) 一節, (法案などの) 通過, 通路
- **reduce** [ridjúːs] 動 減少させる [する]
  - ▶ **reduction** [ridʌ́kʃən] 名 減少させる [する] こと
- **repetition** [rèpitíʃən] 名 繰り返し
  repeat → (015)
- **native** [néitiv] 形 生まれた, 母国の
  名 (〜) 生まれの人 〈of〉

043 Article 心臓発作の予防法 L-1.5

Each year about one million Americans experience a heart attack. Until recent times, a heart attack was often fatal, but today, thanks to better awareness of what the signs and symptoms are and improved medical treatment, the vast majority of people who have heart attacks survive.

Your overall lifestyle: what you eat, how often you exercise and the way you deal with stress plays a role in how well you will prevent, or recover from, a heart attack. Controlling the risk factors that contribute to the narrowing of the arteries (which supply the blood to your heart) is the key to preventing a first or second heart attack.

訳 毎年およそ100万人のアメリカ人が心臓発作を体験している。最近までは,心臓発作はしばしば命にかかわるものだったが,しかし今日では兆候や症状がどんなものかについての認識が向上したことと進歩した治療法のおかげで,心臓発作を起こす人々の大多数は生き延びている。

あなたの生活スタイル全般,つまり何を食べ,どの程度運動をし,どのようにストレスに対処するかが,いかにうまく心臓発作を予防するか,あるいは回復するかを決める役割を果たすのである。

(血液を心臓に運ぶ)動脈の狭窄の一因となる危険因子を制御することが,初回ないし2回目の心臓発作を予防するカギである。

Notes

heart attack「心臓発作」

◆ **thanks to**「～のおかげで」 thanks to A and B「AとBのおかげで」の形で,Aがbetter awareness of what ... are,Bがimproved medical

treatment。 medical treatment「治療法, 医療（手当）」
- ◆ majority of「～の大部分」
- ◆ ... plays a role in ～「…が～で（重要な）働きをする」 主語は Your ... lifestyle だが, その具体的内容を what ..., how ... and the way ... と列挙している。role → (008)

risk factor「危険因子」

■ **attack** [ətǽk]	名 (病気の) 発作, 攻撃 動 攻撃する, (問題などに) 取りかかる
■ **fatal** [féitl]	形 致命的な
fatality	→ (075)
■ **awareness** [əwéərnəs]	名 自覚 [認識] すること
▶ **aware** [əwéər]	形 (～に) 気づいて〈of, that〉
■ **symptom** [símptəm]	名 (病気の) 症状・徴候
■ **improve** [imprúːv]	動 (～を) 改善する, よくなる
improvement	→ (069)
■ **medical** [médikl]	形 医学の, 医療の
medicine	→ (062)
■ **treatment** [tríːtmənt]	名 治療 (法), 待遇
treat	→ (062)
■ **vast** [vǽst]	形 莫大な・膨大な
■ **majority** [mədʒɔ́(ː)rəti]	名 多数 (派), 過半数 (⇔ minority (183))
major	→ (019)
■ **survive** [sərváiv]	動 (事故・逆境などを) 生き延びる・切り抜ける, (～より) 長生きする
▶ **survival** [sərváivl]	名 生存
survivor	→ (046)
■ **overall** [óuvərɔ̀ːl]	形 全部の・全体の

PART 2

		副 [òuvərɔ́:l] **全体として (は)**
■	**lifestyle** [láifstàil]	名 生活様式
■	**deal** [dí:l]	動 (問題などを) **扱う** 〈with〉, (商品を) **扱う** 〈in〉 名 **商取引, 契約**
■	**prevent** [privént]	動 (〜を未然に) **防ぐ**, (〜が…するのを) **妨げる** 〈from〉
■	**recover** [rikʌ́vər]	動 (病気などから) **回復する** 〈from〉, (〜を) **取り戻す**
	recovery	→ (009)
■	**control** [kəntróul]	動 (〜を) **管理 [制御] する** 名 **支配, 管理・制御**
■	**risk** [rísk]	名 **危険** 動 (〜を) **危険にさらす**
■	**factor** [fǽktər]	名 (ある結果をもたらす) **要因, 因子**
■	**contribute** [kəntríbju:t]	動 (〜に) **貢献する** 〈to〉, (〜の) **一因 [原因] となる** 〈to〉, (金・援助を) **与える**
	contribution	→ (078)
■	**narrowing** [nǽrouiŋ]	名 **狭くする [なる] こと**
	▶ narrow [nǽrou]	形 **狭い, かろうじての** (⇔ broad (110))
■	**artery** [ɑ́:rtəri]	名 **動脈** (⇔ vein「静脈」), (交通などの) **幹線**
■	**blood** [blʌ́d]	名 **血, 血筋**

単語 CHECK (9)　　　037〜041 (p.88〜p.97)

037 the best car **care** possible	可能な最良の車の手入れ
value your **opinions** and **support**	あなたの意見と支援を大切にする
be as **frank** and open-minded as you can	できる限り率直になる
038 **winners** of the anime film **festival**	アニメ映画祭の入賞者
two **round-trip air** tickets	往復の航空券
an **accommodation coupon**	宿泊券
Your correct **address** and phone number are required.	あなたの正確な住所と電話番号が必要です。
039 enjoy the **outdoors**	野外を楽しむ
excessive noise	度を越えた騒音
damage to the surroundings	周囲の環境の破壊
destroy this experience	この体験を台なしにする
040 think of **stress** as a **negative** experience	ストレスを否定的な体験と考える
face many of the **demands** or **challenges**	要求や課題の多くに立ち向かう
accomplish great things	偉大なことを成し遂げる
defeat a **tough** opponent in a **debate** or tennis **match**	ディベートかテニスの試合で手ごわい相手を打ち負かす
041 the **remains** of a lake that **existed** over one million years ago	100万年以上も昔に存在した湖の名残
the ice **age**	氷河期
flow out to the Pacific **Ocean**	太平洋に流れ出る
The **climate** dried.	気候が乾燥した。
a huge **expanse** of **concentrated minerals**	広大な濃縮された鉱物の広がり

044 Article 益虫について L-1.6

Beneficial Insects

You may be surprised to know that most insects are actually beneficial and needed in the garden and around trees and shrubbery. Approximately 90% of insects have a vital purpose in our ecosystem. Many of these insects help to pollinate the flowers and are natural foes of undesirable insects.

The best way to attract the kinds of insects you would like to have in your garden is to plant flowers that can produce nectar, a clean water source, and shelter for the insect to inhabit.

訳 益虫

昆虫の大多数が実は有益であり，庭園や高木，低木の周辺で必要とされているということを知って，あなた方は驚くかもしれない。昆虫のおよそ90%が私たちの生態系で極めて重要な目的を持っている。これらの昆虫の多くは花に授粉するのを助け，かつ望ましくない昆虫の天敵である。

あなたの庭にいてほしいと思う種類の昆虫を引き寄せる最善の策は，蜜ときれいな水源と昆虫が住む安全な住みかを作り出す花を植えることだ。

Notes

◆ *be* **surprised to** *do*「～して驚く」
approximately → (028)
pollinate「(～に) 授粉する」
the best way to ... is to plant flowers that ～「…するのに一番よい方法は～のような花を植えることだ」

Article

でる順英単語 ▶ 1000語 ▶ 2000語 ▶ 3000語 ▶ 4000語

- **beneficial** [bènəfíʃl] 形 (〜に) 有益な 〈to〉
  benefit → (024)
- **insect** [ínsekt] 名 昆虫
- **surprise** [sərpráiz] 動 (〜を) 驚かせる 名 驚き
- **shrubbery** [ʃrábəri] 名 低木, 低木の植え込み
- **vital** [váitl] 形 極めて重要な, 生命の [にかかわる]
- **purpose** [pə́:rpəs] 名 目的, 目標
- **ecosystem** [ékousìstəm] 名 生態系, エコシステム
  - ▶ **ecology** [ikálədʒi] 名 生態 (学), 自然環境
- **foe** [fóu] 名 敵 (= enemy)
- **undesirable** [ʌ̀ndizáiərəbl] 形 望ましくない, いやな
  - ▶ **desirable** [dizáiərəbl] 形 望ましい
  desire → (114)
- **attract** [ətrǽkt] 動 (人・注意・興味などを) 引きつける, 魅惑する
  - ▶ **attractive** [ətrǽktiv] 形 魅力的な, 人を引きつける
- **plant** [plǽnt] 動 (〜を) 植える 名 植物, 工場 (設備)
- **produce** [prədjú:s] 動 (〜を) 製造 [製作, 生産] する
  名 [pródju:s] 産物
  product → (005)
- **nectar** [néktər] 名 蜜
- **source** [só:rs] 名 源 [水源], (情報などの) 出所
- **shelter** [ʃéltər] 名 (安全な) 住みか, 避難 (所)
  動 (〜から) 避難する 〈from〉
- **inhabit** [inhǽbət] 動 (人・動物が〜に) 住む
  - ▶ **inhabitant** [inhǽbətənt] 名 住人

045 Weather* Report 気象情報　L-1.6

In the central United States, skies were overcast and rain was widespread across Oklahoma as well as much of western and southern Texas. Scattered light rain dampened parts of Kansas, Missouri, Iowa, Illinois, and Wisconsin.

In the West, skies were partly cloudy, with dry and near-normal temperatures in the central and northern Rockies as well as most of northern California. Portions of Southern California and New Mexico received scattered rain.

訳 合衆国中部では，天気はどんよりした曇りで，テキサス州西部，南部のほぼ全域およびオクラホマ州一帯にかけて，広く雨模様でした。カンザス州，ミズーリ州，アイオワ州，イリノイ州，ウィスコンシン州の一部では，弱いにわか雨によってお湿りがもたらされました。
西部はところにより曇りの天気で，カリフォルニア州北部のほぼ全域およびロッキー山脈の中部，北部で空気が乾燥し，気温はほぼ平年並みでした。カリフォルニア州南部とニューメキシコ州の一部ではところにより雨でした。

Notes

＊weather → (057)
skies「(気象上の) 空模様，天気」
the Rockies = the Rocky Mountains「ロッキー山脈」

Weather Report

| でる順英単語 | ▶ 1000語 | ▶ 2000語 | ▶ 3000語 | ▶ 4000語 |

- **central** [séntrəl] 　形 中心の・中央の, 主要な
  - ▶ **center** [séntər] 　名 中心・中央
    　動 (～を) 集中させる,
    　〔be ～ed で〕(…に) 集中する〈on, upon〉
- **overcast** [óuvərkǽst] 　形 雲で覆われた, どんよりした
- **widespread** [wáidspréd] 　形 広く行き渡った・普及した
- **western** [wéstərn] 　形 西 [方] の, 西部の (⇔ eastern)
- **southern** [sʌ́ðərn] 　形 南 [方] の, 南部の
  - northern 　→ (028)
- **scattered** [skǽtərd] 　形 点在している, 時折の
  - ▶ **scatter** [skǽtər] 　動 (～を) まき散らす
- **dampen** [dǽmpn] 　動 (～を) 湿らせる
  - ▶ **damp** [dǽmp] 　形 湿った (⇔ dry「乾いた」)
    　動 (～を) 湿らす
    　名 湿気
- **partly** [pá:rtli] 　副 一部分は
  - part 　→ (028)
- **normal** [nɔ́:rml] 　形 標準の, 正常の　名 標準
- **temperature** [témpərtʃər] 　名 温度・気温, 体温
- **rocky** [rɑ́ki] 　形 岩の多い, 〔the Rockies で〕ロッキー山脈
- **portion** [pɔ́:rʃən] 　名 一部分〈of〉, (食物の) 1 人前〈of〉

PART 2

単語 CHECK (10)　　042〜045 (p.98〜p.107)

042 emphasize the need to understand everything	すべてを理解する必要性を強調する
consist of very short items	ごく短い記事で成り立っている
focus on one point only	1つのポイントに焦点を当てる
be trained from early on	早いうちから訓練される
natural passages	自然な文章（の一節）
reduce the speed	速度を落とす
a native speaker	ネイティブ・スピーカー
043 prevent or recover from a heart attack	心臓発作を予防するか、あるいはそれから回復する
better awareness of what the signs and symptoms are	兆候や症状が何であるかについてのよりよい認識
improved medical treatment	進歩した治療法
The vast majority of people survive.	大多数の人々は生き延びる。
control the risk factors	危険因子を制御する
contribute to the narrowing of the arteries	動脈の狭窄の一因となる
supply the blood to your heart	血液を心臓に運ぶ
044 be surprised to know that ...	…ということを知って驚く
attract insects to your garden	あなたの庭に昆虫を引き寄せる
a vital purpose in our ecosystem	生態系での極めて重要な目的
plant flowers that can produce nectar and a clean water source	蜜ときれいな水源を作り出す花を植える
045 western and southern Texas	テキサス州の西部と南部
scattered light rain	にわかの[散発的な]弱い雨
partly cloudy	ところにより曇り
near-normal temperatures	ほぼ平年並みの気温
portions of California	カリフォルニア州の一部

PART 3

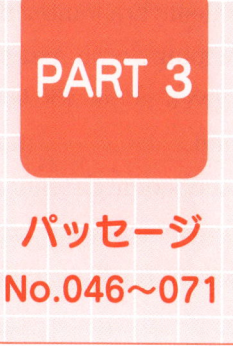

パッセージ
No.046〜071

Report ……………… 110
Letter ………………… 120
Advertisement … 126
Information ……… 136, 160
Instructions ……… 154
Article ………………… 164

046 Report　津波被災者への寄付金　L-1.6

County Residents Show Their Charity by Giving to Tsunami Victims

Glaston County residents are joining the rest of the country by generously helping South Asia's tsunami victims. Already they have given about $50,000 to a local church to help survivors, and additionally, more than $6,000 has been donated to the county's American Red Cross. There is no way to measure what has also been sent to national organizations or medical relief teams out side of the county.

訳 郡の住民，津波被災者への寄付を行い，思いやりを示す

グラストン郡の住民は，ほかの国民とともに南アジアの津波被災者に惜しみない援助をおくっている。

すでに約5万ドルを生存者援助金として地元の教会に寄付した。更に，6,000千ドルを超す金額がアメリカ赤十字の郡支部に寄付されている。郡外の全国的な（救援）組織や医療救援隊にやはりおくられた寄付については調べようがない。

Notes

tsunami「津波」
give to「～に寄付する」
(American) Red Cross「(アメリカ) 赤十字社」
medical relief team「医療救援 [救助] 隊」
measure what has been sent to「～におくられたもの（寄付の額）を測る」　what 以下が measure の目的語。

● **Report**

| でる順英単語 | ▶ 1000 語 | ▶ 2000 語 | ▶ 3000 語 | ▶ 4000 語 |

■ **county** [káunti] 　　　名〔米国で〕**郡**〔州の下位の行政区画〕
■ **resident** [rézidənt] 　　名居住者　形住み込みの
　▶ **residence** [rézidəns] 　名居住, 邸宅
　▶ **residential** [rèzidénʃəl] 形住宅の
　　residency 　　　　　→(097)
■ **show** [ʃóu] 　　　　　動(〜を)見せる[示す]　名展示会
■ **charity** [tʃǽrəti] 　　　名慈善(団体), 思いやり
■ **victim** [víktim] 　　　　名犠牲者・被害者, 罹病者・患者
■ **generously** [dʒénərəsli] 　副気前よく, 寛大に
　▶ **generous** [dʒénərəs] 　形寛大な, 気前のよい
■ **local** [lóukl] 　　　　　形地元の, 各駅停車の　名普通列車
　▶ **locally** [lóukəli] 　　副(特定の)地方で, 局地的に
■ **survivor** [sərváivər] 　　名生存者
　　survive 　　　　　→(043)
■ **additionally** [ədíʃənli] 　副その上(に), 更に
　　additional 　　　　→(012)
■ **donate** [dóuneit] 　　　動寄付[寄贈]する
　▶ **donation** [dounéiʃən] 　名寄付(金)
■ **cross** [krɔ́(:)s] 　　　　名十字架　動(〜を)横切る, 削除する
■ **measure** [méʒər] 　　　動(〜を)測る, …の寸法[長さ]がある
　　　　　　　　　　　　名手段, ものさし
　　measurement 　　→(019)
■ **national** [nǽʃnl] 　　　形全国的な, 国家の, 国立の
　▶ **nation** [néiʃən] 　　　名国家, 国民
■ **organization** [ɔ̀:rgənəzéiʃən] 名組織, 団体
　▶ **organize** [ɔ́:rgənàiz] 　動(〜を)準備する, (組合などを)組織する

PART 3

047 Report　カヌー競技会　L-1.6

Canoe Competition

After the blessing of the canoe on Sunday, official practices were held on Monday and Tuesday. Each country and region was allowed to test out and become adjusted to the new canoes.

On Tuesday evening at the Kanakaole Stadium, paddlers gathered for the opening ceremony. Teams from some 25 countries and regions proudly carried their flags into the stadium for the Parade of Paddlers and were greeted by John Kekus, President of the International Canoe Federation.

Wednesday marks the beginning of the competition, with 96 races scheduled.

訳　カヌー競技会

日曜日にカヌーへの祝福を受けた後,月曜日と火曜日に公式練習が行われた。各国各地域のチームは試乗して,新しいカヌーに慣れることが許された。

火曜日の夕方には,カナカオレ競技場に,カヌー競技者が開会式のために集合した。25 もの国や地域からの参加チームがカヌー競技者のパレードのためにそれぞれの旗を誇らしげに掲げて競技場に入場し,国際カヌー連盟会長のジョン・ケクスからあいさつを受けた。

水曜日がこの競技会の初日に当たり[初日をしるし],96 レースが予定されている。

Notes

canoe「カヌー」, ◆test out「実地に試みる」
paddler「カヌーをこぐ人」(paddle「櫂(かい)」)

Report

でる順英単語 ▶ 1000語 ▶ 2000語 ▶ 3000語 ▶ 4000語

- **competition** [kàmpətíʃən] 名競争, 競技(会)
  - compete → (028)
- **blessing** [blésiŋ] 名(牧師の)祝福
  - ▶ **bless** [blés] 動(神が~を)祝福する
- **official** [əfíʃl] 形公式の, 公 名公務員, 職員
- **practice** [præktis] 名練習, 実行 動練習する, 実行する
- **region** [ríːdʒən] 名地域, 地帯
- **adjust** [ədʒʌ́st] 動(~を)調節する, 順応する〈to〉
  - ▶ **adjustment** [ədʒʌ́s(t)mənt] 名調整, 適応
- **stadium** [stéidiəm] 名競技場, 野球場
- **ceremony** [sérəmòuni] 名儀式
- **proudly** [práudli] 副誇らしげに, 得意げに
  - proud → (005)
- **flag** [flǽg] 名旗, 標識 動(~に)合図をする
- **parade** [pəréid] 名行列・パレード 動(通りなどを)行進する, (~を)みせびらかす
- **greet** [gríːt] 動(~に)あいさつする, (~を)迎える
- **president** [prézədənt] 名会長, 社長, 大統領
  - ▶ **presidential** [prèzədénʃl] 形大統領の
- **federation** [fèdəréiʃən] 名連邦, 連合, 連盟
  - ▶ **federal** [fédərəl] 形連邦(制)の
- **mark** [máːrk] 動(~に)印をつける 名印, 指標, 点数
- **race** [réis] 名競走[争] 動急ぐ, 競走する (→(049))
- **schedule** [skédʒuːl] 動〔be ~d で〕(~する)予定である〈to do〉・(日時に)予定されている〈for〉
  名予定(表)

PART 3

048 Report　レジオネラ症　L-1.7

New Zealand health authorities issued a worldwide alert on Thursday, warning that any tourists who visited the Auckland aquarium might be at risk from the deadly Legionnaire's disease. Already the outbreak has killed two people and nine more are in critical condition at a local hospital.

Thousands of tourists visited the center last month and it is believed they may have been exposed to the disease through the aquarium's air conditioning system.

訳 ニュージーランド保健当局は，木曜日に世界的な警報を出して，オークランド水族館を訪れた観光客は誰でも命にかかわるレジオネラ症にかかる危険にさらされていると警告した。すでに発病により2名が死亡，さらに9名が地元病院で危篤状態にある。
先月は何千人もがその施設に来館しており，その人たちは水族館の空調設備を通してその病気にさらされたと考えられている。

Notes

issue → (018)

◆ at risk from [for]「〜の危険性がある」

Legionnaire's disease「レジオネラ症（急性肺炎の一種）」

◆ *be* in critical condition「危篤状態にある」

It is believed (that) ...「…と考えられる」

they may have been exposed to ...「彼らは…にさらされたかもしれない」

air conditioning system「空調装置［設備］」

Report

でる順英単語	▶ 1000語	▶ 2000語	▶ 3000語	▶ 4000語

- **authority** [əθɔ́ːrəti]　　名〔~ies で〕当局, 権限
- **worldwide** [wə́ːrldwáid]　形 副 世界的な [に], 世界中の [で]
- **alert** [ələ́ːrt]
  - 名 警報・警戒
  - 形 (~に) 油断のない 〈to〉
  - 動 (~に) 警報を出す・警告する
- **warn** [wɔ́ːrn]　　動 (~に) 警告する
  - ▶ **warning** [wɔ́ːrniŋ]　名 警告
- **tourist** [túərist]　　名 観光客
  - tour　　→ (027)
- **aquarium** [əkwéəriəm]　　名 水族館
- **deadly** [dédli]　　形 致命的な　副 極度に
- **disease** [dizíːz]　　名 病気
- **outbreak** [áutbrèik]　　名 (突発的な) 発生, 勃発
- **critical** [krítikl]　　形 重大な・危機的な, 批評の・批判の
  - critic　　→ (112)
  - ▶ **critically** [krítikəli]　副 重大に・決定的に, 批評 [批判] 的に
- **expose** [ikspóuz]　　動 (~を光・危険などに) さらす 〈to〉
  - ▶ **exposure** [ikspóuʒər]　名 さらすこと, (フィルムの) 1こま
- **conditioning** [kəndíʃəniŋ]　名 (空気の) 調節, 条件付け
  - condition　　→ (032)
  - ▶ **conditioner** [kəndíʃənər]　名 ヘアー・コンディショナー,
    〔air conditioner で〕冷暖房装置・エアコン

PART 3

049 Report 若者のうつ病 L-1.7

Dealing With Teenage Depression

According to the American Center for Mental Health (ACMH), four out of every 100 teenagers deal with depression each year. It can affect young people of any age (not just teenagers), racial, ethnic, or economic group.

Depression shows up in different ways in different people: losing or gaining weight, getting into trouble in school, alcohol or drug abuse, getting bad grades, and having severe problems with family or friends. These are all signs of depression, according to ACMH.

訳 10代の若者のうつ病に対処する

アメリカ・メンタルヘルスセンター（ACMH）によると，10代の若者100人のうち4人が毎年うつ病に対処しているという。うつ病はすべての年代の若者（10代に限らず），すべての人種，民族，経済状況の若者をおかす。

うつ病はさまざまな人にさまざまな形で現れる。例えば，体重の減少あるいは増加，学校で面倒に巻き込まれる，アルコールまたは薬物の乱用，成績の低下，家族または友人と深刻な問題を抱える，などである。ACMHによると，これらはすべてうつ病の兆候であるという。

Notes

- ◆ deal with「～を処理する，～に対処する」
- mental health「精神的健康，精神衛生」
- ◆ show up「現れる，姿を見せる」
- ◆ lose [gain] weight「体重が減る［増える］」
- ◆ get into trouble「面倒に巻き込まれる」
- alcohol or drug abuse「アルコールまたは薬物の乱用」

Report

でる順英単語 ▶ 1000語 ▶ 2000語 ▶ 3000語 ▶ 4000語

- **teenage** [tíːnèidʒ] 形 10代 (の若者) の
  - ▶ **teenager** [tíːnèidʒər] 名 10代の少年 [少女]・ティーンエイジャー
- **depression** [dipréʃən] 名 憂うつ, 不景気
  - ▶ **depress** [diprés] 動 (～を) 憂うつにする
  - ▶ **depressed** [diprést] 形 憂うつな, 不景気の
- **according** [əkɔ́ːrdiŋ] 副 [according to で] (情報などに) よれば, (計画などに) 従って
  - ▶ **accordingly** [əkɔ́ːrdiŋli] 副 [動詞の後で] それ相応に, [文頭で] それゆえに
  - ▶ **accordance** [əkɔ́ːrdns] 名 [in accordance with で] (～に) 基づいて [従って]
  - ▶ **accord** [əkɔ́ːrd] 動 (～と) 一致する 〈with〉
- **mental** [méntl] 形 精神の・心の (⇔ physical (014))
  - ▶ **mentality** [mentǽləti] 名 知性, 精神
- **affect** [əfékt] 動 (～に) 影響する, (病気が) おかす, [be ～ed で] 感動する
  - ▶ **affection** [əfékʃən] 名 愛情
- **racial** [réiʃl] 形 人種 (上) の, 民族の
  - ▶ **race** [réis] 名 人種 (→ (047))
- **ethnic** [éθnik] 形 人種の, 民族的な
- **different** [dífərənt] 形 異なる
  - difference → (082)
  - ▶ **differ** [dífər] 動 (～と) 異なる 〈from〉, (～と) 意見が違う
- **lose** [lúːz] 動 (～を) 失う, 負ける (⇔ win (038)), 損をする (⇔ gain)
  - loss → (077)

PART 3

117

PART 3

- **gain** [géin] — 動 (〜を) 得る (⇔ lose), (重さ・速さなどが) 増す
  名 利益 (⇔ loss)
- **weight** [wéit] — 名 重量・体重, 重み, 重荷
  weigh → (117)
- **trouble** [trʌ́bl] — 名 もめごと, 迷惑, 悩み
  動 (〜に) 面倒をかける, (〜を) 悩ます
- **alcohol** [ǽlkəhɔ̀l] — 名 アルコール (飲料)
  ▶ **alcoholic** [ælkəhɑ́lik] — 形 アルコールの 名 アルコール中毒患者
- **drug** [drʌ́g] — 名 麻薬, 薬品
  ▶ **drugstore** [drʌ́gstɔ̀ːr] — 名 ドラッグストア〔薬や雑貨などを売っている店〕
- **abuse** [əbjúːs] — 名 乱用, 虐待
  動 [əbjúːz] (権力を) 乱用する, (子どもを) 虐待する
- **grade** [gréid] — 名 成績, 学年, 等級
  動 (〜に) 等級をつける
  grader → (057)
- **severe** [sivíər] — 形 厳しい, 深刻な
  ▶ **severely** [sivíərli] — 副 厳しく

● 単語 CHECK (11)　　046〜049 (p.110〜p.118)

046
- county residents — 郡の住民
- show their charity — 思いやりを示す
- tsunami victims — 津波被災者
- measure what has been sent to national organizations — 全国的な組織におくられたものを測る［判定する］

047
- official practices — 公式練習
- become adjusted to the new canoes — 新しいカヌーに慣れる
- proudly carry their flags into the stadium — 誇らしげにそれぞれの旗を掲げて競技場に入る
- teams from some 25 countries and regions — 25の国や地域からの（参加）チーム
- Wednesday marks the beginning of the competition, with 96 races scheduled. — 水曜日は競技会の初日に当たり［をしるし］、96レースが予定されている。

048
- health authorities — 保健当局
- issue a worldwide alert — 世界的な警報を発する
- warn the tourists — 観光客に警告する
- *be* in critical condition — 危篤状態にある
- *be* exposed to the disease through the air conditioning system — 空調設備を通してその病気にさらされた

049
- teenage depression — 10代のうつ病
- mental health — 精神的［メンタル面の］健康
- affect young people — 若者をおかす［に影響を及ぼす］
- lose or gain weight — 体重が減るか増える
- get into trouble in school — 学校でトラブルに巻き込まれる
- alcohol or drug abuse — アルコールまたは薬物の乱用
- get bad grades — 成績が落ちる［悪い成績をとる］
- have severe problems with family or friends — 家族または友人と深刻な問題を抱える

PART 3

050 Letter 製品の売り込み L-2.0

Dear ...:

I learned from Mr. Yamaguchi, manager of the Sales Section of Bay View Corp., that you are looking for a highly accurate Electronic Microscope.

We are pleased to recommend our new Model E-125. This microscope incorporates many of the latest breakthroughs in microscope technology, and we are sure that you will be impressed with its flawless operation.

Enclosed is our latest product catalog, which features the Model E-125. If you would like to have more information, please let me know.

Sincerely yours,

訳 …様

ベイビュー社の販売部長であるヤマグチ氏より、あなた様が高精度の電子顕微鏡をお探しと伺いました。

私どもはわが社の新型 E-125 をお勧めできることを喜ばしく存じます。この顕微鏡は顕微鏡技術の最新の飛躍的進歩を多く取り入れており、その完ぺきなオペレーションに感銘を受けられるものと確信しております。

わが社の最新の製品カタログを同封いたします。E-125 型が特集されたものです。より詳しい情報が必要でしたら、どうぞご連絡ください。

敬具

Notes

electronic microscope「電子顕微鏡」

Letter

でる順英単語 ▶ 1000語 ▶ 2000語 ▶ 3000語 ▶ 4000語

- **manager** [mǽnidʒər] 名 支配人・経営者，(会社の)部長
  manage → (029)
- **view** [vjúː] 名 (〜に対する) 見方・意見，眺め
  動 (〜を) 考察する，(〜を) 眺める
  ▶ **viewpoint** [vjúːpɔ̀int] 名 観点，立場
- **highly** [háili] 副 おおいに，高く (評価して)
- **accurate** [ǽkjərət] 形 正確な，精密な (⇔ inaccurate「不正確な」)
  ▶ **accurately** [ǽkjərətli] 副 正確に
  ▶ **accuracy** [ǽkjərəsi] 名 正確さ
- **electronic** [ilèktrɑ́nik] 形 電子の，電子工学の
  ▶ **electronics** [ilèktrɑ́niks] 名 電子工学
- **microscope** [máikrəskòup] 名 顕微鏡
- **incorporate** [inkɔ́ːrpərèit] 動 (〜を) 組み込む
  ▶ **incorporated** [inkɔ́ːrpərèitəd] 形 会社組織の (〔略〕Inc.)
- **latest** [léitist] 形 最近の・最新の，
  〔at the latest で〕遅くとも
  ▶ **late** [léit] 形 遅れた，遅い 副 遅れて，遅く
  ▶ **lately** [léitli] 副 近ごろ，最近
- **breakthrough** [brékθrùː] 名 (科学・技術などの) 大発見・大躍進
- **technology** [teknɑ́lədʒi] 名 科学技術
  technique → (051)
- **flawless** [flɔ́ːləs] 形 欠点のない，完ぺきな
- **operation** [ɑ̀pəréiʃən] 名 操作・運転，働き，操業，手術
  operate → (065)
- **feature** [fíːtʃər] 動 (〜を) 特集する
  名 特徴，特集，〔〜s で〕顔立ち

PART 3

121

051 Letter 会社移転通知 L-1.7

Dear ...:

We are happy to announce that as of Monday, July 1, Chiyoda Technical Corporation's regional U.S. office and warehouse will be relocated in San Jose, California at the following address: 2401 Ventura Drive, San Jose, CA 94015. Our new telephone number is (333) 4444-5428.

The Manufacturing Division will remain at 2550 Old Bay Shore Rd., in San Francisco.

Also enclosed is a brochure of the new facility with photographs of our robotics equipment display room. We hope you find the brochure interesting and welcome you to visit us.

訳 …様

7月1日月曜日付で、チヨダ・テクニカルのアメリカ支社と倉庫が、カリフォルニア州サンノゼの以下の住所に移転いたしますことをお知らせいたします：2401 Ventura Drive, San Jose, CA 94015. 新しい電話番号は (333)4444-5428 です。

製造部門は、サンフランシスコの 2550 Old Bay Shore Rd. に残ります。

ロボット工学機器の展示室の写真を載せた新しい施設のパンフレットも同封いたします。パンフレットにご関心をお持ちくださるよう願っております。そしてわが社をご訪問くだされば歓迎いたします。

Notes

◆ **as of**「(〜日) 現在で、(〜日) より」
San Jose「サンノゼ」
brochure → (003)

● **Letter**

でる順英単語　▶ 1000語　▶ 2000語　▶ 3000語　▶ 4000語

- **announce** [ənáuns]　動 (〜を) 発表する, 公表する
  - ▶ **announcement** [ənáunsmənt]　名 発表, 公表
- **technical** [téknikl]　形 技術的な, 専門的な
  - ▶ **technique** [tekníːk]　名 (専門) 技術・技法
- **regional** [ríːdʒənl]　形 地域の
  - region　→ (047)
- **warehouse** [wéərhàus]　名 倉庫
- **relocate** [rìloukéit]　動 (〜を) 再配置する
  - locate　→ (028)
- **manufacture** [mæ̀njəfǽktʃər]　動 (〜を) 製造する
  - 名 製造, 〔〜s で〕製品
  - ▶ **manufacturer** [mæ̀njəfǽktʃərər]　名 製造業者
- **division** [divíʒən]　名 部, 課
  - ▶ **divisional** [divíʒənl]　形 部 [課] の
  - ▶ **divide** [diváid]　動 (〜を…に) 分ける 〈into〉,
    分配する 〈among, between〉,
    割る 〈by〉 (⇔ multiply (011))
    名 隔たり
- **facility** [fəsíləti]　名 施設, 設備
  - ▶ **facilitate** [fəsílətèit]　動 (〜を) 容易にする
- **robotics** [roubátiks]　名 ロボット工学
- **equipment** [ikwípmənt]　名 〔集合的に・単数扱い〕設備・機器
  - equip　→ (060)
- **display** [displéi]　名 陳列 (品), 表示 (装置)
  - 動 (〜を) 陳列する

052 Letter — 株主総会案内 — L-1.5

Dear ...:

We are pleased to invite you to our annual stockholders meeting, which will be held on Thursday, May 18, 2006, at 2 p.m. at the Community Center for the Arts, 1200 East Church Street, Madison, Wisconsin. A map is printed on the enclosed invitation card.

The meeting agenda will concern the following matters:

　……

Your invitation card, or proof of stock ownership, is necessary to attend the meeting. If you are unable to attend, could you please fill out the attached proxy form and return to us in the self-addressed envelope?

We look forward to seeing you.

Sincerely,

訳 …様

私どもは年次株主総会に貴殿をご招待させていただきます。株主総会は2006年5月18日木曜日午後2時より，1200 East Church Street, Madison, Wisconsin にあります芸術コミュニティセンターにて開催されます。地図は同封の招待状に印刷されています。

総会の議題は以下の事柄に関することです。

　（中略）

総会ご出席の折には，招待状か株式所有者であることを証明するものが必要です。出席できない場合は，添付の委任状用紙にご記入の上，返信用封筒にて小社にご返送いただけますでしょうか。

お目にかかれることを楽しみにしています。

敬具

Notes

invite → (027), annual → (035)
the arts「(総称的に) 芸術」

Letter

でる順英単語　▶ 1000語　▶ 2000語　▶ 3000語　▶ 4000語

- **stockholder** [stákhòuldər] 名 株主
  - stock → (052)
- **community** [kəmjúːnəti] 名 地域社会, 共同体
- **print** [prínt] 動 (〜を) 印刷する　名 印刷 (物)
  - ▶ **printing** [príntiŋ] 名 印刷 (すること), (第…) 刷
- **agenda** [ədʒéndə] 名 議題
- **proof** [prúːf] 名 証拠, 証明するもの
  - ▶ **prove** [prúːv] 動 (〜を) 証明する, (〜であると) 判明する
- **stock** [sták] 名 在庫 (品), 株式
  動 (〜を) 貯蔵する
- **ownership** [óunərʃip] 名 所有者であること
  - owner → (028)
- **attend** [əténd] 動 (〜に) 出席する,
  (仕事などに) 精を出す 〈to〉,
  (〜の) 世話をする 〈to〉
  - ▶ **attendance** [əténdəns] 名 出席
  - ▶ **attendant** [əténdənt] 名 接客係 [案内係]
  - attention → (002)
- **fill** [fíl] 動 (〜を) 満たす,
  (〜で) いっぱいにする 〈with〉,
  〔fill out で〕(書類などに) 書き込む
- **proxy** [práksi] 名 委任状, 代理人
- **form** [fɔ́ːrm] 名 (文書の) 書式, 姿・形
  動 (〜を) 形作る
- **self-addressed** [sélfədrést] 形 自分宛の・返信用の
  - address → (038)
- **envelope** [énvəlòup] 名 封筒

PART 3

053 Advertisement フルーツとドリンクバー L-1.6

FRUIT AND BEVERAGE BAR

Our fruit and beverage bar is open from 6 a.m. until 6 p.m. on weekdays and 11 a.m. to 6 p.m. on weekends. We offer fresh seasonal fruits or fruit drinks for all ages and tastes. Just sip, relax, and enjoy the atmosphere, or feel free to place a take-out order. Whatever your mood, our bar offers a quiet break from your busy day.

Something hot?

Try our freshly brewed coffee! We always have five choices "on tap," and if your favorite coffee is not on today's list, let us know. We just might be able to brew it up especially for you.

訳 フルーツとドリンクバー

私どものフルーツとドリンクバーは，平日は午前6時から午後6時まで，週末は午前11時から午後6時まで開店しています。子どもから大人までどなたのお好みにも合う新鮮な季節の果物と果物飲料をお出ししています。ちょっと一口飲んで，くつろぎ，雰囲気をお楽しみになるか，でなければお気軽にお持ち帰りのご注文をなさってください。あなたがどんなご気分のときにも，私どもはあなたの忙しい一日に静かなひとときを提供します。

何か熱いものですか。

入れたてのコーヒーをお試しください！　常に5種類の"たる出し"コーヒーからお選びいただけます，もしお気に入りのコーヒーが本日のリストになかったら，お知らせください。お好みのコーヒーを特別にあなたのためにお入れできるかもしれません。

Notes

take-out order「持ち帰り用の注文」
on tap「すぐに求めに応じられる」「栓をひねればすぐ出る」という意味。元々はたる出しの生ビールのこと。

Advertisement

でる順英単語 ▶ 1000語 ▶ 2000語 ▶ 3000語 ▶ 4000語

- **beverage** [bévəridʒ] 名 (水以外の) 飲み物
- **bar** [bá:r] 名 酒場, (カウンター式の) 軽飲食店, 棒
- **seasonal** [sí:zənl] 形 季節の, 季節的な
  - ▶ **season** [sí:zn] 名 季節
- **taste** [téist] 名 味, 味見, 好み
  動 (〜の) 味がする
  - ▶ **tasty** [téisti] 形 おいしい
  - ▶ **tasteful** [téistfl] 形 趣味のよい, 上品な
- **sip** [síp] 動 少しずつ飲む, すする
  名 一口の量
- **relax** [riláeks] 動 くつろぐ, (〜を) 緩める
- **atmosphere** [ǽtməsfiər] 名 雰囲気, 大気・空気
- **mood** [mú:d] 名 気分, 〔the 〜で〕(〜したい) 気持ち 〈for〉
- **break** [bréik] 名 小休止
  動 壊す [壊れる]
- **busy** [bízi] 形 (〜で) 忙しい 〈at, with, (in) *do*ing〉,
  (人・車で) 混雑する,
  (電話が) 話し中の
- **freshly** [fréʃli] 副 新鮮に, 新たに
  - ▶ **fresh** [fréʃ] 形 新鮮な, 生き生きとした
- **brew** [brú:] 動 (ビールなどを) 醸造する,
  (コーヒーなど) 入れる [入る]
  - ▶ **brewery** [brú:əri] 名 醸造所
- **tap** [tǽp] 名 (ガス・水道などの) 栓
  動 (〜を) 軽くたたく
- **favorite** [féivərət] 形 大好きな・お気に入りの
  名 お気に入りの人 [物]

PART 3

054 Advertisement ケータリング・メニュー① L-1.6

Catering Menus

Breakfast & Brunch

Whether you're hosting a morning meeting or just having friends over for brunch, we have the right selection for everyone. From savory Louisiana-style omelets to tempting sweet rolls straight from the oven, we'll help you make your breakfast an unforgettable experience for your guests.

Sandwiches & Salads

The perfect lunch for home or to take with you on a weekend excursion.

The Main Course

There is nothing to prepare. These dinners are completely cooked and ready to take home and enjoy. Great for entertaining or when you simply need a break from the kitchen.

訳 ケータリング・メニュー

朝食＆ブランチ：朝の集会を主催するのであれ，お友だちをブランチに招くのであれ，私どもはどなたにも合う品ぞろえをしています。風味のあるルイジアナスタイルのオムレツから，オーブンから出したばかりのおいしそうな甘いロールパンまで，あなたの朝食が招待客に忘れられない経験となるよう，お手伝いいたします。

サンドイッチ＆サラダ：自宅での昼食や週末のお出かけに持っていくのにぴったりです。

メインコース：調理するものはありません。これらの料理はすっかり調理ずみで，家に持ち帰りすぐに楽しめるよう用意できています。おもてなしにも，台所仕事をただ休みたいときにも，最高です。

Notes

catering → (028), completely → (009)
have (人) over (for ...)「(人)を(食事など)に(家に)招く」
savory [séivəri]「香りのよい」, omelet「オムレツ」

Advertisement

でる順英単語 ▶ 1000語 ▶ 2000語 ▶ 3000語 ▶ 4000語

- **menu** [ménjuː] 　名 メニュー, 献立表
- **brunch** [brʌn(t)ʃ] 　名 ブランチ (午前中遅めの朝昼兼用の食事)
- **host** [hóust] 　動 (〜を) 主催する　名 主人 (役), 主催者
- **selection** [səlékʃən] 　名 選ばれた物 [人], 選択
  - ▶ **select** [səlékt] 　動 (〜を) 選び出す
- **style** [stáil] 　名 様式, 型・スタイル
- **tempting** [témptiŋ] 　形 魅力的な, 心をそそる
  - ▶ **tempt** [témpt] 　動 (人を…する) 気にさせる ⟨to do⟩
  - ▶ **temptation** [temptéiʃən] 　名 誘惑
- **roll** [róul] 　名 巻いた物, ロールパン
  　　　　　　　動 転がる [転がす], (〜を) 巻く
- **oven** [ʌ́vn] 　名 オーブン, 天火
- **unforgettable** [ʌ̀nfərgétəbl] 　形 忘れられない
- **excursion** [ikskə́ːrʒən] 　名 遠足, (団体の) 旅行
- **course** [kɔ́ːrs] 　名 課程, 針路, コース
- **prepare** [pripéər] 　動 (〜を) 用意する, (〜を) 調理 [調合] する,
  　　　　　　　(〜に) 備える ⟨for⟩,
  　　　　　　　〔be 〜d to do で〕〜する用意がある
  　preparation 　→ (116)
- **ready** [rédi] 　形 (〜する) 用意 [準備] ができた,
  　　　　　　　喜んで〜する ⟨to do⟩
- **entertaining** [èntərtéiniŋ] 　名 接待・もてなし
  - ▶ **entertain** [èntərtéin] 　動 (人を) もてなす
  　entertainment 　→ (018)
- **simply** [símpli] 　副 単に, 簡潔に
  　simple 　→ (021)

PART 3

055　Advertisement　ケータリング・メニュー②　L-2.3

CATERING MENUS
Unless otherwise specified, all prices are per person.
All banquet and meeting-room charges are subject to a 19% service fee.

① Breakfast Buffets
A HEARTY COUNTRY BREAKFAST
Seasonal Fresh Fruit
Bagels & Cream Cheese, English Muffins and Pastries
Scrambled Eggs, Bacon or Sausage, and Breakfast Potatoes
James Beard's French Toast with Pure Maple Syrup
Fresh Squeezed Orange Juice
Gourmet Coffee & Tea
Price: $20.95

訳 ケータリング・メニュー
別に明記されてない限り、すべての価格は1人前です。
宴会ならびに会議室への仕出しには19%のサービス料が必要です。
①朝食ビュッフェ
ボリュームたっぷりの田舎風朝食
新鮮な季節の果物
クリームチーズのベーグル、イングリッシュマフィンとペーストリー
スクランブルエッグ、ベーコンかソーセージに朝食用ポテト
純度100%のメープルシロップつきジェームスベアドのフレンチトースト
しぼりたてのオレンジジュース
美味のコーヒー&紅茶
価格:20ドル95セント

Notes

◆ *be* **subject to**「〜を必要とする」
hearty「ボリュームたっぷりの」→（038）

Advertisement

| でる順英単語 | ▶ 1000語 | ▶ 2000語 | ▶ 3000語 | ▶ 4000語 |

gourmet → (026)
muffin「マフィン」(小さな平らなパンの一種)
maple syrup「メープルシロップ, カエデ糖みつ」

- **unless** [ənlés] 接 もし〜でなければ, 〜でない限り
- **otherwise** [ʌ́ðərwàiz] 副 別の [違った] ように, さもなければ, その他の点では
- **specify** [spésəfài] 動 (〜を) 指定する・明記する
  - specification → (034)
  - specific → (006)
- **per** [pər] 前 〜につき
- **banquet** [bǽŋkwət] 名 宴会, 晩餐会
- **subject** [sʌ́bdʒekt] 形 (〜を) 免れない・必要とする ⟨to⟩
  名 主題, 学科
- **fee** [fíː] 名 手数料, (入場・入会) 料金, 授業料 〔「料金」のいろいろ→ p.133〕
- **buffet** [bəféi] 名 (バイキング式) 料理 (カウンター)
- **pastry** [péistri] 名 ペーストリー〔パイ, タルトなどのケーキ・菓子〕
- **scramble** [skrǽmbl] 動 (〜を) かき混ぜる, (炒り卵を) 作る, よじ登る, あわてて〜する
  名 (〜の) 奪い合い ⟨for⟩
- **bacon** [béikn] 名 ベーコン
- **sausage** [sɔ́(ː)sidʒ] 名 ソーセージ
- **toast** [tóust] 名 トースト, 乾杯 (の発声)
  動 (〜のために) 乾杯する
- **pure** [pjúər] 形 純粋な, まったくの (= complete)
- **squeeze** [skwíːz] 動 (〜を) 絞る・圧縮する,
  (〜を…から) 絞り出す ⟨from, out of⟩

PART 3

056　Advertisement ランチ・メニュー　L-2.3

② Traveler's Lunch
(Not available for in-room meetings)
Entrées
(Choice of one sandwich)
Roast Beef with Sharp Cheddar on Sour Dough Bread
Vegetarian Sandwich of Grilled Vegetables, Tomato
and Mozzarella Cheese in Pita Bread
Whole Fruit and Potatoes
Chef's Fresh Jumbo Oatmeal Chocolate Chip Cookies
Choice of Soda, Mineral Water, or Spring Water
Price: $16.00

訳

②旅行者向け昼食
(室内での集会にはご利用になれません)
主菜
(サンドイッチを1つ選択)
シャープチェダーをのせたサワードゥーパンとローストビーフ
ピタパンに，焼いた野菜，トマト，モツァレラチーズをはさんだ
ベジタリアン・サンドイッチ
丸ごとフルーツとポテト
シェフの焼きたて特大のチョコチップ入りオートミールクッキー
ソーダ水か，ミネラルウォーターか，スプリングウォーター(泉水)を
お選びください
価格：16ドル

Notes

sharp cheddar「シャープチェダー」　チェダーチーズの1種。
sour dough bread「サワードゥーパン」　発酵生地で作ったパン。
sourdough と1語にも綴る。
mozzarella cheese「モツァレラチーズ」
pita bread「ピタパン」　丸く平たいパン。具材をはさんで食べる。

Advertisement

でる順英単語	▶ 1000 語	▶ 2000 語	▶ 3000 語	▶ 4000 語

- **available** [əvéiləbl] 形 利用［入手］できる，（人が）会うことができる
  - ▶ **avail** [əvéil] 動〔~ *one*self of で〕（~を）利用する 名 利益，効用
  - ▶ **availability** [əvèiləbíləti] 名 入手［利用］可能性
- **entrée** [á:ntrei] 名 前菜，主料理
- **roast** [róust] 動（~を）焼く［あぶる・炒る］ 名 焼き肉
- **sour** [sáuər] 形 酸っぱい（⇔ sweet「甘い」），（関係などが）気まずくなる［難しくする］
- **dough** [dóu] 名 パン生地
- **vegetarian** [vèdʒətéəriən] 形 菜食主義（者）の 名 菜食主義者
- **grill** [gríl] 動（~を）網焼きにする
- **chef** [ʃéf] 名 コック長・シェフ
- **jumbo** [dʒámbou] 形 巨大な，特大の
- **oatmeal** [óutmì:l] 名 オートミール，ひき割りオート麦
- **chip** [tʃíp] 名 切片，(IC) チップ 動（小片を）削り取る

PART 3

■「料金」のいろいろ

price（011）	（商品の）値段・価格
fare（011）	（交通機関の）運賃
rate（020）	（一定の基準で計算される）（サービス）料金
fee（055）	（専門的な仕事への）報酬，（入場・入会・受験などの）料金
charge（004）	（役務・サービスに対する）料金・手数料
admission（059）	入場料・入会料（admission fee とも言う）
rent/rental（203）	賃貸料・レンタル料

057　Advertisement　サッカースクール紹介

Instructor: Ron Carver

Fee: $75

Would you like to sharpen your soccer skills even when the weather turns cold? This eight-week program focuses on a variety of essential drills, including passing, ball control, and scoring strategy. All stages of the program stress as well fair competition and sportsmanship. Each class ends with fun-filled scrimmages, so be prepared for a good workout!

The Thursday morning class will be limited to 1st and 2nd grade boys and girls. The Wednesday afternoon class will be limited to 3rd and 4th graders.

訳 指導者：ロン・カーバー

料金：75ドル

寒い季節になってもサッカーの技能に磨きをかけたくありませんか。この8週間のプログラムは、パス、ボールのコントロール、得点のための戦略を含むさまざまな不可欠な練習に焦点を当てています。またプログラムのどの段階でも、公正な競争とスポーツマンシップに重点を置いています。どのクラスも最後には楽しさいっぱいの練習試合を行いますので、十分なトレーニングの構えでおいてください！

木曜朝のクラスは1学年と2学年の男子と女子に限ります。水曜午後のクラスは3学年と4学年に限ります。

Notes

pass → (030), stress → (040), workout → (015)

as well「～もまた、同様に」、◆ *be* prepared for「～に備える、～の覚悟をする」、◆ *be* limited to「～に限定される、～に限られる」

Advertisement

でる順英単語 ▶ 1000 語 ▶ 2000 語 ▶ 3000 語 ▶ 4000 語

- **instructor** [instrʌ́ktər]　名 指導者・インストラクター，(大学の) 講師
  - instruct　→ (017)
- **sharpen** [ʃɑ́ːrpn]　動 (〜を) 鋭くする，(技術・能力などを) 研ぐ・みがく
  - ▶ **sharp** [ʃɑ́ːrp]　形 鋭い，急な，(痛みが) 激しい
- **weather** [wéðər]　名 天候，空模様
- **essential** [isénʃl]　形 不可欠の，本質的な
  　名 〔通例 〜s で〕本質的要素
  - ▶ **essence** [ésns]　名 本質
- **drill** [drɪ́l]　名 訓練，きり
  　動 (〜を) 訓練する，(きりなどで) 穴を開ける
- **score** [skɔ́ːr]　動 (得点・点数を) 取る
  　名 得点，点数
- **strategy** [strǽtədʒi]　名 戦略
- **stage** [stéidʒ]　名 (発達・発展の) 段階，舞台
- **fair** [féər]　形 公正な，(肌・髪が) 明るい色の
  　名 見本市・博覧会
- **sportsmanship** [spɔ́ːrtsmənʃip]　名 スポーツマン精神
- **scrimmage** [skrímidʒ]　名 (同チーム内での) 練習試合，つかみ合い
- **limit** [límit]　動 (〜を) 制限する
  　名 (最大・最小) 限度，〔〜s で〕範囲
  - ▶ **limitation** [lìmitéiʃən]　名 制限 (すること)，〔〜s で〕(能力などの) 限界
- **grader** [gréidər]　名 〔序数詞を前につけて〕〜学年生
  - grade　→ (049)

PART 3

058 Information　英語コース紹介　L-1.6

English for the Real World

This practical course encourages students to study and use English: not only to study rules of sentence structure, but to actually apply the rules in real situations. Knowing when, where, and to whom to use these sentences is just as vital as studying the grammar itself.

This course is particularly popular among students who feel overwhelmed — therefore discouraged — by the excessive amount of second-language content to be learned in so-called "academic" English courses. Such courses tend to focus too much on complicated grammatical structures that have little practical value.

訳 実社会に役立つ英語

この実践的なコースは学生諸君に英語を学び，そして使うよう奨励しています：すなわち文の構造の規則を学ぶだけでなく，現実の状況で実際にその規則を応用するということです。これらの文をいつ，どこで，誰に用いるかを知っていることは，文法それ自体を勉強することと同じくらい重要なのです。

このコースは，いわゆる「学問的」英語コースで習得すべき第2外国語の内容のあまりの大量さに打ちのめされた―それゆえやる気を失った―学生の間で特に人気があります。そのような（学問的）コースは実践的な価値はほとんどない複雑な文法構造に重点を置きすぎる傾向があるのです。

Notes

knowing ... is vital「…を知ることは重要である」　know の目的語に，when, where, to whom (to use) が列挙されている。vital → (044)

Information

でる順英単語 ▶ 1000語 ▪ 2000語 ▪ 3000語 ▪ 4000語

- **practical** [præktikl] 形 実際的な, 実用的な
- **rule** [rúːl] 名 規則, 支配 動 (〜を) 支配する
- **sentence** [séntəns] 名 文, 判決 動 (〜に…の) 判決を下す 〈to〉
- **structure** [strʌ́ktʃər] 名 構造, 建造物 動 (〜を) 構築する
  - ▶ **structural** [strʌ́ktʃərəl] 形 構造上の
- **apply** [əplái] 動 (〜を…に) 応用する 〈to〉, (〜を) 申し込む 〈for〉
  - ▶ **applied** [əpláid] 形 応用された, 応用の
    application → (036)
    applicable → (032)
- **situation** [sìtʃuéiʃən] 名 状況 [情勢], 立場
  - ▶ **situate** [sítʃuèit] 動 〔be 〜で〕(〜に) 位置している 〈at, in, on〉
- **popular** [pápjələr] 形 (〜に) 人気のある 〈with〉, 大衆的な
- **overwhelm** [òuvərhwélm] 動 〔be 〜ed で〕圧倒される, (相手を) 圧倒する
  - ▶ **overwhelming** [òuvərhwélmiŋ] 形 圧倒的な
- **discourage** [diskə́ːridʒ] 動 (〜を) 思いとどまらせる, 気力を失わせる (⇔ encourage (025))
- **so-called** [sóukɔ́ːld] 形 いわゆる
  call → (095)
- **academic** [ækədémik] 形 学問的な, 学校 [大学] の
  - ▶ **academy** [əkǽdəmi] 名 学会, 専門学校
- **complicated** [kámpləkèitəd] 形 複雑な
  - ▶ **complicate** [kámpləkèit] 動 (〜を) 複雑にする
- **grammatical** [ɡrəmǽtikl] 形 文法の, 文法に関する
  - ▶ **grammar** [ɡrǽmər] 名 文法

PART 3

059 Information 大学公開日 L-1.6

Outlook Day, April 8, 2006

All it takes is one visit to Glenview College to see what sets it apart from other colleges. Outlook Day is sponsored by the Admissions Office to give high school seniors and their parents a glimpse of what Glenview is all about.

Students will tour the campus, have the opportunity to observe a class, and join other students for lunch in the main dining room. Students will also have a chance to meet with an admissions counselor and talk about the application and enrollment processes as well as financial aid procedures.

訳 公開日 2006年4月8日

グレンビュー大学をほかの大学から際立たせているものが何かを知るには、大学を一度訪ねていただくだけでよいです。公開日は、高校最上級生とそのご両親に、グレンビューのすべてをかいま見てもらうために大学入学選考事務局が開くものです。

学生は構内を見て回り、授業を見学する機会を持ち、大食堂でほかの学生たちと一緒に昼食をとります。学生はまた、入学相談員に面談し、学資援助の手続きだけでなく願書や入学手順についても話す機会があります。

Notes

All it takes is ... to see ～「～を知るために必要なのは…だけだ」 it はばくぜんと状況を表し、特定の意味はない。 what set it apart from ... この it は前の Glenview College を示す。 ◆ set *A* apart from *B*「A を B から際立たせる」, what ... is all about「…についてのすべて」

Information

でる順英単語　▶ 1000語　▶ 2000語　▶ 3000語　▶ 4000語

- **outlook** [áutlùk]　名 見通し，(物事に対する) 見方
- **apart** [əpá:rt]　副 (時間・距離が) 離れて，
　　　　　　　　　　〔apart from で〕(〜と) 離れて
- **sponsor** [spánsər]　動 (〜の) スポンサーになる・後援する
　　　　　　　　　　名 スポンサー・後援者
　▶ **sponsorship** [spánsərʃip]　名 後援，資金援助
- **admission** [ədmíʃən]　名 入場 [入学・入社] 許可，入場料，
　　　　　　　　　　(事実であると) 認めること 〈that〉
　admit　→ (099)
- **senior** [sí:njər]　名 (大学・高校の) 最上級生，
　　　　　　　　　　年長者 (⇔ junior「年少者」)
　　　　　　　　　　形 (役職などが) 上位の
- **glimpse** [glímps]　名 ちらりと見えること
　　　　　　　　　　動 ちらりと見る
- **campus** [kǽmpəs]　名 (大学などの) 構内・キャンパス
- **observe** [əbzə́:rv]　動 (〜を) 観察する，(〜するのを) 見る，
　　　　　　　　　　(法律などを) 守る，(祝祭日を) 祝う
- **counselor** [káunslər]　名 カウンセラー，助言者
　▶ **counsel** [káunsl]　名 弁護士 (団)
　　　　　　　　　　動 (〜の) カウンセリングをする
　▶ **counseling** [káunsliŋ]　名 助言・カウンセリング
- **enrollment** [enróulmənt]　名 入学 [入会]，登録者数
　▶ **enroll** [enróul]　動 (〜に) 入学 [入会] する 〈in〉
- **process** [práses]　名 方法・手順，工程，過程
　　　　　　　　　　動 (〜を) 処理 [加工] する
- **aid** [éid]　名 援助・救助，補助器具
　　　　　　　　　　動 援助する

PART 3

060 Information　研究所案内　L-1.7

It is a pleasure to invite you to Millbrae City's Hoffman Laboratory, which is conveniently located next to the Bay View Hospital. This laboratory is equipped to provide the highest quality diagnostic services for physicians throughout the Bay Area.

Our laboratory services are Medicare-approved, and we enlist a courier service that assures pick up and delivery on the same day.

Please feel free to visit our facilities on any weekday between 9:00 a.m. and 4:00 p.m. We also welcome your questions about our services.

We hope to be seeing you.

訳 ミルブレー市立ホフマン研究所にお誘いできることをうれしく思います。ホフマン研究所はベイビュー病院の隣の便利なところに位置しています。この研究所は、湾岸地域一帯にわたって、内科医のための最高品質の診断サービスを提供できる設備を備えています。

私どもの研究所の事業は、メディケアの公認を受けており、また同日内の集荷と配送を保証する宅配便の協力を得ています。

どうぞお気軽に、平日ならいつでも午前9時から午後4時の間に私どもの施設をご訪問ください。私どもの事業についてのご質問も歓迎いたします。

お会いできますことを祈っています。

Notes

◆ *be* equipped to *do*「～ができるように装備されている」
Medicare-approved「メディケア公認の」 Medicare「〔米〕メディケア、老齢者医療保険制度」（medical care からの合成語）

Information

でる順英単語　▶ 1000語　▶ 2000語　▶ 3000語　▶ 4000語

courier service「宅配便」, service → (024)
pick up「ピックアップ，集荷」
facility → (051)

- **laboratory** [lǽbərətɔ̀:ri]　名 実験室，研究所
- **conveniently** [kənví:njəntli]　副 好都合に，便利に
  - convenient　→ (036)
- **equip** [ikwíp]　動 [be ~ped]（~が）備えつけられている〈with〉，（~できるように）備えつけられている〈for, to do〉
  - equipment　→ (051)
- **diagnostic** [dàiəgnάstik]　形 診断(上)の，診断に役立つ
  - diagnose　→ (116)
- **physician** [fizíʃən]　名 （内科）医
- **enlist** [enlíst]　動 （~の協力・支持などを）得る，（軍隊に）入隊する〈in〉
- **courier** [kúriər]　名 宅配便業者，（外交）特使
- **assure** [əʃúər]　動 （~を）保証する
  - ▶ **assurance** [əʃúərəns]　名 保証，確信
- **delivery** [dilívəri]　名 配達（物），出産
  - deliver　→ (004)

061 | Information カタログの予約購読 | L-1.7

Subscribe to the Trade Advantage catalog NOW for information about the cashless way of doing business!!

Trade Advantage is a New York City-based trade exchange. We work in close cooperation with entrepreneurs, community leaders, and neighborhood organizations to promote better business through the barter system. We are proud of our Trade Advantage Card and believe you will find that there's no other card like it!

Barter is the art of trading what you have for what you want. It's the preferred currency of many companies who would rather keep their money in the bank as their businesses expand.

訳 さあ今すぐ、トレード・アドバンテージのカタログの予約購読をして、現金不要の取引についての情報を！！

トレード・アドバンテージはニューヨーク市に拠点を置く取引所です。私どもは起業家，地域社会のリーダー，地域住民組織との緊密な協力のもと，バーター取引制を通じてよりよい事業の振興のために働いています。私どものトレード・アドバンテージ・カードには自信があります。きっとこのようなカードはほかに類を見ないとおわかりになることでしょう！

バーター取引は，手持ちのものを欲しいものと取引する技術です。それは事業が拡大するにつれて，むしろ資金を銀行に留めたいと思う多くの企業に好まれた通貨なのです。

Notes

◆ in (close) cooperation with 「～と（緊密に）協力して」, cooperation → (032)

Information

でる順英単語 ▶ 1000 語 ▶ 2000 語 ▶ 3000 語 ▶ 4000 語

- **subscribe** [səbskráib] 動 (〜を) 予約 [定期] 購読する 〈to〉
  - ▶ **subscription** [səbskrípʃən] 名 予約購読 (料)
  - ▶ **subscriber** [səbskráibər] 名 予約購読者, (電話・インターネットサービスなどの) 加入者
- **trade** [tréid] 名 貿易, 商売
  動 (〜と) 貿易する 〈with〉, (〜と) 交換する 〈for〉
- **cashless** [kǽʃles] 形 現金なしの [のいらない]
  cash → (012)
- **close** [klóus] 形 近い, 親密な, 綿密な 副 接近して
  動 [klóuz] 閉める [閉まる], 終える [終わる]
  closely → (062)
- **entrepreneur** [à:ntrəprəná:r] 名 起業家, 事業家
- **leader** [lí:dər] 名 指導者
  - ▶ **leadership** [lí:dərʃip] 名 指導力・統率力, 指導者の地位
- **neighborhood** [néibərhùd] 名 近所, (〜の) 近く 〈of〉
  - ▶ **neighbor** [néibər] 名 近所の人
- **promote** [prəmóut] 動 (〜を) 促進する, (人を) 昇進させる
  promotion → (008)
- **barter** [bá:rtər] 名 物々交換・バーター取引
  動 物々交換する
- **prefer** [prifə́:r] 動 (〜を…より) 好む 〈to〉
  - ▶ **preference** [préfərəns] 名 好み
- **currency** [kə́:rənsi] 名 通貨, 貨幣
- **bank** [bǽŋk] 名 銀行
- **expand** [ikspǽnd] 動 拡大する, 拡張する (⇔ contract (074))
  - ▶ **expansion** [ikspǽnʃən] 名 拡大, 拡張

PART 3

062 Information 薬の効能と服用法　L-1.6

Flecainide

Flecainide helps to treat irregular heartbeats (arrhythmias), maintain a normal heart rate, or slow an overactive heart. Essentially, it relaxes the heart and improves its pumping action.

Flecainide comes in tablets and is usually taken twice a day. However, if the tablets cause an upset stomach they should be taken with food or milk. This medication usually begins in the hospital where your doctor can closely monitor your response to it. The prescription label explains how much of the dosage you can take. You should follow the instructions carefully and ask your doctor or pharmacist to explain any part that you do not understand.

訳 フレカイニド

フレカイニドは不規則な心臓の鼓動（不整脈）の治療，正常な心拍数の維持あるいは心臓過動の緩和を助けます。基本的には，心臓をリラックスさせポンプ機能を改善させます。

フレカイニドは錠剤で提供され，通常1日に2回服用します。しかし，もし錠剤を飲んで胃の具合が悪くなったら，食べ物か牛乳と一緒に服用すべきです。この投薬は主治医が綿密にあなたの反応を監視できる病院で始めるのがふつうです。処方薬のラベルにあなたが服用してよい分量が説明してあります。その指示によく従い，また分からないことはどんなことでも医師か薬剤師に説明を求めてください。

Information

| でる順英単語 | ▶ 1000語 | ▶ 2000語 | ▶ 3000語 | ▶ 4000語 |

Notes

arrhythmia「不整脈」, maintain → (020)
come in tablets「錠剤で提供される」◆come in「～(の形)で提供される」

- **treat** [tríːt] 　　　動 (～を) 取り扱う, (～を) 治療する, (～に…を) おごる 〈to〉
  　　　　　　　　　 名 もてなし
  - treatment 　　　→ (043)
- **irregular** [irégjələr] 　形 不規則な (⇔ regular (026))
- **heartbeat** [háːrtbìːt] 　名 (心臓の) 鼓動・心拍
- **overactive** [òuvəræktiv] 　形 活動しすぎる, 活躍しすぎる
  - active 　　　　　→ (075)
- **pump** [pʌ́mp] 　　　動 (水などを) ポンプで汲み上げる [押し出す]
  　　　　　　　　　 名 ポンプ
- **action** [ǽkʃən] 　　名 行動, (器官・機械) の働き, 方策・処置
- **tablet** [tǽblət] 　　名 錠剤
- **usually** [júːʒuəli] 　　副 いつもは, ふつうは
  - ▶ **usual** [júːʒuəl] 　形 いつもの・ふだんの (⇔ unusual), 〔as usual で〕いつものように
- **upset** [ʌpsét] 　　　形 (胃などの) 具合が悪い
  　　　　　　　　　 動 (～を) ろうばいさせる, (計画などを) 狂わす
  　　　　　　　　　 名 [ʌ́pset] 番狂わせ
- **stomach** [stʌ́mək] 　名 胃, 腹 (部)
- **medication** [mèdikéiʃən] 　名 投薬・薬物療法, 医薬
  - ▶ **medicine** [médəsn] 　名 薬, 医学
  - medical 　　　　→ (043)

PART 3

- **closely** [klóusli] 副 綿密に, 密接に
  - close → (061)
- **monitor** [mánitər] 動 (〜を) 監視する
  - 名 (コンピューターの) モニター, 監視装置
- **response** [rispáns] 名 反応, 応答
  - respond → (034)
- **prescription** [priskrípʃən] 名 処方 (箋), 処方薬, 規定
  - ▶ **prescribe** [priskráib] 動 (薬などを) 処方する, (〜を) 規定する
  - ▶ **prescribed** [priskráibd] 形 定められた, 所定の
- **label** [léibl] 名 札・ラベル
  - 動 (〜に) ラベルを貼る, (人に) レッテルを貼る
- **dosage** [dóusidʒ] 名 (1回分の) 服用量
  - dose → (115)
- **pharmacist** [fá:rməsist] 名 薬剤師
  - ▶ **pharmacy** [fá:rməsi] 名 調剤, (調剤) 薬局 (= drugstore)

● 単語 CHECK (12)　　　050〜054 (p. 120〜p. 129)

050 Mr. Yamaguchi, **manager** of the Sales Section	販売部長のヤマグチ氏
a **highly accurate electronic** microscope	高精度の電子顕微鏡
the **latest** breakthroughs in microscope **technology**	顕微鏡技術の最新の飛躍的進歩
be impressed with its **operation**	そのオペレーション [働き] に感銘を受ける
feature the Model E-125	E-125 型を特集する
051 **regional** office	支社
the **manufacturing division**	製造部門
the new **facility**	新しい施設
an **equipment display** room	機器の展示室
052 the **community** center	コミュニティ [地域] センター
attend the meeting	会議に出席する
proof of **stock** ownership	株式所有者を証明するもの
fill out the attached proxy **form**	添付の委任状用紙に記入する
the **self-addressed** envelope	返信用の封筒
053 fresh **seasonal** fruits	新鮮な季節の果物
fruit drinks for all **tastes**	どなたの好みにも合う果物飲料
relax and enjoy the **atmosphere**	くつろいで, 雰囲気を楽しむ
your **favorite** coffee	あなたのお気に入りのコーヒー
054 **host** a morning meeting	朝の集会を主催する
have friends over for **brunch**	友だちをブランチに家へ招く
the right **selection** for everyone	どなたにも合う品ぞろえ
tempting sweet **rolls** straight from the **oven**	オーブンから出したばかりのおいしそうな甘いロールパン
the main **course**	メインコース
There is nothing to **prepare**.	調理 [用意] するものはありません。
be great for **entertaining**	もてなしに最高である

PART 3

063 Information 禁煙のためのアドバイス L-1.6

SOME TIPS ON QUITTING SMOKING
- Make a list of your reasons for quitting, and put the list in a conspicuous place. Read it over frequently.
- Set a daily quota of cigarettes and reduce the number you smoke each day.
- As you cut down on cigarettes, increase your exercise. Eventually, you will want to quit entirely.
- Reduce the number of cigarettes to the point where you can go all day without one, then expand the number of non-smoking days.
- Smoke only in inconvenient or uncomfortable places such as outdoors in cold or bad weather.
- Seek personal support by talking with someone else who is also trying to quit.

訳 禁煙についてのいくつかのアドバイス
- やめる理由のリストを作り，目立つ場所に置く。頻繁に読み返す。
- タバコの1日の割り当て数を決め，日ごとに吸う本数を減らしていく。
- タバコの量を減らすにつれて，運動量を増やしていく。ついには，完全にやめたくなるでしょう。
- 1本も吸わずに1日過ごせるところまで，タバコの本数を減らす。それからまったく吸わない日の数を増やす。
- 寒かったり悪い天気のときの屋外のような，不便な，あるいは不快な場所でだけ吸う。
- 同じようにやめようとしているほかの誰かと話すことによって，個人的支援を求める。

Notes

◆ read over「～を読み返す・読み通す」 ◆ cut down on「～を減らす，削減する」 to the point where ...「…というところまで」 where 以下で示されるポイントまでという意味。

Information

| でる順英単語 | ▶ 1000語 | ▶ 2000語 | ▶ 3000語 | ▶ 4000語 |

- **tip** [típ]
  - 名 (ちょっとした) 助言・ヒント 〈on〉, チップ, 先端
  - 動 (〜に) チップをやる
- **quit** [kwít]
  - 動 (〜するのを) やめる 〈doing〉, (仕事・学校などを) 辞める
- **conspicuous** [kənspíkjuəs] 形 人目を引く, 目立つ
- **frequently** [frí:kwəntli] 副 しばしば・頻繁に
  - ▶ **frequent** [frí:kwənt] 形 たびたびの, 頻繁な
- **daily** [déili] 形 毎日の, 日常の 副 毎日
- **quota** [kwóutə] 名 (生産・販売などの) 割り当て数 [量]
- **cigarette** [sígərèt] 名 (紙巻き) タバコ
- **increase** [inkrí:s]
  - 動 増やす [増える]
  - 名 [ínkri:s] 増加 (⇔ decrease (076))
- **eventually** [ivéntʃuəli] 副 最終的には
  - ▶ **eventual** [ivéntʃuəl] 形 最終的な
- **entirely** [entáiərli] 副 まったく・完全に
  - entire → (064)
- **inconvenient** [ìnkənví:njənt] 形 不便な, 都合の悪い (⇔ convenient (036))
  - ▶ **inconvenience** [ìnkənví:njəns] 名 不便, 不都合 (⇔ convenience (036))
- **uncomfortable** [ʌnkʌ́mftəbl] 形 心地よくない, 不愉快な
  - comfortable → (104)
- **seek** [sí:k] 動 (〜を) 求める・得ようとする, (〜しようと) 努める 〈to do〉

PART 3

064 Information 画像のダウンロード　L-1.7

Saving Images to Your Album:

While browsing through our pages, click on the "Album" button below the images and save them to your own personal online album for later viewing.

To view your album, click on the "Album" button at the top of the screen.

Important: you should wait for the entire page to finish loading before adding more images to your album. Adding images to your album too soon will prevent the remaining images on the page from loading.

訳 あなたのアルバムに画像を保存する：
私たちのページをざっとご覧になりながら，画像の下の "Album" ボタンをクリックして，画像をあなた自身の個人用オンラインアルバムに，後で見るために保存しましょう。
あなたのアルバムを見るには，画面上部の "Album" ボタンをクリックします。
重要：自分のアルバムにもっと画像を付け加えるには，そのページ全体がロードし終わるのを待ちましょう。自分のアルバムに画像を追加するのが早すぎると，そのページの残りの映像がロードできなくなります。

Notes

wait for the entire page to finish ...「ページ全体が…し終わるのを待つ」　◆ **wait for** *A* **to** *do*「A が〜するのを待つ」
◆ **prevent** *A* **from** *doing*「A が〜するのを妨げる」
load → (029)

Information

でる順英単語　▶ 1000語　▶ 2000語　▶ 3000語　▶ 4000語

- **image** [ímidʒ]　　名 画像, イメージ・印象
  imagine　　→ (252)
- **browse** [bráuz]　　動 (〜に) ざっと目を通す 〈through〉
  　　　　　　　　　　名 通覧・閲覧
  ▶ **browser** [bráuzər]　　名 ブラウザー 〔インターネット閲覧用ソフト〕
- **click** [klík]　　動 (マウスを) クリックする,
  　　　　　　　　　(〜をカチッと) 鳴らす
- **button** [bʌ́tn]　　名 (押し) ボタン
- **screen** [skríːn]　　名 スクリーン・画面, 網戸
  　　　　　　　　　　動 (〜を) 選別する
  ▶ **screening** [skríːniŋ]　　名 スクリーニング 〔選別のための検査・審査〕, 上映
- **entire** [entáiər]　　形 全体の
  entirely　　→ (063)
- **finish** [fíniʃ]　　動 終える [終わる], (〜を) 仕上げる
  　　　　　　　　　名 終わり, 仕上げ, (競争の) ゴール
- **add** [ǽd]　　動 (〜を) 加える, 〔add to で〕 (〜を) 増す
  ▶ **addition** [ədíʃən]　　名 〔in addition (to) で〕 (〜に) 加えて・その上
  additional　　→ (012)
  additionally　　→ (046)

065 Information オペレーティングシステム L-1.7

Understanding Your Operating System

The colon ":" on the display indicates, "I am the operating system. What do you want to do?" You now have at your disposal all of the commands, including access to whatever programs may be on your system.

If you press "A" and do nothing else, the key code for "A" is sent to the computer. The computer examines the code, determines that it is a letter, and acknowledges your input by sending back (echoing) the letter "A" to your monitor. This happens so quickly that it appears to be instantaneous.

Other than this simple input and output process, nothing happens until you press Return.

訳 オペレーティングシステムを理解する

ディスプレイ上のコロン ":" は,「私がオペレーティングシステムです。あなたは何がしたいのですか」ということを示しています。今やあなたはすべての命令を自由に使えます。それはシステム上にあるであろうどんなプログラムへの接続も含んでいます。

もしあなたが "A" を押してほかに何もしないと, "A" というキーの記号がコンピューターに送られます。コンピューターはその記号を調べ,文字だと確定し,あなたのビデオモニターに "A" という文字を送り返す(エコーする)ことによってあなたの入力を受け取ったことを知らせます。これはとても素早く起こるので,瞬間的に思われます。この単純な入力と出力のプロセスのほかには,あなたがリターンキーを押さない限り何も起こりません。

Notes

operating system「オペレーティング・システム(〔略〕OS)」この文は,キーボードからコマンドを入力するタイプの OS の説明。
colon「コロン〔:〕」, at your disposal「(あなたが)自由に使えて」
acknowledge → (035), monitor → (062)

Information

でる順英単語 ▶ 1000語 ▶ 2000語 ▶ 3000語 ▶ 4000語

PART 3

■ **operate** [ápərèit] — 動 (機械などを) 操作する・(機械などが) 作動する, (会社などを) 経営する・(会社などが) 営業する, 手術する
 operation — → (050)
 operator — → (074)

■ **indicate** [índəkèit] — 動 (～を) 明らかにする 〈that, wh-〉, (～を) 指し示す

▶ **indication** [ìndikéiʃən] — 名 徴候, 指示

▶ **indicator** [índikèitər] — 名 表示 (器), 指標

■ **disposal** [dispóuzl] — 名 処分

▶ **dispose** [dispóuz] — 動 (～を) 処分する 〈of〉

■ **command** [kəmǽnd] — 名 命令, 運用力
動 命じる, (～を) 意のままにする, 見渡す

■ **code** [kóud] — 名 記号, 符号, 規則

■ **examine** [igzǽmin] — 動 (～を) 検査する・調査する・試験をする

▶ **examination** [igzæmənéiʃən] — 名 試験, 検査 (〔略〕exam)

■ **input** [ínpùt] — 名 入力, (入力・提供された) 情報・アイデア, 投入高 [量]
動 (～を) 入力する (⇔ output (065))

■ **echo** [ékou] — 動 反響する・こだまする, (～を) おうむ返しに言う
名 反響 (音), こだま

■ **instantaneous** [ìnstəntéiniəs] — 形 瞬時の

▶ **instant** [ínstənt] — 形 即座の, 即席の 名 瞬間

■ **output** [áutpùt] — 名 出力, 生産高 (⇔ input (065)), 生産物
動 (～を) 生産する, 出力する

PART 3

066 | Instructions 算数問題（1） | L-1.6

Solve the following problems using diagrams where appropriate:

1. Container A has twice the capacity of container B. Container A is full of sand and container B is empty. Suppose 1/8 of the sand in container A is poured into container B. What fractional part of container B will contain sand?

訳 適切なところで図を用いて以下の問題を解きなさい。
1. 容器Aは容器Bの2倍の容量がある。容器Aには砂が満杯に入っており容器Bは空である。容器Aの砂の1/8が容器Bに移されたとする。容器Bの何分の1に砂は入るか。

Notes

where appropriate「適切なところで」 whereの後にthey are が略されている。

twice the capacity of「～の容量の2倍」 twiceを名詞につけるとき、theは後におく（→203）。

1/8 は one eighth と読む。

What fractional part of ...?「…の何分の1か」

■分数の表し方

1/2 = a half, 1/3 = a third, 1/4 = a fourth [quarter] …
2/3 = two thirds, 3/4 = three fourths [quarters] …

序数詞には「～分の1」の意味もある。これは「数えられる名詞」なので複数のときはsをつける。したがって2/3は、two thirds「2つの1/3」と言う。

Instructions

| でる順英単語 | ▶ 1000語 | ▶ 2000語 | ▶ 3000語 | ▶ 4000語 |

- **solve** [sálv] 　　　　　動 (問題などを) 解決する
  - ▶ **solution** [səlúːʃən] 　名 解決 (策・法)
- **diagram** [dáiəgræm] 　名 図 (表), (列車の) ダイヤ
- **appropriate** [əpróupriət] 　形 適切な (⇔ inappropriate「不適切な」)
  - ▶ **appropriately** [əpróupriətli] 　副 適切に
- **container** [kəntéinər] 　名 容器, コンテナ
  - contain 　→ (029)
- **capacity** [kəpǽsəti] 　名 容量 [容積], 収容力, (生産) 能力
  - ▶ **capable** [kéipəbl] 　形 (〜が) できる 〈of〉, 有能な
- **empty** [émpti] 　形 空の　動 空にする [空になる]
- **suppose** [səpóuz] 　動 〔be 〜d to do で〕〜することになっている・〜しなければならない,
  〔Suppose ... で〕もし…としたら,
  (〜と) 思う・推測する 〈that〉
- **fractional** [frǽkʃənl] 　形 わずかな, 分数の
  - fraction 　→ (026)

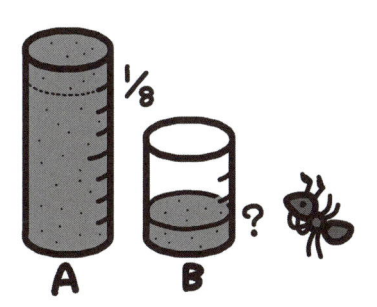

067 Instructions 算数問題（2） L-1.6

2. A wooden cube measuring 5 cm along each edge is painted blue. The painted cube is then cut into 1cm cubes. How many of the small cubes are painted on three faces?

3. On Saturday, a student pays off a loan of $12.50. He then earns $20 mowing a lawn. At the mall, he buys two pairs of socks for $3.98 each and a pair of shoes for $45.79. He has $24.32 left. How much money did he have to start with?

訳 2. 各辺が5cmの長さの木の立方体が青く塗られている。この色のついた立方体は次に1cm四方の立方体に切られる。この小さい立方体のいくつが3つの面が青く塗られているか。

3. 土曜日に，ある学生が12ドル50セントの借金を返す。彼はそれから芝刈りをして20ドルを稼ぐ。商店街で彼は1足3ドル98セントのくつ下を2足と，45ドル79セントのくつを1足買う。彼の残金は24ドル32セントである。初めに彼はいくら持っていたか。

Notes

measure ... cm「…cmの長さがある」, measure → (046)

◆ **pay off a loan**「借金を返す」

earn $20 (by) mowing a lawn「芝刈りをして20ドルを稼ぐ」byは省略可。 mow a lawn「芝生を刈る」

◆ **to start with**「初めに，まず第一に」

● Instructions

でる順英単語	▶ 1000 語	▶ 2000 語	▶ 3000 語	▶ 4000 語

- **wooden** [wúdn] 形 木でできた，木製の
  - ▶ **wood** [wúd] 名 木材，〔～s で〕森
- **cube** [kjúːb] 名 立方体
  - ▶ **cubic** [kjúːbik] 形 立方体の，体積の
- **edge** [édʒ] 名 縁・へり・端，(刃物の) 刃
- **loan** [lóun] 名 借入金，貸付け・貸出し
  動 (金・物を) 貸す
- **earn** [ə́ːrn] 動 (金を) 稼ぐ，(名声などを) 得る
  - ▶ **earnings** [ə́ːrniŋz] 名 所得，収益
- **mow** [móu] 動 (～を) 刈る
- **lawn** [lɔ́ːn] 名 芝生
- **mall** [mɔ́ːl] 名 ショッピングモール，遊歩道

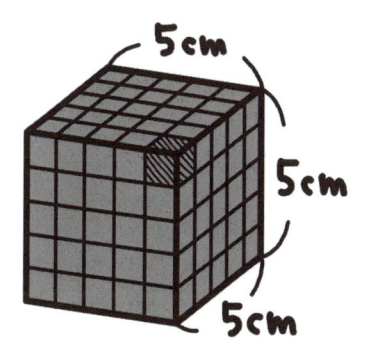

PART 3

068 Instructions 手荷物の許容量 L-1.7

Carry-on Baggage Allowance

Each passenger is entitled to have one piece of carry-on baggage.

The size of carry-on baggage should be no larger than 20×40×55 centimeters, and the weight no more than 5 kilograms. Any baggage exceeding the free allowance should be treated as checked baggage and an excess baggage fee will be charged based on the number of pieces, size, and weight. For efficient travel, we recommend that each passenger travel only with one suitcase and one carry-on bag. Excessive luggage may result in a delay and/or a surcharge.

訳 機内持ち込み手荷物の許容量

それぞれのお客さまは,機内持ち込み手荷物を1つ,お持ちになることができます。

機内持ち込み手荷物の大きさは,20センチ×40センチ×55センチより大きくなく,そして重量は5キロを超えないものでなければなりません。無料の手荷物許容量を超える手荷物は預け入れ手荷物として扱われ,個数,大きさ,重量に基づいて超過手荷物料金が課されることになります。効率的な旅行のためには,スーツケース1つと機内持ち込み用かばん1つだけで旅行されることをお勧めします。手荷物の超過は,遅れおよび/または追加料金という結果になるでしょう。

Notes

baggage allowance「手荷物許容量」

should be no larger than ... (= should not be larger than)「…より大きくはない,…を超えない大きさ」

(should be) no more than ... (= should not be more than)「…より多くない,…を超えない(重さ)」

checked baggage「預け入れ手荷物」

◆ result in「〜という結果になる」

Instructions

でる順英単語	1000 語	2000 語	3000 語	4000 語

- **carry-on** [kǽriàn] 　形 機内に持ち込める
　　　　　　　　　　　名 機内持ち込み，手荷物
- **baggage** [bǽgidʒ] 　名〔集合的に・単数扱い〕手荷物
- **allowance** [əláuəns] 　名 許容 (量)，割り当て量，手当 (金)
　　allow 　→ (015)
- **passenger** [pǽsəndʒər] 　名 乗客
- **entitle** [entáitl] 　動 (~に) 資格 [権利] を与える，題名をつける
- **size** [sáiz] 　名 大きさ，寸法・サイズ
　　　　　　　動 (~を) 大きさに合わせて作る [分ける・並べる]
- **centimeter** [séntəmì:tər] 　名 センチメートル
- **kilogram** [kí:ləgræm] 　名 キログラム
- **excess** [iksés] 　名 超過〈over〉，余分
　　exceed 　→ (007)
　　excessive 　→ (039)
- **efficient** [ifíʃənt] 　形 能率的な，有能な
　▶ **efficiency** [ifíʃənsi] 　名 能率・効率
　▶ **efficiently** [ifíʃəntli] 　副 能率的に，効果的に
- **suitcase** [sú:tkèis] 　名 スーツケース，旅行かばん
- **luggage** [lʌ́gidʒ] 　名〔集合的に・単数扱い〕手荷物 (= baggage)
- **surcharge** [sə́:rtʃɑ̀:rdʒ] 　名 追加料金，追徴金

069 | Information 違反者教育プログラム L-1.6

Driver Improvement Program

Under Oregon's driving law, if you commit a traffic offense you are subject to certain penalties aimed at improving your driving ability and keeping only safe drivers on the roads.

Here is an example of what happens to drivers under the age of 18:

If you have committed two traffic offenses or have caused two accidents, or a combination of one or the other, the DMV (the Department of Motor Vehicles) will restrict your driving privileges for three months. However, if you are working and need your car for the job or to commute, your driving will be restricted to that purpose. During the three-month restriction, no passenger may accompany you except for your parent, stepparent or guardian.

訳 運転者向上プログラム

オレゴン州の運転法では，もしあなたが交通違反をおかすと，あなたの運転能力の向上と，道路を安全な運転者だけにしておくことをねらいとしたある処罰を受ける。

18歳未満の運転者にどんなことが課せられるか，例をあげると：

もしあなたが交通違反を2回おかすか交通事故を2回引き起こすか，あるいは，それぞれを1回ずつ（引き起こした）とすると，自動車局（DMV）はあなたが車を運転する権利を3か月間制限する。しかしながら，もし職に就いていて仕事上あるいは通勤に車が必要な場合は，運転は，その目的のために限って許される。その3か月の制限期間には，親や義理の親もしくは保護者を除いて誰も同乗させてはならない。

Notes

commit → (034), traffic offense「交通違反」,
◆ *be* **subject to**「〜の対象になる」, combination → (014)
stepparent「義理の親」

Information

でる順英単語　▶ 1000語　▶ 2000語　▶ 3000語　▶ 4000語

- **improvement** [imprúːvmənt]　名改善, 向上
  - improve　→ (043)
- **law** [lɔ́ː]　名法律, 法則
  - ▶ **lawyer** [lɔ́ːjər]　名弁護士, 法律家
- **traffic** [trǽfik]　名交通 [通信・通話] (量)
- **offense** [əféns]　名違反, 侮辱, 攻撃 (⇔ defense (096))
- **penalty** [pénəlti]　名罰金, 刑罰
- **aim** [éim]　動 (〜の達成・獲得を) 目指す 〈at, to do〉, (〜を…に) 向ける 〈at〉
  名目標, 目的
- **ability** [əbíləti]　名能力
- **example** [igzǽmpl]　名例, 手本
- **accident** [ǽksidənt]　名事故, 〔by accident で〕偶然に
- **motor** [móutər]　名モーター　形モーターの, 自動車の
- **vehicle** [víːəkl]　名乗り物, 伝達手段
- **restrict** [ristríkt]　動 (〜を…に) 制限する 〈to〉, (人の行動などを) 制限する
  - ▶ **restriction** [ristríkʃən]　名制限
- **privilege** [prívəlidʒ]　名特権・権利, 特典, 恩恵
  動 (〜に) 特典を与える
- **job** [dʒɑ́b]　名仕事, 勤め口
- **commute** [kəmjúːt]　動通勤する
  - ▶ **commuter** [kəmjúːtər]　名通勤 [通学] 者
- **except** [iksépt]　前 〜を除いて　動 (〜を) 除く
- **guardian** [ɡɑ́ːrdiən]　名保護者, 後見人
  - guard　→ (123)

070 | Information グラフの読み取り L-1.7

The accompanying graph shows the year-on-year changes of the Producer Price Index (PPI), which measures the price of industrial output. This graph also measures the Consumer Price Index (CPI). The PPI has been increasing at around 5 percent a year, which is comparable to the OECD average, while the CPI increases remain nearer to 1 percent p.a. (per annum). Viewed from past inflationary histories, it is very low. There is no unique price index that precisely defines inflation.

訳 添付してあるグラフは，生産者物価指数（PPI）の年度ごとの変化を表している。PPIとは，産業生産物の価格を示すものである。このグラフはまた消費者物価指数（CPI）も示している。PPIは1年につき約5パーセント増加している。これはOECDの平均値に類似している。ところがCPIの増加は1年につき1パーセント近くにとどまっている。過去のインフレの歴史から考察すれば，これはかなり低い値である。インフレを正確に定義する唯一の価格指数は存在しないのである。

Notes

year-on-year「年度ごとの，対前年比の［で］」
measure「(測定値)を示す」→ (046)
output → (065)
OECD = Organization for Economic Cooperation and Development「経済協力開発機構」
per annum [ǽnəm]「1年につき」 per → (055)
define → (013)

Information

でる順英単語　▶ 1000語　▶ 2000語　▶ 3000語　▶ 4000語

- **accompany** [əkʌ́mpəni]　動 (〜と) 一緒に行く・付き添う，(〜に) 伴って起こる，(〜に) 添付する
- **graph** [grǽf]　名 グラフ，図表
  - ▶ **graphic** [grǽfik]　形 図 [表] による
    名 〔graphics で〕グラフィックアート (作品)
- **producer** [prədjúːsər]　名 生産者，制作者
  - produce　→ (044)
- **index** [índeks]　名 指数，索引
- **industrial** [indʌ́striəl]　形 産業の・工業の
  - industry　→ (092)
- **consumer** [kənsjúːmər]　名 消費者
  - consume　→ (020)
- **percent** [pərsént]　名 パーセント
  - percentage　→ (076)
- **comparable** [kámpərəbl]　形 (〜と) 類似の，(〜に) 匹敵する 〈to, with〉
  - compare　→ (100)
- **average** [ǽvəridʒ]　名 平均 (値)，〔on average で〕平均して
  形 平均の
- **inflation** [infléiʃən]　名 (物価の) 暴騰・インフレーション
  - ▶ **inflationary** [infléiʃənèri]　形 インフレの
- **unique** [juːníːk]　形 唯一の・特有の，無比の・すばらしい
- **precisely** [prisáisli]　副 正確に
  - ▶ **precise** [prisáis]　形 正確な

163

| 071 | Article | 広告のうそ | L-1.7 |

Alcohol Advertising: Fiction vs. Fact

Advertisers of alcohol use powerful media messages to convey a positive image of their products. The messages glamorize drinking and play directly into the minds of young people by promising fun, popularity, and escape. Therefore parents should help their children understand what advertising tells us, and more importantly, what it does not. It is up to parents to help children distinguish between fact and fiction.

訳 アルコール広告：つくり話と事実

アルコールの広告主は，自分たちの製品のよいイメージを伝えようとして，強力なマスコミ広告を使う。広告は飲酒を美化し，楽しさ，人気そして逃避を期待させることによって若者の心に直接影響を与える。

それゆえ，親は広告が何を伝えているのか，そしてより重要なことだが，何を伝えていないのかを子どもたちが理解できるよう，手助けするべきである。子どもたちが事実とつくり話を見分けるのを手助けするのは親の責任である。

Notes

alcohol → (049), vs. (= versus)「(競技などで) ～対」
media message「マスコミの広告」 message は日本語の「お知らせ」というニュアンスで，広告を婉曲に言うときに使う。
play (directly) into the minds of ...「…の心の中に入り込む」
◆ **It is up to A to do**「～するのは A の責任だ」
◆ **distinguish between A and B**「A と B の相違を見分ける」

Article

でる順英単語　▶ 1000語　▶ 2000語　▶ 3000語　▶ 4000語

- **advertising** [ǽdvərtàiziŋ]　名 広告（すること），広告業
  - ▶ **advertise** [ǽdvərtàiz]　動 広告する・宣伝する
    advertisement　→ (034)
  - ▶ **advertiser** [ǽdvərtàizər]　名 広告者，広告主
- **fiction** [fíkʃən]　名 小説，つくり話
- **powerful** [páuərfl]　形 強力な
- **media** [míːdiə]　名 報道機関〔medium の複数形〕
  　　　　　　　　　（= mass media）
- **message** [mésidʒ]　名 伝言，(人が) 伝えようとしていること
- **convey** [kənvéi]　動 (思想などを) 伝える，(〜を) 運ぶ
- **glamorize** [glǽməràiz]　動 (〜を) 美化する・すてきに見せる
  - ▶ **glamour** [glǽmər]　名 魅力，魅惑
  - ▶ **glamorous** [glǽmərəs]　形 魅力的な，魅惑的な
- **directly** [dəréktli]　副 直接に，すぐに（⇔ indirectly (082)）
  - ▶ **direct** [dərékt]　形 直接の　副 直接に
    動 (〜に) 道を教える，(〜を) 導く
- **promise** [prάməs]　動 (〜を) 約束する・期待させる〈to do, that〉
  　名 約束
- **popularity** [pὰpjəlǽrəti]　名 人気
  popular　→ (058)
- **escape** [iskéip]　名 (〜からの) 逃亡〈from〉，逃避
  　動 (〜を) 逃れる，(〜から) 逃げる〈from〉
- **importantly** [impɔ́ːrtəntli]　副 重要なことには，もったいぶって
  - ▶ **importance** [impɔ́ːrtəns]　名 重要(性)
- **distinguish** [distíŋgwiʃ]　動 (〜を…と) 区別する・見分ける〈from〉
  - ▶ **distinguished** [distíŋgwiʃt]　形 有名な・著名な

PART 3

● 単語 CHECK (13)　　　055〜060 (p. 130〜p. 141)

055	unless otherwise specified	別に明記されていない限り
	per person	1人前 (につき)
	French toast with pure maple syrup	純粋なメープルシロップつきフレンチトースト
056	not available for in-room meetings	室内での集会には利用できない
	roast beef	ローストビーフ
057	a variety of essential drills	さまざまな必要不可欠な練習
	scoring strategy	得点するための戦略
	all stages of the program	プログラムのすべての段階 (で)
	fair competition	公正な競争
	be limited to 1st and 2nd grade	1学年と2学年に限られる
058	practical English courses	実践的な英語コース
	apply the rules in real situations	現実の状況で，その規則を応用する
	be popular among students	学生の間で人気がある
	academic English courses	学問的な英語コース
	grammatical structures	文法的構造
059	apart from other colleges	ほかの大学から際立って
	be sponsored by the Admissions Office	大学入学選考事務局が開く[スポンサーとなる]
	high school seniors	高校最上級生
	observe a class	授業を見学する
	enrollment processes and financial aid procedures	入学手順と学資[財政的]援助の手続き
060	*be* conveniently located	便利 (なところ) に位置している
	provide diagnostic services for physicians	内科医のための診断サービスを提供する
	assure pick up and delivery on the same day	同日内の集荷と配送を保証する

単語 CHECK (14) 　　061〜066 (p.142〜p.155)

061
- in **close** cooperation with ... — …との緊密な協力のもとで
- **promote** better business — よりよい事業を振興[推進]する
- the **preferred currency** — 好まれた通貨
- as their businesses **expand** — 事業が拡大するにつれて

062
- **treat irregular** heartbeats — 不規則な心臓の鼓動を治療する
- improve its pumping **action** — そのポンプ機能を改善する
- cause an **upset stomach** — 胃の具合を悪くさせる
- **closely monitor** your **response** — 綿密にあなたの反応を監視する
- **prescription labels** — 処方薬のラベル

063
- **tips** on **quitting** smoking — 喫煙をやめるためのアドバイス
- read it over **frequently** — それを頻繁に読み返す
- set a **daily** quota of **cigarettes** — タバコの1日の割当てを決める
- in **uncomfortable** places — 不快な場所で
- **seek** personal support — 個人的支援を求める

064
- click on the **button** — ボタンをクリックする
- wait for the **entire** page to **finish** loading — ページ全体がロードし終わるのを待つ
- add images to your album — アルバムに画像を追加する

065
- **indicate** "I am the **operating** system" — 「私がオペレーティング・システムです」ということを示している
- have at your **disposal** all of the **commands** — すべての命令を自由に使える
- examine the **code** — その記号を調べる
- It appears to be **instantaneous**. — それは瞬間的に思われる。
- **input** and **output** processes — 入力と出力のプロセス

066
- **solve** the problems — 問題を解く
- use diagrams where **appropriate** — 適切なところで図を用いる
- twice the **capacity** of B — Bの2倍の容量
- Container B is **empty**. — 容器Bは空である。

● 単語 CHECK (15)　　067〜071 (p.156〜p.165)

067	a wooden **cube** measuring 5cm along each **edge**	各辺が5cmの長さの木の立方体
	pay off a **loan** of $12.50	12ドル50セントの借金を返す
	earns $20 mowing a **lawn**	芝刈りをして20ドルを稼ぐ
068	Each **passenger** is **entitled** to have one piece of carry-on **baggage**.	それぞれの乗客は機内持ち込み手荷物を1つ持つことができる[権利がある]。
	the **size** of baggage	手荷物の大きさ
	exceed the free **allowance**	無料の許容量を超える
	an **excess** baggage fee	超過手荷物料金
	efficient travel	効率的な旅行
069	commit a **traffic offense**	交通違反をおかす
	penalties aimed at improving your driving **ability**	あなたの運転能力の向上をねらいとした処罰
	cause **accidents**	事故を引き起こす
	motor vehicles	自動車
	restrict your driving **privileges**	車を運転する権利を制限する
070	the **accompanying** graph	添付してあるグラフ
	industrial output	産業生産物
	be **comparable** to the OECD **average**	OECDの平均値に類似している
	unique price **index**	唯一の価格指数
	precisely defines **inflation**	インフレを正確に定義する
071	alcohol **advertising**	アルコール広告
	use powerful **media** messages	強力なマスコミ広告を使う
	convey a positive image	よいイメージを伝える
	promise fun, **popularity**, and **escape**	楽しさ，人気そして逃避を期待させる[約束する]
	distinguish between fact and fiction	事実とつくり話を見分ける

◆ 熟語 CHECK (2)　　　023〜045 (p.56〜p.107)

023	*be* pleased to *do*	喜んで〜する
	cover the cost of	〜の費用をまかなう
	take advantage of	〜を利用する
024	throw away	(投げ)捨てる
025	sign up for	〜に登録する・署名する
026	a fraction of	〜のうちのわずかな
	on a daily basis	毎日
027	for further details	さらに詳しいことについて(は)
028	cater to	〜に食事を出す・仕出しをする
029	a good [great] deal of	非常にたくさんの, 多量の
030	pass away	亡くなる
	on behalf of	(人など)に代わって, 代表して
031	*be* impressed with	〜に感心する
032	order *A* from *B*	A を B に注文する
	along with	〜と一緒に, 〜とともに
034	*be* committed to	〜に熱心である, 〜に専心する
035	make an offer	提案する
039	the key to *do*ing	〜するカギ・秘訣
	not to mention	〜は言うまでもなく
	as for	〜については, 〜に関しては
041	as well	その上, 〜も同様に
042	from early on	早い時期から
043	thanks to	〜のおかげで
	majority of	〜の大部分
	play a role in	〜で(重要な)働きをする
044	*be* surprised to *do*	〜して驚く

PART 3

◆ 熟語 CHECK (3)　　046〜071 (p.110〜p.165)

047	test out	実地に試みる
048	at risk from [for]	〜の危険性がある
	be in critical condition	危篤状態にある
049	deal with	〜を処理する，〜に対処する
	show up	現れる，姿を見せる
	lose [gain] weight	体重が減る[増える]
	get into trouble	面倒に巻き込まれる
051	as of	(〜日) 現在で，(〜日) より
055	be subject to	〜を必要とする→ (069)
057	be prepared for	〜に備える，〜の覚悟をする
	be limited to	〜に限定される・限られる
059	set A apart from B	A を B から目立たせる・際立たせる
060	be equipped to do	〜ができるように装備されている
061	in (close) cooperation with	〜と (緊密に) 協力して
062	come in	〜 (の形) で提供される
063	read over	読み返す，読み通す
	cut down on	〜を減らす・削減する
064	wait for A to do	A が〜するのを待つ
	prevent A from doing	A が〜するのを妨げる
067	pay off a loan	借金を返す
	to start with	初めに，まず第一に
068	result in	〜という結果になる
069	be subject to	〜の対象になる→ (055)
071	It's up to A to do	〜するのは A の責任だ
	distinguish between A and B	A と B の相違を見分ける

PART 4

パッセージ
No.072〜095

Report ……………… 172
Notice ……………… 186
Instructions ……… 188
Information ……… 194, 206
Advertisement … 198, 212
Review ……………… 208
Article ……………… 216

072 Report 列車内の2度の爆発 L-1.8

At least 4 people were killed and over 30 injured Thursday night when two simultaneous explosions occurred on a local train at 08:45 p.m. local time at Daman Rail Station in central Indore, the country's financial center.

This was the second major blast in the last decade and came a day after the 10th anniversary of a series of blasts that occurred in 1994.

On May 10, 1994, 4 explosions shattered the city, killing 34 people and injuring 239. Property damage amounted to 300 million rupees (6.30 million US dollars).

訳

2か所の同時爆発が起き、少なくとも4人が死亡、30人以上が負傷した。爆発は木曜日夜、現地時間午後8時45分に国の金融中心地であるインドール中央部のダマン鉄道駅の普通列車内で起きた。

これはこの10年間で2番目に大きな爆発であり、1994年に起きた一連の爆発から10周年の翌日に起きた。

1994年5月10日、4度の爆発でその都市は破壊され、34人が死亡し、239人が負傷した。物的損害は3億ルピー（630万米ドル）に達した。

Notes

(At least) 4 people were killed and over 30 (people were) injured ...「少なくとも4人が死亡、30人以上が負傷した…」 この文は報道文の特徴で、情報が後につぎつぎに追加されて長くなっている。このような文では、適宜区切って読み取っていくとよい。

financial center「金融の中心地、金融センター」

◆a series of「一連の～、ひと続きの～」

property damage「物的損害」

amount to「総計～になる」, amount → (007)

rupee「ルピー（インド・パキスタン・スリランカなどの貨幣単位）」

● **Report**

でる順英単語 ▶ 1000語 ▶ 2000語 ▶ 3000語 ▶ 4000語

- **injure** [índʒər] 動 (~を) 傷つける・けがをする
  - injury → (093)
- **simultaneous** [sàimǝltéiniǝs] 形 同時の, 同時に起こる
  - ▶ **simultaneously** [sàimǝltéiniǝsli] 副 同時に
- **explosion** [iksplóuʒǝn] 名 爆発, 激増 [急増]
  - ▶ **explode** [iksplóud] 動 爆発する [させる]
  - ▶ **explosive** [iksplóusiv] 形 爆発性の, 爆発的な
    名 爆発物
- **occur** [ǝkə́:r] 動 起こる, ふと心に浮かぶ
  - ▶ **occurrence** [ǝkə́:rǝns] 名 出来事, (事件などの) 発生
- **blast** [blǽst] 名 突風・爆風, とても楽しいこと
  動 (~を) 爆破する
- **decade** [dékeid] 名 10年間
- **anniversary** [æ̀nivə́:rsǝri] 名 (~周年の) 記念日
- **series** [síǝri(:)z] 名 連続, (本などの) シリーズ
- **shatter** [ʃǽtǝr] 動 粉々にする [なる], (~を) 打ち砕く
- **property** [prápǝrti] 名 財産・資産,
  〔しばしば ~ies で〕(物の) 特性

PART 4

PART 4

073 Report 新生児が顔を見分ける？ L-1.8

Brain Scans Show How Babies Recognize Faces at Birth
According to scientists from the Massachusetts Institute of Technology (MIT), babies seem to recognize faces almost at birth, even though their brains do not yet know how to process most visual information. MIT made this discovery by using the brain scans of research volunteers.

訳 脳スキャンにより誕生時の新生児がどのようにして顔を認識するかが判明

マサチューセッツ工科大学 (MIT) の科学者によると、赤ちゃんは、誕生とほぼ同時に顔を見分けることができるらしい。脳がほとんどの視覚情報の処理方法をまだ知らないにもかかわらずである。MITは研究のためのボランティアの脳スキャンを使ってこのことを発見した。

Notes

show how S + V「どのように…するかを示す」
(almost) at birth「(ほとんど) 誕生と同時に」
know how to do「どのように〜するかを知っている」

● **Report**

| でる順英単語 | ▶ 1000語 | ▶ 2000語 | ▶ 3000語 | ▶ 4000語 |

- **brain** [bréin] 　　名 脳，〔しばしば ~s で〕頭脳，ブレーン
- **scan** [skǽn] 　　名 スキャン・走査，〔医〕スキャナー検査
　　　　　　　　　動 ざっと見る[読む]，(~を)スキャンする
  ▶ **scanner** [skǽnər] 　　名 スキャナー
- **recognize** [rékəgnàiz] 　　動 (~であると)分かる，
　　　　　　　　　　　　(~であることを)認める〈as, that〉
  ▶ **recognition** [rèkəgníʃən] 　　名 認識，認めること
- **birth** [bə́ːrθ] 　　名 誕生，生まれ
- **scientist** [sáiəntəst] 　　名 科学者
　　science 　　→ (018)
- **institute** [ínstətjùːt] 　　名 研究機関　動 (~を)制定する
  ▶ **institution** [ìnstitjúːʃən] 　　名 団体・機関，制度
- **visual** [víʒuəl] 　　形 目に見える，視覚の
- **discovery** [diskʌ́vəri] 　　名 発見，発見されたもの
  ▶ **discover** [diskʌ́vər] 　　動 (~を)発見する
- **research** [risə́ːrtʃ] 　　名 研究，調査
　　　　　　　　　動 (~を)研究[調査]する
  ▶ **researcher** [risə́ːrtʃər] 　　名 研究者，調査員
- **volunteer** [vɑ̀ləntíər] 　　名 志願者・ボランティア
　　　　　　　　　　動 (仕事などを)進んで引き受ける

074 Report カナダ企業, アメリカへ進出　L-1.8

Ultramix In AT&T Win

Ultramix Technologies has disclosed AT&T Broadband as the first multi-million dollar customer for its Miracle Performance Manager Suite. The Canadian company revealed last year that it landed a major contract in the U.S. but did not identify the customer. The company is still reluctant to disclose details of the AT&T Broadband project, but some believe that the cable operator has already completed a pilot project and is now proceeding with wider applications.

訳 ウルトラミックス, AT&T において成功する

ウルトラミックス・テクノロジーは, AT&T ブロードバンドを同社のミラクルパフォーマンスマネージャー・スイートの最初の巨額取引先であると公表した。このカナダの企業は, 昨年アメリカで大きな契約を獲得したことを明らかにしたが, その取引先は明確にしなかった。同社はいまだに AT&T ブロードバンド計画の詳細の公表を控えているが, このケーブル会社はすでに試験的計画を完了させており, 今やより広範な応用 (アプリケーション) に着手しているとみる筋もある。

Notes

win → (038)
suite「一式」(統一的な仕様で作られたプログラムのセット)
cable operator「通信回路提供会社」
application → (036)

Report

でる順英単語 ▶ 1000語 ▶ 2000語 ▶ 3000語 ▶ 4000語

- **disclose** [disklóuz] 動 (〜を) 公表する, 明らかにする, あばく
  - ▶ **disclosure** [disklóuʒər] 名 公表, 暴露
- **multi-million** [mʌltimíljən] 形 数百万の〔multi-「多い, 多数の」〕
- **miracle** [mírəkl] 名 奇跡 (的な出来事)
- **performance** [pərfɔ́ːrməns] 名 性能, 機能, 演奏 [上演], 業績
  - perform → (028)
- **suite** [swíːt] 名 一組 [一揃い], (ホテルの) 一続きの部屋,
- **reveal** [rivíːl] 動 (秘密などを) 明らかにする
  (⇔ conceal「隠す」)
- **land** [lǽnd] 動 着陸する [させる], 上陸する,
  (仕事・契約などを) 獲得する
  名 土地, 陸地
- **contract** [kɑ́ntrækt] 名 契約 (書)
  動 [kəntrǽkt] 契約する・請け負う,
  (筋肉などが) 収縮する (⇔ expand (061))
  - ▶ **contractor** [kɑ́ntræktər] 名 (工事) 請負人, 土建業者
- **identify** [aidéntifài] 動 (〜を) 特定する, (身元を) 確認する
  - ▶ **identification** [aidèntifəkéiʃən] 名 身元証明
- **reluctant** [rilʌ́ktənt] 形 (〜を) したがらない ⟨to do⟩, しぶしぶの
  - ▶ **reluctantly** [rilʌ́ktəntli] 副 いやいやながら, しぶしぶ
- **cable** [kéibl] 名 ケーブル線, ケーブルテレビ (= cable television)
- **operator** [ɑ́pərèitər] 名 (機械などの) 操作員, 運営会社, 電話交換手
  - operate → (065)
- **pilot** [páilət] 形 試験的 [予備的] な
  名 (飛行機などの) パイロット
  動 (〜を) 操縦する, 先導する

PART 4

075 Report　イラク全土で投票　L-1.8

On Sunday January 30, at least 8 million Iraqis, which accounts for 57 percent of Iraq's 14 million registered voters, had an opportunity to go to the polls and vote on a provisional leader for their country.　Of these, about 243,000 Iraqis voted from outside the country, but the rest placed themselves in much danger, as evidenced by 260 actual attacks and 44 fatalities.

The Iraqi people deserve enormous credit for their courage, especially those who voted in the Sunni Arab portion of the country where insurgents have been most active.

訳　1月30日，日曜日，少なくとも800万のイラク人——イラクの登録有権者1,400万人の57パーセントに当たる——が投票所に行き，イラクの国の暫定指導者を決める投票をする機会を得た。これらイラク人のうちおよそ24万3,000人はイラク国外から投票したが，残りの人々は，実際の襲撃260件，死者44人からも明らかなように，ひどく危険な状況に身をさらした。

イラクの人々，とりわけイラクで最も暴徒の活動が激しいスンニ派アラブ地域で投票した人々の勇気は大変な称賛に値する。

Notes

◆ account for「〜の割合を占める」
go to the polls「投票所に行く，投票する」
place *one*self in danger「自分自身を危険な状態に置く」
as evidenced by「〜によって明らかに分かるように」
◆ deserve credit for「(行為など) は称賛に値する」, credit → (012)
portion「部分，一部」→ (045)

● **Report**

| でる順英単語 | 1000 語 | 2000 語 | 3000 語 | 4000 語 |

- **vote** [vóut] 　動 (〜の) 投票をする 〈on, for, against〉
　　　　　　　　名 投票
　▶ **voter** [vóutər] 　名 投票者, 有権者
- **poll** [póul] 　名 世論調査, 投票 (結果),
　　　　　　　〔the 〜s で〕投票所
　　　　　　　動 (人々の) 世論調査をする
- **provisional** [prəvíʒənl] 　形 仮の, 暫定的な
　provision 　→ (035)
- **evidence** [évidns] 　動 (〜を) 明示する　名 証拠
- **actual** [æktʃuəl] 　形 現実の, 実際の
　actually 　→ (023)
- **fatality** [feitæləti] 　名 不慮の死 (者), 宿命
　fatal 　→ (043)
- **deserve** [dizə́:rv] 　動 (〜に) 値する,
　　　　　　　　(〜して) 当然である 〈to do〉
- **enormous** [inɔ́:rməs] 　形 巨大な, ものすごい
- **courage** [kə́:ridʒ] 　名 勇気
　▶ **courageous** [kəréidʒəs] 　形 勇気のある
- **insurgent** [insə́:rdʒənt] 　名 暴徒, 反政府運動家
- **active** [æktiv] 　形 活発な, 積極的な (⇔ passive「消極的な」)
　overactive 　→ (062)

PART 4

076 Report 結婚についての意識調査 L-1.9

According to a recent survey conducted by the Institute of Population Problems, nearly 90% of singles intend to get married at some point in their lives. But the percentage has decreased somewhat for both males and females since the previous survey. Among those who intend to marry, about a half prefer delaying marriage in search for the ideal spouse. This portion of the population has increased remarkably.

訳 人口問題研究所によって行われた最近の調査によれば，独身者の90％近くが人生のいつかある時点で結婚するつもりでいる。しかし，その率は以前の調査から男女ともにいくぶん減少してきている。結婚の意図がある人々のうち，約半数は，理想の配偶者を求めて結婚を遅らせるほうを選ぶ。人口のこの部分（こうした人々）が著しく増加している。

Notes

conduct → (020)
Among those who ...「…の人々のうちで」
delay「遅らせる」→ (002)
◆in search for「〜を求めて」

Report

でる順英単語	▶ 1000 語	▶ 2000 語	▶ 3000 語	▶ 4000 語

- **survey** [sə́ːrvei]
  - 名 調査, 概観
  - 動 [sərvéi] (〜を) 調査する
  - ▶ **surveyor** [sərvéiər] 名 測量者, (税関の) 検査官
- **population** [pὰpjəléiʃən] 名 人口, 住民
- **single** [síŋgl]
  - 形 1つ [1人] の, 独身の
  - 名 〔〜s で〕独身者
- **intend** [inténd] 動 (〜する) つもりである 〈to do〉, (〜を) 意図する 〈for〉
- **marry** [mǽri] 動 〔be/get 〜ied で〕(〜と) 結婚している [する] 〈to〉
- **marriage** [mǽridʒ] 名 結婚
- **percentage** [pərséntidʒ] 名 比率, 割合
  - percent → (070)
- **decrease** [dìːkríːs]
  - 動 減る [減らす]
  - 名 減少 (⇔ increase (063))
- **somewhat** [sʌ́mhwὰt] 副 いくぶん, やや
- **male** [méil] 形 男性の, 雄の 名 男性, 雄
- **female** [fíːmeil] 形 女性の, 雌の 名 女性, 雌
- **previous** [príːviəs] 形 前の, 以前の (⇔ following (017))
- **search** [sə́ːrtʃ]
  - 名 捜索
  - 動 (〜を) 捜索する・探し求める 〈for, after〉
  - ▶ **searcher** [sə́ːrtʃər] 名 捜索者
- **ideal** [aidíːəl] 形 理想的な 名 理想
- **spouse** [spáus] 名 配偶者, 夫 [妻]
- **remarkably** [rimάːrkəbli] 副 目立って, 著しく
  - ▶ **remarkable** [rimάːrkəbl] 形 注目すべき, 著しい
  - ▶ **remark** [rimάːrk] 名 意見, 言葉 動 (〜と) 述べる 〈that〉

PART 4

077 Report 総選挙結果 L-1.9

The results of the Lower House election on November 9, 2005 revealed a complicated political situation. While the ruling Liberal Democratic Party (LDP) gained 217 seats out of a total of 460, it actually lost fifteen seats. Nevertheless, the three-party ruling coalition (of which the LDP is a part) won 265 seats and an absolute majority in the Lower House. However, with the LDP's loss of seats, the influence of its governmental coalition partner, the Democratic Labor Party, is now certain to increase.

訳 2005年11月9日の下院選挙の結果は，複雑な政治情勢を露呈した。与党の自由民主党 (LDP) は総議席460のうち217議席を獲得したものの，実を言えば15議席を失った。にもかかわらず，3党の連立与党 (LDP はその1つである) は，議席数265と下院の圧倒的多数を勝ち取った。しかしながら，LDP の議席減に伴い，その連立内閣の相方である民主労働党の影響力が増すのは，今や確実である。

Notes

reveal → (074), complicated → (058), situation → (058)
ruling party「与党」
ruling coalition「連立与党」
win a majority「過半数を得る」
Lower House「下院 (⇔ Upper House「上院」)」
＊日本の衆議院 (the House of Representatives) を，ニュース記事では the Lower House と言うことが多い。同じく参議院 (the House of Councilors) も he Upper House と言う。

● Report

でる順英単語　▶ 1000語　▶ 2000語　▶ 3000語　▶ 4000語

- **election** [ilékʃən]　　　名 選挙
  - ▶ **elect** [ilékt]　　　動 ((投票で) ～を…に) 選出する ⟨as⟩, to⟩
- **political** [pəlítikl]　　　形 政治の
  - ▶ **politics** [pálətiks]　　　名 政治 (学)
- **liberal** [líbərəl]　　　形 寛容な, 自由主義の・進歩的な
- **democratic** [dèməkrǽtik]　形 民主主義の, 民主的な
  - ▶ **democracy** [dimákrəsi]　名 民主主義
- **party** [pá:rti]　　　名 パーティー, 一行, 政党
- **total** [tóutl]　　　名 総計
  - 形 全体の (⇔ partial「部分的な」), 完全な
  - 動 (～を) 合計する ⟨up⟩
  - ▶ **totally** [tóutəli]　　　副 完全に, まったく
- **seat** [sí:t]　　　名 座席, 議席　動 (～を) 座らせる
- **coalition** [kòuəlíʃən]　　　名 連立, 連合
- **absolute** [ǽbsəlù:t]　　　形 まったくの, 完全な
  - ▶ **absolutely** [ǽbsəlù:tli]　副 完全に・絶対に
- **loss** [lɔ́(:)s]　　　名 損失・損害 (⇔ profit (222)), 死亡, 敗北
  - lose　　　→ (049)
- **influence** [ínfluəns]　　　名 影響 (力)　動 (～に) 影響を与える
- **governmental** [gʌ̀vərnméntl]　形 行政の, 政治 (上) の
  - government　　　→ (089)
- **partner** [pá:rtnər]　　　名 相手, 配偶者
- **labor** [léibər]　　　名 労働, 労働者　動 働く

PART 4

078 Report 匿名で100万ドルを寄付

Anonymous Donor Gives $1 Million to Buy Island for Boy Scout Camp

Ronald Whitecliff, director of a fund-raising campaign to purchase Blue Island for use as a Boy Scout camp said that a Utah couple preferring to remain anonymous donated $1 million dollars to the fund.

The Blue Island campaign was launched by volunteers about two years ago, but the organization encountered a series of financial problems. Thanks to this contribution, Whitecliff said he is now optimistic that the fund-raising goal can be met.

訳 匿名の寄付者がボーイスカウトのキャンプ地用の島を購入するよう100万ドルを寄付

ロナルド・ホワイトクリフ（ボーイスカウトのキャンプ地使用を目的としたブルーアイランド購入資金集めのキャンペーンの責任者）は，ユタ州のある匿名を希望する夫婦が基金に100万ドルの寄付をしたと述べた。

ブルーアイランドキャンペーンは有志により約2年前に始められたが，組織はいく度となく資金問題に直面した。ホワイトクリフは，この寄付のおかげで資金集めの目標は達成できるだろうと今は楽観視している，と述べた。

Notes

Boy Scout「ボーイスカウト（の一員）」
fund-raising「募金［資金］集め（の）」, fund → (027)
series → (072)

Report

でる順英単語 ▶ 1000語 ▶ 2000語 ▶ 3000語 ▶ 4000語

- **anonymous** [ənánəməs] 形 匿名の，作者不明の
- **donor** [dóunər] 名 寄贈者，献血者，(移植用臓器の) 提供者
  - donate → (046)
- **scout** [skáut] 名 ボーイ [ガール] スカウトの一員，偵察，スカウト
- **director** [dəréktər] 名 管理者・取締役，監督
  - direct → (071)
- **raise** [réiz] 動 (〜を) 上げる，育てる，(お金などを) 集める
  - 名 賃上げ
- **campaign** [kæmpéin] 名 (組織的) 活動 [運動]・キャンペーン
- **launch** [lɔ́:ntʃ] 動 (事業などを) 始める，(新製品を) 売り出す，(ロケット [船]を) 打ち上げる [進水させる]
  - 名 開始，発射
- **encounter** [enkáuntər] 動 (危険・困難などに) 直面する
  - 名 遭遇
- **contribution** [kàntribjú:ʃən] 名 貢献，寄付 (金)
  - contribute → (043)
- **optimistic** [àptəmístik] 形 楽観的な (⇔ pessimistic「悲観的な」)
  - ▶ **optimism** [áptəmìzm] 名 楽観 [楽天] 主義
- **goal** [góul] 名 目標，ゴール・決勝点

PART 4

PART 4

079 | Notice | 返品条件 | L-1.8

North Bend recommends that you familiarize yourself with your local store's product return policies before making a purchase. We also encourage our customers to open and examine their purchases as soon as possible.
If you are dissatisfied with your purchase and having difficulty obtaining a response from your retailer, please e-mail us at customerservice@xxxx.com giving your name, the name of the retail outlet concerned, and an explanation of the problem.

訳 ノースベンドは，皆様が地元の店で買い物をする前に，その店の製品返品条件をよく知っておかれることをお勧めします。私どもはまた，顧客の皆様に購入品はなるべく早く開封し検品なさるようにお勧めいたします。

もし購入品に満足がいかず，しかも買ったお店から返答を得るのが困難な場合は，どうぞ私どもの customerservice@xxxx.com まであなたのお名前と関係する小売店名，そして問題点のご説明を書き込んで E メールしてください。

Notes

◆ **familiarize** *one*self with「～をよく理解する，～になじむ」
return policy「返品条件」, policy → (031)
make a purchase「買い物をする」, purchase → (012)
If you are dissatisfied with your purchase「もし購入品に満足できないときは」 この purchase は「購入品」の意味。
◆ *be* **dissatisfied with**「～に満足していない，～が気に入らない」
(are) having difficulty (in) obtaining ...「…を得るのが困難である」
retail outlet「小売店」

● **Notice**

でる順英単語　▶ 1000語　▶ 2000語　▶ 3000語　▶ 4000語

- **familiarize** [fəmíljəràiz]　動 (〜を…に) 慣れさせる・習熟させる〈with〉
  ▶ **familiar** [fəmíljər]　形 (〜に) よく知られている〈to〉,
  　(〜に) 精通している〈with〉
- **dissatisfied** [dissǽtisfàid]　形 不満な, 満足してない (⇔ satisfied (081))
  ▶ **dissatisfy** [dissǽtisfài]　動 (〜を) 失望させる (⇔ satisfy (081))
  ▶ **dissatisfaction** [dissæ̀tisfǽkʃən]　名 不満・不平 (⇔ satisfaction (081))
- **difficulty** [dífikʌ̀lti]　名 困難, 〔〜ies で〕困難な状況
  ▶ **difficult** [dífikʌ̀lt]　形 難しい
- **obtain** [əbtéin]　動 (〜を) 獲得する
- **retailer** [ríːtèilər]　名 小売商
- **retail** [ríːtèil]　名 小売り
  　動 (〜の価格で) 小売りされる〈for, at〉
  　形 小売りの
- **outlet** [áutlèt]　名 販売店, 排出口 (⇔ intake「取り入れ口」),
  コンセント

PART 4

080 Instructions 投稿規定 L-1.8

Contributor Guidelines for *Beadcraft Magazine*

Beadcraft welcomes fresh ideas and new approaches. Your manuscript should run between 1,500 and 2,000 words to be used as a feature article. Please contact our Beadcraft staff by telephone or e-mail before sending your manuscript—and keep a copy of your work!

Be sure to enclose a self-addressed stamped envelope with sufficient postage for the return of your materials. We will promptly acknowledge your submission by post card, but please be patient while we consider whether to use the manuscript.

訳「ビーズ手芸マガジン」への投稿者のためのガイドライン
「ビーズ手芸」は新鮮なアイデアと新しい取り組みを歓迎します。原稿は特集記事に載せるには1,500語から2,000語の間に収めてください。原稿を送る前に「ビーズ手芸」のスタッフに電話かEメールでご連絡ください——そして自分の原稿のコピーをとっておいてください!
原稿を返送するのに十分な額の切手を貼った返信用封筒を必ず同封してください。提出原稿の受領は葉書きで迅速にお知らせいたしますが,原稿を採用するかどうかを考慮する間は,どうぞ辛抱強くお待ちください。

Notes

bead「ビーズ,じゅず玉」
feature → (050)
◆ *be* sure to *do*「必ず〜しなさい」
self-addressed stamped envelope「住所を記し,切手を貼った返信用封筒(〔略〕SASE)」, self-addressed → (052)

Instructions

でる順英単語 ▶ 1000語 ▶ 2000語 ▶ 3000語 ▶ 4000語

promptly → (002)

- **contributor** [kəntríbjətər] 名 寄稿者, 投稿者
  - contribute → (043)
- **guideline** [gáidlàin] 名 〔~sで〕指針・ガイドライン
  - guide → (013)
- **approach** [əpróutʃ] 名 (研究などの) 方法・取り組み, 接近
  - 動 (~に) 近づく
- **manuscript** [mǽnjuskript] 名 原稿
- **stamp** [stǽmp] 動 (~に) 切手 [印紙] を貼る, (印など) 押す
  - 名 切手 (= postage stamp), 印紙, スタンプ
- **sufficient** [səfíʃənt] 形 十分な
  - ▶ **sufficiency** [səfíʃənsi] 名 十分な数 [量], 十分あること
- **postage** [póustidʒ] 名 郵便料金
  - ▶ **post** [póust] 名 郵便 (= mail), 地位, 柱
    - 動 (ビラなどを) 掲示する
- **material** [mətíəriəl] 名 原料・材料, 資料・題材
  - 形 物質の, 物質的な (⇔ spiritual「精神的な」)
- **submission** [səbmíʃən] 名 提出 (物), 提案, 服従
  - ▶ **submit** [səbmít] 動 (~を…に) 提出する ⟨to⟩,
    - (~に) 服従する ⟨to⟩
- **patient** [péiʃənt] 形 忍耐 [我慢] 強い
  - (⇔ impatient「我慢できない」)
  - 名 患者
  - patience → (006)

PART 4

081 Instructions　著作権規定　L-1.8

If you wish to negotiate a special copyright arrangement (other than the standard AMF policy), or if you are producing artwork for which you wish to share or retain a copyright as it relates to its final form, please contact the managing editor. Make sure this is done before we edit your article or process your artwork. Otherwise, we will assume you are satisfied with the standard arrangements explained in this letter.

訳 もしあなたが（標準的なAMF条件とは別に）特別な著作権協定を取り交わすことをお望みならば，あるいはあなたが作品を製作中で，その作品の最終形態が著作権にかかわるのでその著作権を共有あるいは保持したいとお望みならば，編集長に連絡してください。くれぐれも私たちが記事を編集したりあなたの作品を処理したりする前に連絡してください。そうでない場合は，あなたがこの手紙で説明されている標準的協定に満足しているとみなさせていただきます。

Notes

◆ other than「～以外の」

artwork for which ... a copyright「その作品の著作権を…する（ところの）作品」 which は artwork を指している。

as it relate to its final form「それ（著作権）がその（作品の）最終形態にかかわるので」

managing editor「編集長」

◆ make sure (that) ...「（必ず）…するようにする」

Instructions

でる順英単語	▶ 1000 語	▶ 2000 語	▶ 3000 語	▶ 4000 語

- **negotiate** [nigóuʃièit]　動 (〜を) 取り決める, 交渉する
    - negotiation　→ (098)
- **special** [spéʃl]　形 特別の, 専門の
    　名 特別 [臨時] のもの
    　〔特別番組・特別料理・特価品など〕
    - specialty　→ (027)
    - specialize　→ (089)
- **copyright** [kápiràit]　名 著作権
- **arrangement** [əréindʒmənt]　名 協定, 手配, 配列
    - arrange　→ (001)
- **standard** [stǽndərd]　形 標準の　名 標準・基準, 水準
- **artwork** [á:rtwə̀:rk]　名 芸術作品
- **retain** [ritéin]　動 (〜を) 保持する, (記憶に) 留める
- **relate** [riléit]　動 関連づける [する] 〈to〉, (〜を) 話す
    - ▶ **related** [riléitid]　形 (〜に) 関連のある 〈to〉, (〜と) 親戚の 〈to〉
    - ▶ **relation** [riléiʃən]　名 関係 〈with, between〉
- **editor** [édətər]　名 編集者, 論説委員
- **edit** [édit]　動 (〜を) 編集する
    - ▶ **edition** [idíʃən]　名 (出版物などの) 版
- **assume** [əsjú:m]　動 (〜を/と)想定する, (任務などを)引き受ける
    - ▶ **assumption** [əsʌ́mpʃən]　名 仮定・想定, 就任
- **satisfied** [sǽtisfàid]　形 満足した (⇔ dissatisfied (079))
    - ▶ **satisfy** [sǽtisfài]　動 (人を) 満足させる, (欲望・好奇心・条件などを) 満たす (⇔ dissatisfy (079))
    - ▶ **satisfaction** [sæ̀tisfǽkʃən]　名 満足 (⇔ dissatisfaction (079))

191

● 単語 CHECK (16)   072〜076 (p.172〜p.181)

072
- over 30 people were **injured** — 30人以上が負傷した
- two explosions **occurred** — 2か所の爆発が起きた
- in the last **decade** — 最近の10年間で
- the 10th **anniversary** of **a series of** blasts — 一連の爆発から10周年(の記念日)
- **property** damage — 物的な[家屋の]損害

073
- **brain** scans — 脳スキャン
- **recognize** faces almost at **birth** — 誕生とほぼ同時に顔を見分ける
- process **visual** information — 視覚情報を処理する
- MIT made this **discovery**. — MITがこの発見をした。
- **research** volunteers — 研究[調査]のためのボランティア

074
- **reveal** that it **landed** a major **contract** — 大きな契約を獲得したことを明らかにする
- **identify** the customer — 取引先を明らかにする
- a **pilot** project — 試験的計画

075
- registered **voters** — 登録有権者
- go to the **polls** and **vote** on a provisional leader — 投票所に行き暫定指導者を決める投票をする
- *be* **evidenced** by 260 **actual** attacks — 実際の260件の襲撃からも明らかである
- **deserve enormous** credit for their **courage** — 彼らの勇気は大変な称賛に値する

076
- **population** problems — 人口問題
- **intend** to get **married** — 結婚するつもりである
- the **percentage** has **decreased** — その率は減少した
- both **males** and **females** — 男性と女性ともに
- the **previous survey** — 以前の調査
- delay **marriage** — 結婚を遅らせる
- in **search** for the **ideal** spouse — 理想の配偶者を求めて
- increase **remarkably** — 著しく増加する

● 単語 CHECK (17)　　077〜081 (p. 182〜p. 191)

⁰⁷⁷ ☐ the Lower House **election**	下院選挙
☐ a complicated **political** situation	複雑な政治(的)情勢
☐ the **Liberal Democratic Party**	自由民主党
☐ 217 **seats** out of a **total** of 460	総数460のうち217議席
☐ an **absolute** majority	圧倒的多数
☐ the **influence** of its governmental coalition **partner**	連立内閣の相手方の影響力
⁰⁷⁸ ☐ a **director** of a **fund-raising campaign**	資金集めキャンペーン[運動]の責任者
☐ *be* **launched** by volunteers	有志により始められる
☐ **encounter** a series of financial problems	いく度となく資金問題に直面する
☐ thanks to this **contribution**, ...	この寄付のおかげで…
⁰⁷⁹ ☐ **familiarize** yourself with the return policies	返品条件をよく知っておく
☐ *be* **dissatisfied** with your purchase	購入品に満足していない
☐ have **difficulty obtaining** a response	返答を得るのが困難である
⁰⁸⁰ ☐ **contributor guidelines**	投稿者のためのガイドライン
☐ new **approaches**	新しい取り組み[方法]
☐ **sufficient** postage for the return of your **materials**	原稿[材料]の返送のために十分な郵便料金
☐ **acknowledge** your **submission** by post card	葉書きで提出物の受領を知らせる
⁰⁸¹ ☐ **retain** a copyright	著作権を保持する
☐ **relate** to its final form	最終形態に関係する[かかわる]
☐ the managing **editor**	編集長
☐ **assume** you are **satisfied** with the **standard arrangements**	あなたが標準的協定に満足しているとみなす

PART 4

082 | Information　投資信託の紹介　L-1.8

Make use of mutual funds.

A mutual fund is a collection of stocks, bonds, or other securities. By buying shares of mutual funds, you can indirectly own a variety of stocks and bonds while spreading your risk through different investments. Thus if one stock in the fund performs poorly, it probably won't make a significant overall difference, unless the investor has purchased a large number of shares of that particular stock. Think of mutual fund investing as putting your eggs in more than one basket.

訳 投資信託を利用してみよう。

投資信託とは株式，債券，その他の有価証券をまとめたものです。投資信託の株を買うことによって，あなたは間接的に多様な株式や債券を所有できる一方，多方面への投資によってリスクを分散することができます。したがって，もしもその資金のうち1つの株が伸び悩んでも，投資家がその特定の株を大量に買っていない限り，おそらく重大で全面的な違いは生じないでしょう。投資信託への投資を，卵を2つ以上のカゴに入れることだと考えてください。

Notes

◆ **make use of**「～を利用する」
mutual fund「(オープンエンド型) 投資信託」, mutual → (098)
perform poorly「成績がよくない」
overall「総合的な，全般的な」→ (043)
◆ **think of** *A* **as** *B*「A を B とみなす」

Information

| でる順英単語 | ▶ 1000 語 | ▶ 2000 語 | ■ 3000 語 | ▶ 4000 語 |

- **bond** [bánd] 　名 債券, きずな, 接着 (剤)
　　　　　　　　　動 結合する
- **security** [sikjúərəti] 　名 〔~ies で〕有価証券 (→ (088))
- **indirectly** [indəréktli] 　副 間接に, 間接的に (⇔ directly (071))
  - **indirect** [indərékt] 　形 間接の, 間接的な
- **spread** [spréd] 　動 広げる [広がる]
　　　　　　　　　名 ひろがり, 普及
- **invest** [invést] 　動 投資する
  - **investment** [invéstmənt] 　名 投資
  - **investor** [invéstər] 　名 投資家・出資者
- **poorly** [púərli] 　副 貧しく, 下手に
- **probably** [prábəbli] 　副 たぶん, おそらく
  - **probable** [prábəbl] 　形 ありそうな
  - **probability** [pràbəbíləti] 　名 見込み・確率
- **significant** [signífikənt] 　形 重要な・意義深い, 著しい
  - **significantly** [signífikəntli] 　副 著しく, かなり
  - **significance** [signífikəns] 　名 重要性, 意義
- **difference** [dífərəns] 　名 違い
　　different 　→ (049)

PART 4

083 | Information | 送金方法 | L-1.8

Ways to send your money to us:

If by mail: Send us a bank draft or personal check payable to BNB for the amount you wish to remit, allowing for the service charge.

To send your remittance instructions by mail, please download the proper form from this website.

If by bank transfer: We accept remittances paid directly into our account with Northwest Bank through any of their branches. Forms may be obtained from any of their offices or you may download the remittance instructions from this website.

訳 私どもへの送金方法:

郵便の場合：送金を希望する額の銀行為替手形かBNB宛てのパーソナル小切手を送ってください。その際サービス料を見込んでください。

送金通知書を郵便で送るには，このウェブサイトから適切な書式をダウンロードしてください。

銀行振込の場合：ノースウエスト銀行の私どもの口座へ，どの支店からでも直接送金を承ります。書式はどのオフィスからでも入手できますし，このウェブサイトからも送金通知書をダウンロードできます。

Notes

by mail「郵便で」, bank draft「銀行為替手形（略 B/D）」
check payable to ...「…宛ての小切手（…を受け取り人として指定してある小切手）」
◆ allow for「～を考慮に入れる，見込む」, allow → (015)
remittance instruction「送金通知書」, instruction → (017)

Information

でる順英単語 ▶ 1000語 ▶ 2000語 ▶ 3000語 ▶ 4000語

- **mail** [méil] 　　　　名 郵便 (物)
  　　　　　　　　　　 動 (〜を) 郵送する, 投函する
  　e-mail　　　　　 → (038)
- **draft** [dræft] 　　　　名 手形・小切手, 下書き・草案
- **payable** [péiəbl] 　　 形 支払う [支払われる] べき
  　pay　　　　　　　 → (005)
- **remit** [rimít] 　　　　動 送金する, (支払い金などを) 送る
  ▶ **remittance** [rimítəns] 　名 送金
- **download** [dáunlòud] 　動 〔電算〕(〜を) ダウンロードする
  　　　　　　　　　　 (⇔ upload 「アップロードする」)
- **proper** [prápər] 　　 形 適切な, (〜に) 固有の〈to〉
  ▶ **properly** [prápərli] 　副 適切に
- **transfer** [trǽnsfəːr] 　名 転送, 乗り換え, 振替
  　　　　　　　　　　 動 [trænsfə́ːr] 移す [移る],
  　　　　　　　　　　 (〜を) 転送する, 乗り換える
  ▶ **transference** [trænsfə́ːrəns] 　名 移動, (感情) 転移
- **branch** [bræntʃ] 　　 名 支店, 部門, 枝

084 Advertisement　貸事務所　L-1.8

If your company is growing to the point where you may need more office space, we hope that you will consider the new South Plaza Tower for your new location.

Enclosed is a brochure that describes in detail the sizes and types of offices that are available, including parking accommodations and a variety of building services. Each office design is unique because the building's triangular structure affords maximum use of column-free floor space and eliminates the need for interior corridors. The 38-story building offers a spectacular view in all directions, serving as one of the focal points of Little Rock.

訳 事務所のスペースが手狭になったと思うくらいにあなたの会社が成長していましたら，新しい場所として，新築のサウスプラザタワーをお考えくださるよう願っております。

同封のものは，空いている事務所の大きさ，タイプの詳細を記したパンフレットです。このパンフレットには駐車場の収容力とさまざまなビルの設備が載っています。どの事務所も独特な設計になっています。といいますのは，そのビルの三角形の構造が，柱のない最大限のフロアスペースの利用を生みだし，内部の廊下の必要をなくしているからです。その38階建のビルは，あらゆる方角の壮観な景色を提供し，リトルロックの1つの中心としての機能を果たしています。

Notes

accommodation →（038）
building services「ビルの（付属）設備」
38-story building「38階建のビル」　このstoryは「階」の意味。
◆ serve as「～としての機能を果たす」, serve →（010）
focal point「（活動・話題などの）中心点」

Advertisement

でる順英単語　▶ 1000語　▶ 2000語　▶ 3000語　▶ 4000語

- **plaza** [plǽzə]　名 ショッピングセンター
- **location** [loukéiʃən]　名 位置・場所
  - locate　→ (028)
- **type** [táip]　名 型, タイプ　動 タイプする
  - ▶ **typical** [típikl]　形 典型的な
- **design** [dizáin]　名 設計, デザイン
  　動 設計する, デザインする
  - ▶ **designer** [dizáinər]　名 デザイナー
- **triangular** [traiǽŋgjələr]　形 三角形の
  - ▶ **triangle** [tráiæŋgl]　名 三角形
- **afford** [əfɔ́:rd]　動 (〜を) 提供する, 生み出す,
  　〔can 〜で〕(経済的, 時間的) 余裕がある
  - ▶ **affordable** [əfɔ́:rdəbl]　形 (価格が) 手ごろな
- **maximum** [mǽksəməm]　形 最大限の (⇔ minimum (109))　名 最大限
  - ▶ **maximize** [mǽksəmàiz]　動 (〜を) 最大にする
- **column** [kάləm]　名 柱・円柱, (新聞などの) コラム・欄
- **eliminate** [ilímənèit]　動 (〜を) 除去する
- **interior** [intíəriər]　形 内部の, 室内の (⇔ exterior 「屋外の」)
  　名 内部, インテリア
- **corridor** [kɔ́(:)rədər]　名 廊下
- **spectacular** [spektǽkjələr]　形 壮観な, 見事な
  - ▶ **spectacle** [spéktəkl]　名 光景, 見もの
- **direction** [dərékʃən]　名 方向, 〔〜s で〕指示・説明 (書)
  - direct　→ (071)
- **focal** [fóukl]　形 焦点の, とても重要な
  - focus　→ (042)

PART 4

085　Advertisement　歴史ある宿　L-1.8

This charming historical inn has several assets that include wonderful local cuisine and the best tour guide in the Sausalito Area. The inn's architecture reflects the fine San Francisco architecture of homes and hotels that were so popular at the turn of the 20th century: strong, carefully made, somewhat Victorian in style, but less elaborate. It is well located, overlooking the Sausalito Marina, and the town below is a friendly, bustling place that tourists and local people alike enjoy.

A buffet or special-order breakfast is available (with sourdough bread, of course!). Quality Napa Valley wines and hors d'oeuvres are served in the evening, followed by a treat at bedtime.

訳 この魅力的で歴史的な宿にはいくつかの財産があります。それは、おいしい郷土料理とソーサリト地域で一番の観光ガイドなどです。宿の建築は、20世紀の変わり目にとても流行した住居やホテルの洗練されたサンフランシスコ建築様式を反映しています。すなわち、頑丈かつ入念に造られ、いくぶんヴィクトリア朝様式でありながらもそれほど凝ってはいないのです。立地条件がよく、ソーサリトマリーナが見渡せますし、眼下に広がる町は親しみがあり活気にあふれたところで、観光客も地元の人もともに楽しめます。

バイキング式または特別注文の朝食をご用意します（もちろんサワードウで作ったパンつきです！）夕方にはナパバレー産高級ワインとオードブルが出ますし、引き続いて就寝時のおもてなしもございます。

Notes

at the turn of the century「世紀の変わり目に」
Victorian「ビクトリア朝[時代]の」
buffet → (055), sourdough → (056), treat → (062)

Advertisement

- **charming** [tʃáːrmiŋ] 形 魅力的な・すてきな
  - ▶ **charm** [tʃáːrm] 名 魅力 動 (〜を) 魅了する
- **historical** [histɔ́(ː)rikl] 形 歴史に関する, 歴史上の
  - ▶ **historic** [histɔ́rik] 形 歴史的な
- **inn** [ín] 名 宿屋・小さな旅館
- **asset** [ǽset] 名 財産・資産, 〔比喩的に〕財産・宝
- **cuisine** [kwizíːn] 名 料理 (法)
- **architecture** [áːrkətèktʃər] 名 建築 [様式], 建築学
  - ▶ **architect** [áːrkitèkt] 名 建築家・設計者
- **reflect** [riflékt] 動 (〜を) 反射する・反映する, (〜を) 熟考する 〈on〉
  - ▶ **reflection** [riflékʃən] 名 (鏡などに映った) 像, 熟考 〈on〉
- **century** [séntʃəri] 名 世紀
- **elaborate** [ilǽbərət] 形 精巧な
  動 [ilǽbərèit] (〜について) 詳しく述べる 〈on〉
- **overlook** [òuvərlúk] 動 (〜を) 見渡す, (〜を) 見落とす, (〜を) 大目に見る
- **bustling** [bʌ́sliŋ] 形 活気に満ちた, 忙しそうな
- **hors d'oeuvre** [ɔ̀ːrdə́ːrv] 名 オードブル, 前菜
- **bedtime** [bédtàim] 名 就寝時刻

086　Advertisement　湖畔のコテージ

Our wonderful lakefront cottage is located only 20 minutes from Cedar Falls on Silver Lake. Its beachfront spans 220 feet and comes with a private covered boat dock. In addition, a public boat ramp with a small supply store is nearby, thus placing the cottage in an ideal location.

If kayaking, fishing, swimming, or just plain relaxing isn't enough, you can always venture along the beautiful Hot Springs Trail. Or if it's excitement you're looking for, Cedar Falls Amusement Park is only 25 minutes down the road.

訳 私どものすばらしい湖畔のコテージは，シルバー湖沿いのシーダーフォールズからほんの 20 分の場所に位置しています。コテージのビーチフロントは 220 フィートに及び，専用の覆いのついたボート用ドックがあります。加えて，小さな商店のある公共のボート・ランプが近くにあり，したがってコテージの配置は理想的な立地条件になっています。

カヤック，釣り，水泳，あるいはただくつろぐだけでは物足りないなら，すばらしいホットスプリングトレイルへといつでも冒険に乗り出すことができます。あるいは興奮をお求めなら，シーダーフォールズ・アミューズメントパークがわずか 25 分通りを行った所にあります。

Notes

cedar「ヒマラヤスギ」
◆ **come with**「～が付属している，～を備えている」
in addition「加えて，その上」→ (064)
kayak「カヤックに乗る［で行く］」, trail → (039)
amusement park「アミューズメントパーク・遊園地」

Advertisement

| でる順英単語 | ▶ 1000語 | ▶ 2000語 | ▶ 3000語 | ▶ 4000語 |

- **lakefront** [léikfr`∧`nt] 形 湖畔の 名 湖畔
- **cottage** [kátidʒ] 名 小屋・小さな別荘
- **beachfront** [bí:tʃfr`∧`nt] 名 ビーチフロント〔海岸沿いの土地〕 形 海岸沿いの
- **span** [spǽn] 動 (期間・距離に) 及ぶ・わたる 名 長さ, 期間
- **private** [práivət] 形 私有の, 個人の, 非公開の (⇔ public (086))
  - ▶ **privacy** [práivəsi] 名 プライバシー
- **dock** [dák] 名 ドック, 桟橋
- **public** [pʌ́blik] 形 公共の, 公衆の (⇔ private (086)) 名〔in public で〕人前で,〔the ~で〕大衆
  - ▶ **publicly** [pʌ́blikli] 副 公然と, 公的に
- **ramp** [rǽmp] 名 (高速道路の) ランプ, (飛行機の) タラップ, (船を進水させる) 傾斜路
- **nearby** [níərbái] 形 近くの 副 近くに [で]
- **plain** [pléin] 形 明白な, 純粋な, 質素な, 平易な 名 平原・平野
- **venture** [véntʃər] 動 危険をおかして行く, (考えなどを) 思い切って言う 名 ベンチャー事業 [企業]
- **excitement** [iksáitmənt] 名 興奮
  - ▶ **excite** [iksáit] 動〔be ~d で〕興奮する
  - ▶ **exciting** [iksáitiŋ] 形 興奮させる, はらはらするような
- **amusement** [əmjú:zmənt] 名 娯楽
  - ▶ **amuse** [əmjú:z] 動 (~を) 楽しませる
  - ▶ **amusing** [əmjú:ziŋ] 形 おもしろい, 楽しい

PART 4

087 | Advertisement コンビネーション・ライト | L-1.9

COMBINATION LIGHT UNIT

Use this unique running light facility to increase the visibility of your motorcycle. You can easily make the turn signals of your motorcycle operate as running lights, brake lights or both.

...

As running lights, they operate at reduced intensity, which protects the lamp housings from excessive heat. Click over the picture below to see a simulation of the Brake Light mode with Running Lights.

訳 コンビネーション・ライト・ユニット
この独特な走行灯装置をあなたのバイクの可視性を高めるために使ってください。簡単にあなたのバイクの方向指示灯を走行灯、またはブレーキ灯またはその両方として機能させることができます。
（中略）
走行灯として（機能するとき）は、方向指示灯は光度を下げた状態で作動し、これによりランプカバーを過度な熱から守ります。
下の画像をクリックし、走行灯をつけたときのブレーキ灯モードのシミュレーションを見てください。

Notes

turn signal「方向指示灯」
mode → (039)

Advertisement

| でる順英単語 | ▶ 1000 語 | ▶ 2000 語 | ▶ 3000 語 | ▶ 4000 語 |

- **visibility** [vìzəbíləti] 名 視界, 見える範囲, 可視性 [度]
  - ▶ **visible** [vízəbl] 形 目に見える (⇔ invisible「見えない」), 明らかな
- **motorcycle** [móutərsàikl] 名 オートバイ, 単車
  - motor → (069)
- **signal** [sígnl] 名 信号, 合図 動 合図する
  - sign → (025)
- **brake** [bréik] 名 ブレーキ, 歯止め 動 ブレーキをかける
- **intensity** [inténsəti] 名 強烈さ, (光・熱などの) 強度
  - intense → (042)
  - ▶ **intensify** [inténsəfài] 動 強める [まる], 激しくする [なる]
- **protect** [prətékt] 動 (〜を…から) 守る・保護する ⟨from, against⟩
  - ▶ **protection** [prətékʃən] 名 保護
  - protective → (109)
- **lamp** [lǽmp] 名 ランプ, 照明器具
- **housing** [háuziŋ] 名 住宅 (供給), 覆い・カバー
- **heat** [híːt] 名 熱, 暖房, 暑さ 動 (〜を) 熱する
- **simulation** [sìmjəléiʃən] 名 模擬実験 [シミュレーション]
  - ▶ **simulate** [símjəlèit] 動 (〜を) 模擬実験 [シミュレート] する

PART 4

088 | Information — 暗号化 — L-1.9

The more people rely on computers, the greater the demand for security in cyberspace. An effective way for people to enhance their security online is through a system of encryption.

Encryption programs are mathematical formulas that scramble messages sent over data networks. Encryption is a means by which any kind of electronic message, whether e-mail, a cell-phone call, or wire transfer, can be made unreadable to anyone who might intercept it.

訳 コンピューターに頼る人が多くなればなるほど、サイバースペースでのセキュリティを求める声が大きくなる。人々にオンラインでのセキュリティを向上させる有効な方法は、暗号化のシステムによる。暗号化のプログラムは、データ網（ネットワーク）で送られたメッセージをスクランブルする数式である。暗号化とは、Eメールであれ、携帯電話であれ、電信送金であれ、いかなる種類の電子メッセージでも、それを傍受するかもしれない何者にも読み取れなくすることができる手段である。

Notes

the more ～, the greater ...「より多く～すれば，より大きく…」 the ＋比較級, the ＋比較級で「～すればするほど…」
mathematical formula「数式」
scramble → (055)
over「～によって，～を通じて」
wire transfer「電信送金」, transfer → (083)

Information

| でる順英単語 | ▶ 1000語 | ▶ 2000語 | ▶ 3000語 | ▶ 4000語 |

- **rely** [riláɪ] 　　　　　動 (〜を) 信頼する・あてにする 〈on, upon〉
    reliable 　　　　　→ (091)
- **security** [sikjúərəti] 　名 安全・保障, 警備 (→ (082))
    ▶ **secure** [sikjúər] 　形 確固とした, 安全な
    　　　　　　　　　　動 (〜を) 確保する
- **cyberspace** [sáibərspèis] 　名 サイバースペース, ネットワーク空間
- **effective** [iféktiv] 　形 効果的な, 有効な
    effect 　　　　　→ (115)
    effectiveness 　→ (089)
- **enhance** [enhǽns] 　動 (質・価値などを) 高める, 増す
    ▶ **enhancement** [enhǽnsmənt] 名 強化, 増進
- **encryption** [enkrípʃən] 　動 暗号化
- **mathematical** [mæ̀θəmǽtikl] 　形 数学の
    ▶ **mathematics** [mæ̀θəmǽtiks] 名 数学
- **formula** [fɔ́ːrmjələ] 　名 公式・方式
- **means** [míːnz] 　名 手段・方法, 資力・収入
    ▶ **mean** [míːn] 　動 (〜を) 意味する・意図する
- **wire** [wáiər] 　名 針金, 電話線, 電報 (= telegram)
- **unreadable** [ʌnríːdəbl] 　形 読めない, 判読できない
- **intercept** [ìntərsépt] 　動 (〜を) 途中で止める, (〜を) 傍受する

PART 4

089 Review　プロフィール*　L-1.9

Patricia Evans earned her doctoral degree in Economics from the University of Kansas where she specialized in labor economics. Before joining the University of Chicago, Evans conducted research on the effectiveness of such government programs as welfare, food stamp distribution, and Medicaid. Her current research focuses largely on the employment of the working poor and their earnings. She is also studying the impact of child-care subsidies and other government support systems on low-income groups.

訳 パトリシア・エバンスはカンザス大学で経済学の博士号をとった。大学では労働経済学を専攻した。シカゴ大学にくる前は，エバンスは福祉，食料割引券の配給，低所得者医療扶助制度といった政府の計画の有効性についての研究を行った。彼女の現在の研究は低収入労働者の雇用状況およびその所得に主に焦点を当てたものである。彼女はまた，育児助成金や低所得者層に対するその他の政府支援制度の影響を調査している。

Notes

*プロフィール (profile → (038))
- earn *one's* (doctoral) degree「(博士の)学位を得る」
- conduct research on「～についての研究をする」

food stamp「(低所得者向けの)食料品割引切符」
distribution → (031)
Medicaid「(米国の)低所得者医療扶助制度」
working poor「低収入労働者」

Review

でる順英単語 ▶ 1000語 ▶ 2000語 ▶ 3000語 ▶ 4000語

- **doctoral** [dáktərəl] 形博士（号）の
  - ▶ **doctorate** [dáktərət] 名博士号, 学位
  - ▶ **doctor** [dáktər] 名医者, 医師, 博士
- **economics** [èkənámiks] 名経済学
  - economy → (100)
  - economic → (024)
- **specialize** [spéʃəlàiz] 動 (～を) 専門にする・専攻する ⟨in⟩
  - special → (081)
  - ▶ **specialized** [spéʃəlàizd] 形特殊 [専門] 化した
- **effectiveness** [iféktivnəs] 名有効性
  - effective → (088)
- **government** [gávərnmənt] 名政府
  - governmental → (077)
  - ▶ **govern** [gávərn] 動統治する・治める
- **welfare** [wélfèər] 名福祉・福利, 生活保護
- **current** [kə́:rənt] 形現在の 名流れ, 電流
  - ▶ **currently** [kə́:rəntli] 副現在は, 今のところは
- **largely** [lá:rdʒli] 副主として
- **employment** [implɔ́imənt] 名雇用, 雇用率 [状況]
  - ▶ **employ** [implɔ́i] 動 (人を) 雇う, (手段などを) 用いる
  - ▶ **employee** [implɔ́ii:] 名従業員
  - ▶ **employer** [implɔ́iər] 名雇い主
- **impact** [ímpækt] 名影響, 衝撃
- **child-care** [tʃáildkèər] 形育児の, 児童保護の
- **subsidy** [sʌ́bsədi] 名補助金・助成金
- **income** [ínkʌm] 名収入, 所得

PART 4

090 Review　ブック・レビュー　L-2.1

This practical and comprehensive book for students and executives covers principal methods, skills, and concepts taught in MBA programs. It is a compilation of information from 20 professors affiliated with prestigious MBA programs worldwide. Various functions of business, including marketing, finance, accounting, human resources, quality control, and operations, are explored and explained.

訳 この学生・経営者向けの実用的かつ総合的な本は，MBAの教育プログラムで教えられる主要な方法，技能，概念を扱っている。世界でも一流のMBA教育プログラムと提携している教授20人からの情報を編集したものである。マーケティング，財務，経理，人事，品質管理，業務を含むさまざまなビジネスの機能が検討され説明されている。

Notes

human resources「人的資源，人事」
quality control「品質管理（= QC）」, quality → (031), control → (043)
operation → (050)

Review

でる順英単語 ▶ 1000語 ■ 2000語 ▶ 3000語 ■ 4000語

- **comprehensive** [kàmprihénsiv] 形 包括的な,総合的な
- **principal** [prínsəpl] 形 主要な 名 元金,校長
- **method** [méθəd] 名 方法,方式
- **concept** [kánsept] 名 概念・考え
  - ▶ **conception** [kənsépʃən] 名 考え
- **compilation** [kàmpəléiʃən] 名 編集・編纂
  - ▶ **compile** [kəmpáil] 動 (本などを) 編集 [編纂] する
    〔複数の資料を1つにまとめて本などにすること。原稿を整理したり校正したりする「編集」は edit (081)〕
- **affiliate** [əfílièit] 動 〔*be* ~d で〕(~と・に) 提携する・所属する 〈with, to〉
  名 系列 [子] 会社
- **prestigious** [prestídʒiəs] 形 一流の,名声のある
  - ▶ **prestige** [pristí:ʒ] 名 名声
- **various** [véəriəs] 形 さまざまな
- **finance** [fənǽns] 名 財政,〔~s で〕財源 動 (~に) 融資する
  financial → (008)
- **accounting** [əkáuntiŋ] 名 会計学,経理
  account → (007)
- **human** [hjú:mən] 形 人間の,人間的な
  - ▶ **humanity** [hju:mǽnəti] 名 人間性,慈愛
- **resource** [rí:sɔ̀:*r*s] 名 〔~s で〕資源・資産,手段

PART 4

091 Advertisement 園芸機械工募集

Garden Machinery Mechanic

We have a vacancy for a person with mechanical ability and a methodical approach to solving mechanical problems. Formal certification would be ideal, but not essential, as training will be provided. If you can demonstrate reliable workmanship, we can offer a salary to match.

To apply for this position, please write, telephone, or e-mail Arthur Shaw at Santa Rosa Garden Machinery Co. (Telephone: 1111 (8888) 3458; e-mail: arthur@santarosa.com)

訳 園芸機械工

機械がわかり，機械的な問題を解決するのに系統的な取り組みができる人の欠員が1名あります。正規の認定証があれば理想的ですが，なくても指導いたしますのでかまいません。確かな技量を実際に見せてもらえるならば見合うだけの給与を出します。

この職に応募するには，サンタローザ・ガーデンマシナリー社のアーサー・ショーに手紙，電話，またはEメールで連絡してください。
（電話：1111 (8888) 3458; e-mail: arthur@santarosa.com）

Notes

machinery mechanic「機械工」
◆ have a vacancy for「～の欠員がある」
approach → (080)
match → (040)

Advertisement

でる順英単語 ▶ 1000語 ■ 2000語 ▶ 3000語 ■ 4000語

- **machinery** [məʃíːnəri]　名〔集合的に・単数扱い〕**機械**
  - ▶ **machine** [məʃíːn]　名 機械
- **mechanic** [məkǽnik]　名 機械工
  - ▶ **mechanical** [məkǽnikl]　形 機械的な, 機械の
- **vacancy** [véikənsi]　名 空席, 空き部屋
- **methodical** [məθάdikl]　形 組織 [秩序] だった, 系統的な
  - method　→（090）
- **formal** [fɔ́ːrml]　形 公式 [正式] の, 改まった
  　　　　　　　　（⇔ informal (025)）
- **certification** [sɜ̀ːrtifikéiʃən]　名 証明 [認定] (証)
  - ▶ **certificate** [sərtífikət]　名 証明 [認定] 証
  - certify　→（103）
- **demonstrate** [démənstrèit]　動 (〜を) 実証する・説明する, デモをする
  - ▶ **demonstration** [dèmənstréiʃən]　名 デモ, 実証・実演
- **reliable** [riláiəbl]　形 信頼できる・確かな
  - rely　→（088）
- **workmanship** [wɜ́ːrkmənʃip]　名 技量・腕前
  - ▶ **workman** [wɜ́ːrkmən]　名 職人・熟練工

PART 4

092 Advertisement レストランスタッフ募集   L-1.6

Our restaurant chain is always on the lookout for individuals willing to help us do what we do best — please our guests with great country cooking and friendly service. We offer up to three performance-based pay raises during the first year, which is on par with the best wages in the industry. Moreover, we provide training, flexible scheduling, a 401K savings plan, paid vacations, and eligibility for further benefits. We even cover half the cost of your meal during your shift.

Consider joining our team in one of the following positions:

訳 私どものレストランチェーンでは，私たちが最も得意とすることを喜んで手伝ってくれる人を常に求めています，それはおいしい田舎料理と温かいおもてなしでお客様に喜んでいただくことです。最初の1年は，業績に応じて最高3回の昇給があります。これは業界で一番の高賃金に匹敵します。さらに，研修，フレックスタイム制，401K貯蓄プラン，有給休暇，そのほかの手当の受給資格を提供します。勤務時間内の食事代も半額支給します。

私たちと一緒に以下の職種の1つで働くことをお考えください：

Notes

◆ **on the lookout for**「〜を探している，求人している」

willing to help ...「…するのを喜んで手伝う」 前の individuals にかかる。who are を補って考えてもよい。

help us (to) do what we do ...「私たちが…することを手伝う」 do の目的語は what 以下の文。help の後の to はふつう省略する。

◆ **please A with B**「A を B で喜ばせる」

◆ **up to**「(最高)〜まで」(be up to は 071 の注参照)

Advertisement

でる順英単語 ▶ 1000語 ▶ 2000語 ▶ 3000語 ▶ 4000語

performance-based「業績を基に」, performance → (074)
◆ **on (a) par with**「～と同等で」
flexible scheduling「柔軟な予定の立て方→フレックスタイム制
(=flextime)」
401K「米国の企業年金制度」
benefit(s) → (024)

- **lookout** [lúkàut] 　　　　名 見張り, 監視 (所)
- **individual** [ìndəvídʒuəl] 　名 個人
　　　　　　　　　　　　　　　形 個々の, 個人の
- **par** [páːr] 　　　　　　　　名 同等, 等価
- **wage** [wéidʒ] 　　　　　　名 賃金, 給料
- **industry** [índəstri] 　　　　名 産業, 工業
　　industrial 　　　　　　　→ (070)
- **moreover** [mɔːróuvər] 　　副 その上, さらに
- **flexible** [fléksəbl] 　　　　形 柔軟な, 融通のきく
　　flexibility 　　　　　　　→ (093)
- **eligibility** [èlidʒəbíləti] 　　名 適任性・適格性 ⟨for⟩, 被選挙権
　▶ **eligible** [élidʒəbl] 　　　形 (～の・～する) 資格がある ⟨for, to *do*⟩
- **shift** [ʃíft] 　　　　　　　　名 (交替制の) 勤務 (時間), 変更, 変動
　　　　　　　　　　　　　　　動 (位置・方向など) 変える [変わる]

093 | Article — ストレッチ体操 | L-1.7

Stretching improves flexibility, allowing you to move your joints through their full range of motion. Flexibility is a key element of fitness. It enhances your physical performance and relieves muscle tension or stiffness. Since it is easier and safer to stretch a warm muscle than a cold one, you should do some stretching after a warm-up and again after the workout before cooling down. Warm-ups bring blood to the muscles and decrease the chances of injuries.

訳 ストレッチ体操は，関節を動く範囲いっぱいに動かして，柔軟性を高めます。柔軟性はフィットネス（健康）の重要な要素です。それは身体能力を増強させ，筋肉の張りやこりを和らげます。冷えた筋肉よりも暖まった筋肉をストレッチするほうが容易かつ安全なので，ストレッチ体操はウォーミングアップの後と，もう一度トレーニング後のクーリングダウンをする前に行うべきです。ウォーミングアップは血液を筋肉に運び，けがの危険を少なくします。

Notes

improve → (043)
◆ **full range of**「全範囲の〜，〜がすべて揃った」
fitness → (015), enhance → (088)
physical performance「身体能力」, physical → (014), performance → (074)
muscle → (016), tension → (016)
◆ **cool down**「冷める・冷える［冷ます・冷やす］」
chance「危険」→ (024)

● **Article**

でる順英単語	▶ 1000語	▶ 2000語	▶ 3000語	▶ 4000語

- **stretch** [strétʃ]
  動 伸びる [伸ばす]
  名 広がり, 伸び
  ▶ **stretching** [strétʃiŋ]
  名 ストレッチング, ストレッチ体操
- **flexibility** [flèksəbíləti]
  名 柔軟性
  flexible
  → (092)
- **joint** [dʒɔ́int]
  名 関節, 継ぎ目
  形 共同の, 合弁の
- **range** [réindʒ]
  名 範囲, 幅
  動 (範囲が) 及ぶ
- **motion** [móuʃən]
  名 動き・運動, 動議
- **element** [éləmənt]
  名 (構成) 要素, 元素
- **relieve** [rilíːv]
  動 (苦痛・心配などを) 取り除く・和らげる, (職・任務などから) 解放 [解任] する〈of〉
  relief
  → (022)
- **stiffness** [stífnəs]
  名 堅いこと, (筋肉の) こり
  ▶ **stiff** [stíf]
  形 堅い, 硬直した
  ▶ **stiffen** [stífn]
  動 堅くなる [する]
- **warm-up** [wɔ́ːrmʌ̀p]
  名 準備運動・ウォーミングアップ
  〔warm up「暖める」〕
- **cool** [kúːl]
  動 冷やす [冷える]
  形 涼しい, 冷静な, すてきな
- **injury** [índʒəri]
  名 けが, 損害
  injure
  → (072)

PART 4

217

094 Article エクササイズの効用 L-1.7

The Benefits of Exercise

What happens to your body when you exercise? As your arms, shoulders, legs and other muscles alternately contract and relax, they burn food to generate the energy they need. Because your muscles are using up energy more quickly than when remaining still, they need to be supplied with food and oxygen more rapidly. To meet this increased need, your heart can beat two times its normal resting rate — or even more. The flow of blood to your heart, lungs and skeletal muscles increases as your blood vessels dilate, or widen. With the increase in blood pressure, body temperature rises, and you begin to sweat.

訳 運動の効用

運動をすると身体にどんなことが起こるか。腕，肩，脚そしてその他の筋肉が交互に収縮，弛緩するにつれて，必要なエネルギーを生みだすために食物を燃焼させる。筋肉は静止状態のときよりも素早くエネルギーを使い果たすので，食物と酸素をより迅速に供給される必要がある。こうして増えた需要に合わせるために，心臓は通常の休息時の2倍あるいはそれ以上の速さで鼓動を打つ。血管が拡張，すなわち広がって，心臓，肺，骨格の筋肉へ流れる血流が増加する。血圧が上がることで体温が上がり，汗をかきはじめる。

Notes

benefit「役に立つこと，効用」→ (024)
contract「収縮する」→ (074)
flow of blood「血流」, blood vessel「血管」, blood pressure「血圧」

● **Article**

でる順英単語 ▶ 1000語 ▶ 2000語 ▶ 3000語 ▶ 4000語

- **alternately** [ɔ́:ltərnətli] 副 交互に
  ▶ **alternate** [ɔ́:ltərnət] 形 交替の・交互の，1つおきの
    動 [ɔ́:ltərnèit] 交替する，交互にする
- **burn** [bə́:rn] 動 燃える，焼く［焼ける］
    名 やけど
- **generate** [dʒénərèit] 動 (〜を) 発生させる・生みだす
    generation → (119)
- **oxygen** [ɑ́ksidʒən] 名 酸素
- **rapidly** [rǽpidli] 副 速く，急速に
    rapid → (100)
- **lung** [lʌ́ŋ] 名 肺
- **skeletal** [skélətl] 形 骨格の，根幹をなす
  ▶ **skeleton** [skélətn] 名 骨格，骨子・概略
- **vessel** [vésəl] 名 (解剖学上の) 管，(大型の) 船
- **dilate** [dailéit] 動 広がる［広げる］
- **widen** [wáidn] 動 広くなる［する］
- **pressure** [préʃər] 名 圧力，(精神的) 圧迫
    動 (〜に) 圧力をかける ⟨to do, into doing⟩
    press → (015)
- **rise** [ráiz] 動 上がる，昇る　名 上昇，増加
- **sweat** [swét] 動 汗をかく　名 汗

PART 4

095 | Article | ディベートとは？ | L-1.8

Debate is a contest of verbal argument between individuals or teams with rules, time limits, and a winner or loser. One side is called the affirmative and the other side is called the negative. Both sides debate the same proposition. A proposition is a statement that takes a position for or against an issue and is worded to reveal two sides to the argument. The affirmative side argues for changing the way things are. The negative side argues against changing the way things are.

訳 ディベートは，個人対個人あるいはチーム対チームの言葉による論争競技で，規則，時間制限および勝者・敗者があります。一方は賛成者側と呼ばれ他方は反対者側と呼ばれます。両者は同じ命題を討議します。命題とは，ある問題に賛成あるいは反対の立場をとる陳述で，議論の2つのサイドを明らかにするために言葉で表されたものです。賛成側は現状を変えることに賛成の議論をし，反対側は現状を変えることに反対の議論をします。

Notes

debate → (040)
the affirmative「肯定［賛成］側」, the negative「否定［反対］側」
◆ take a position for [against]「～に賛成［反対］の立場をとる」
word「(～を) 言葉で表す」
reveal「(～を) 明らかにする，見せる」
◆ argue for [against]「～に賛成の［反対の］論を張る」
the way things are「ものごとの今のあり様→現状」

● **Article**

| でる順英単語 | ▶ 1000 語 | ▶ 2000 語 | ▶ 3000 語 | ▶ 4000 語 |

- **contest** [kɑ́ntest]
  - 名 競技(会)・コンテスト
  - 動 [kəntést] (〜に)異議を唱える，(賞・選挙などを)争う
- **verbal** [vɚ́ːrbl]
  - 形 言葉による，言葉の
- **argue** [ɑ́ːrgjuː]
  - 動 (〜と[を])議論する〈with, about〉，(〜と)主張する〈for, against, that〉
  - ▶ **argument** [ɑ́ːrgjumənt] 名 論議・口論，主張・論拠〈for, against, that〉
- **loser** [lúːzər]
  - 名 敗者
  - lose → (049)
- **call** [kɔ́ːl]
  - 動 (〜を…と)呼ぶ・名づける，(〜に)電話をかける，(〜を大声で)呼ぶ
  - 名 (電話の)呼び出し，通話，要求・要請
  - so-called → (058)
- **affirmative** [əfɚ́ːrmətiv]
  - 名 肯定，断定
  - 形 肯定的な，積極的な
  - ▶ **affirm** [əfɚ́ːrm] 動 断言する
  - ▶ **affirmation** [æ̀fərméiʃən] 名 断言
- **proposition** [prὰpəzíʃən]
  - 名 命題，主張
  - propose → (110)
- **statement** [stéitmənt]
  - 名 声明・陳述，計算書・報告書
  - ▶ **state** [stéit]
    - 動 (〜を)述べる
    - 名 状態，国家，州

PART 4

221

単語 CHECK (18)   082〜086 (p.194〜p.203)

082
- [ ] a collection of stocks, **bonds**, or other **securities** — 株式, 債券, その他の有価証券をまとめたもの
- [ ] **indirectly** own — 間接的に所有する
- [ ] **spread** your risk through different **investments** — 多方面への投資によってリスクを分散する
- [ ] make a **significant** difference — 重大な違いを生じる

083
- [ ] by **mail** — 郵便で
- [ ] a bank **draft** — 銀行(為替)手形
- [ ] the amount you wish to **remit** — 送金を希望する額
- [ ] **download** the **proper** form — 適切な書式をダウンロードする
- [ ] by bank **transfer** — 銀行振込で

084
- [ ] new **location** — 新しい場所
- [ ] sizes and **types** of offices — 事務所の大きさとタイプ[型]
- [ ] an office **design** — 事務所の設計
- [ ] **afford maximum** use of **column**-free floor space — 柱のないフロア・スペースの最大限の利用を生みだす
- [ ] offers a **spectacular** view in all **directions** — あらゆる方角の壮観な景色を提供する

085
- [ ] a **charming historical inn** — 魅力的で歴史的な宿
- [ ] **reflect** its **architecture** — その建築(様式)を反映する
- [ ] 20th **century** — 20世紀
- [ ] **overlook** the Marina — マリーナを見渡す

086
- [ ] a wonderful lakefront **cottage** — すばらしい湖畔のコテージ
- [ ] a **private** covered boat dock — 専用の[個人用の]覆いのついたボート用ドック
- [ ] a **public** boat ramp — 公共のボート・ランプ
- [ ] **venture** along the Hot Springs Trail — ホットスプリングトレイルに(危険をおかして)出かける
- [ ] an **amusement** park — アミューズメント・パーク

● 単語 CHECK (19)　　　087 〜 091 (p. 204 〜 p. 213)

☐ the **visibility** of your motorcycle	あなたのバイクの可視性
☐ turn **signals**	方向指示灯
☐ **brake** lights	ブレーキ灯
☐ operate at reduced **intensity**	(光の)強度を下げて作動する
☐ **protects** the **lamp housings** from excessive **heat**	ランプのカバーを過度な熱から守る
☐ **rely** on computers	コンピューターに頼る
☐ an **effective** way to enhance **security**	セキュリティ[安全性]を向上させる有効な方法
☐ **mathematical** formulas	数(学の)式
☐ a **means** by which any kind of electronic message can be made **unreadable**	いかなる種類の電子メッセージも読み取れなくできる手段
☐ earn her **doctoral** degree in Economics	経済学の博士号をとる
☐ **specialize** in labor economics	労働経済学を専攻する
☐ **effectiveness** of **government welfare** programs	政府の福祉計画の有効性
☐ her **current** research	彼女の現在の研究
☐ focus **largely** on the **employment** of the working poor	低収入労働者の雇用(状況)に主に焦点を当てる
☐ **impact** of child-care subsidies	育児助成金の影響
☐ **principal methods** and **concepts** taught in MBA programs	MBAの教育課程で教えられる主要な方法と概念
☐ **various** functions of business, including marketing, **finance**, accounting, **human resources**	マーケティング, 財務, 経理, 人事を含むさまざまなビジネスの機能
☐ a garden **machinery mechanic**	園芸機械工
☐ **formal certification**	正規の認定証
☐ **demonstrate** reliable workmanship	確かな技量を実際に見せる

単語 CHECK (20)   092〜095 (p.214〜p.221)

092
- individuals willing to help us — 喜んで手伝ってくれる人(たち)
- the best wages in the industry — 業界で一番よい[高い]賃金
- flexible scheduling — 柔軟な予定の立て方[フレックスタイム制]
- during your shift — 勤務時間内

093
- stretch a muscle — 筋肉をストレッチする[伸ばす]
- improve flexibility — 柔軟性を高める
- move your joints through their full range of motion — 関節を動きの範囲いっぱいに動かす
- a key element of fitness — フィットネス[健康]の重要な要素
- relieve muscle tension or stiffness — 筋肉の張りやこりを和らげる
- decrease the chances of injuries — けがの危険を少なくする

094
- alternately contract and relax — 交互に収縮, 弛緩する
- burn food to generate the energy — エネルギーを生み出すために食物を燃焼させる
- supply them with food and oxygen more rapidly — 食物と酸素をより迅速に供給する
- blood vessels — 血管
- blood pressure — 血圧
- Body temperature rises. — 体温が上がる。
- begin to sweat — 汗をかきはじめる

095
- a contest of verbal argument — 言葉による論争の競技
- a winner or loser — 勝者または敗者
- a statement that takes a position for or against an issue — ある問題に賛成あるいは反対の立場をとる陳述
- argue for changing the way things are — 現状を変えることに賛成の議論をする
- *be* called the affirmative — 肯定[賛成]側と呼ばれる

PART 5

パッセージ
No.096〜119

- **Report** ……………… 226
- **Advertisement** ……… 240
- **Information** ………… 256
- **Instructions** ………… 264
- **Article** ……………… 270

096 Report 捕鯨反対運動 L-2.0

In an article in the Washington Post newspaper, the World Wildlife Fund (WWF), the Natural Resources Defense Council (NRDC), and the Whale and Dolphin Conservation Society (WDCS), asked for President Bush to assert U.S. leadership, including immediate diplomatic pressure, in opposing further commercial and so-called 'scientific research' whaling, before the International Whaling Commission (IWC) meets next month in Shimonoseki, Japan.

訳 ワシントンポスト紙の記事に、世界野生生物基金（WWF）と天然資源防衛協議会（NRDC）とクジラ・イルカ保護協会（WDCS）がブッシュ大統領にアメリカのリーダーシップを行使するよう求めた、とある。この要求には国際捕鯨委員会（IWC）が来月、日本の下関で開かれる前に、これ以上の商業捕鯨ならびに、いわゆる「科学的調査」捕鯨に反対して、即時の外交的圧力（をかけること）が含まれている。

Notes

so-called → (058)
meet ここでは「（会が）開かれる」の意味。→ (001)

● Report

でる順英単語　▶ 1000語　■ 2000語　■ 3000語　■ 4000語

- **wildlife** [wáidlàif]　名〔集合的な〕野生生物
  wild　→ (167)
- **defense** [diféns]　名 防御・防衛 (⇔ offense (069))，(被告の) 弁護 (人・団)
- **council** [káunsl]　名 評議会，協議会
- **whale** [hwéil]　名 クジラ
  ▶ **whaling** [hwéiliŋ]　名 捕鯨
- **dolphin** [dálfin]　名 イルカ
- **conservation** [kànsərvéiʃən]　名 保護・保存
  ▶ **conserve** [kənsə́:rv]　動 (～を) 保存 [保全] する
- **society** [səsáiəti]　名 社会，協会・クラブ
- **assert** [əsə́:rt]　動 (～を) 主張する，(権力などを) 行使する
- **immediate** [imí:diət]　形 即時の，直接の
  immediately　→ (111)
- **diplomatic** [dìpləmǽtik]　形 外交の，外交的な
  ▶ **diplomacy** [diplóuməsi]　名 外交，駆け引き
  ▶ **diplomat** [dípləmæ̀t]　名 外交官
- **oppose** [əpóuz]　動 (～に) 反対する (⇔ agree (035))，〔be ～d to で〕(～に) 反対である
  ▶ **opposition** [àpəzíʃən]　名 反対・抵抗，対戦相手 [チーム]
  opposite　→ (204)
- **commercial** [kəmə́:rʃl]　形 商業の，貿易の
  名 広告放送・コマーシャル
- **commission** [kəmíʃən]　名 委員会，手数料，委任・委託
  動 (～を) 委任する

PART 5

097 Report フィッシャーに新しい故郷　L-1.9

A New Home for Fisher

Some may wonder why Iceland would offer a residency permit to Boby Fisher, the former chess champion now being detained in Japan and wanted in the United States. But Fisher developed a strong connection with this small, isolated country during his chess-playing career, and in a sense put the country on the map. Some Icelanders say it's time to repay the favor.

Fisher is fighting a deportation order to the United States, where he is wanted on charges of violating international sanctions against Yugoslavia for playing chess matches there.

訳 フィッシャーに新しい故郷

アイスランドはなぜ, ボビー・フィッシャーに居住許可を与えるのか疑問に思う人もいるだろう。彼はチェスの前チャンピオンで, 現在は日本に拘留されており, アメリカで指名手配されているのだ。しかし, フィッシャーはチェスプレイヤーとしての経歴の中でこの小さな孤立した国と強いつながりを築き, ある意味ではこの国を有名にしたのである。恩返しをすべきときだというアイスランド人もいる。

フィッシャーは, アメリカへの退去命令と闘っているが, アメリカでは, ユーゴスラビアでのチェスの試合を禁じた国際制裁に違反したかどで指名手配されているのだ。

Notes

champion (now) being 〜ed「…されているチャンピオン」 being 以下がうしろから champion を修飾している。
be wanted「指名手配される」
in a sense「ある意味では」
put ... on the map「…を有名にする」
repay the favor「恩返しをする」
◆ **on charges of**「〜の罪で, 〜のかどで」

Report

| でる順英単語 | ▶ 1000語 | ▶ 2000語 | ▶ 3000語 | ▶ 4000語 |

- **wonder** [wΛ́ndər] 　動 (不思議に・知りたいと) 思う ⟨wh-⟩
  (〜かと) 思う ⟨if/whether⟩,
  (〜を) 感嘆する ⟨at⟩
  名 驚き
- **residency** [rézidənsi] 　名 居住・在住, 研修医の身分
  resident 　→ (046)
- **permit** [pə́ːrmit] 　名 許可 (証)
  動 [pərmít] (〜を) 許す・許可する
  ▶ **permission** [pərmíʃən] 名 許可
- **former** [fɔ́ːrmər] 　形 以前の, 〔the 〜 で〕前者 (⇔ latter「後者」)
- **champion** [tʃǽmpiən] 　名 選手権保持者・チャンピオン
  (〔略〕champ)
  championship 　→ (105)
- **detain** [ditéin] 　動 (〜を) 拘留する, 引き留める
- **connection** [kənékʃən] 　名 関係, 接続
  ▶ **connect** [kənékt] 動 (〜を) つなぐ・関係づける ⟨to, with⟩
- **isolated** [áisəlèitəd] 　形 孤立した, 分離した
  ▶ **isolate** [áisəlèit] 動 (〜を) 孤立させる, (〜を) 分離する
- **career** [kəríər] 　名 経歴, 職業
- **repay** [ripéi] 　動 (〜を) 払い戻す, (〜に) 報いる・恩返しする
- **favor** [féivər] 　名 好意, 恩恵
  favorable 　→ (032)
- **deportation** [dìːpɔːrtéiʃən] 　名 国外追放 [退去]
- **violate** [váiəlèit] 　動 (法律に) 違反する, (権利を) 侵害する
  ▶ **violation** [vàiəléiʃən] 名 違反, 侵害
- **sanction** [sǽŋkʃən] 　名 〔〜s で〕制裁 (措置)

PART 5

098 Report 和平へのロードマップ L-1.9

U.S. Assistant Secretary of State David Mead, who is heading an American team that is monitoring the implementation of the "road map" to peace, held meetings with Israeli and Palestinian leaders in an effort to end the violence and move ahead with the plan.

The road map calls for Israel to withdraw its troops from occupied areas and for Palestine to crack down on militants who continue to jeopardize the roadmap. It is hoped these mutual steps to halt violence and resume negotiations will lead to a peace agreement and a Palestinian state in 2005.

訳 米国国務次官補デビッド・ミードは、和平への「ロードマップ（道筋）」の実行を監視するアメリカ人チームを率いているのだが、暴力を終わらせ、その計画を推進させるために、イスラエルおよびパレスチナの首脳と会談した。

ロードマップは、イスラエルには占領地区から軍隊を撤退させること、そしてパレスチナにはロードマップを危機にさらし続ける過激派を厳しく取り締まることを要求している。暴力を停止し交渉を再開するためのこれらの相互措置が、2005年に和平合意とパレスチナ国家へとつながることが望まれている。

Notes

assistant secretary「副長官、次官補」, monitor → (062)
road map「指針、計画」(= roadmap)
- ◆in an effort to do「～するために、～することを目指して」
- ◆move ahead with「～を進行させる、推進する」
- ◆call for「～を要求する、訴える」, ◆crack down on「～を厳しく取り締まる」, mutual steps「相互の措置」, step → (021)

● **Report**

| でる順英単語 | ▶ 1000語 | ▶ 2000語 | ■ 3000語 | ▶ 4000語 |

- **assistant** [əsístənt] 形補助の, 副… 名助手
  - assist → (116)
- **secretary** [sékrətèri] 名秘書,〔S- で〕長官
- **head** [héd] 動(〜の) 先頭に立つ, (〜へ) 向かう〈for, toward〉 名頭, (組織の) 長
- **implementation** [ìmpləməntéiʃən] 名履行・実行
  - ▶ **implement** [ímpləmənt] 動(〜を)履行 [実行] する 名道具・用具
- **violence** [váiələns] 名暴力
  - ▶ **violent** [váiələnt] 形乱暴な, 激しい
- **ahead** [əhéd] 副前方へ [に]
- **withdraw** [wiðdrɔ́ː] 動(〜から)撤退する [させる]〈from〉, (〜を)撤回する, (預金を)引き出す
- **troop** [trúːp] 名〔複数形で〕軍隊, 部隊
- **occupy** [ákjəpài] 動(場所・地位などを)占める
  - ▶ **occupation** [àkjəpéiʃən] 名職業, 占領
- **crack** [krǽk] 動割る [割れる] 名割れ目・ひび
- **militant** [mílitənt] 名闘士, 過激派 形戦闘的な, 好戦的な
- **jeopardize** [dʒépərdàiz] 動(生命・財産などを) 危険にさらす
- **mutual** [mjúːtʃuəl] 形相互の, 共通の
  - ▶ **mutually** [mjúːtʃuəli] 副互いに, 相互に
- **halt** [hɔ́ːlt] 動停止する [させる] 名停止, 中断
- **resume** [rizjúːm] 動(中止したものを) 再開する
- **negotiation** [nigòuʃiéiʃən] 名交渉
  - negotiate → (081)
- **agreement** [əgríːmənt] 名協定・契約(書), (意見などの)合意・一致
  - agree → (035)

PART 5

231

PART 5

099 Report　米国誤爆を認める　L-2.0

U.S. Military Admits to Bombing Wrong House in Iraq

The U.S. military reported that five people were killed when a 227-kilogram laser-guided bomb was dropped on a house in northern Iraq. The house was mistaken for a nearby insurgent hideout.

"The house was not the intended target for the air strike. The intended target was another location nearby," the statement said.

訳 アメリカ軍がイラクでの住宅の誤爆撃を認める

アメリカ軍は、227キログラムのレーザー誘導爆弾がイラク北部の住宅に落とされた際、5人が死亡したと公表した。その住宅は近くにある反乱グループの隠れ家と間違えられたのだ。

「その住宅は意図した空爆目標ではなかった。意図した標的は近くの別の場所だった」と声明は述べた。

Notes

a laser-guided bomb「レーザー誘導爆弾」, guide → (013)
◆ mistake A for B「AをBと間違える」
insurgent「反乱者」→ (075)
air strike「空襲・空爆」
intended target「意図した目標, 標的」, intend → (076)

Report

| でる順英単語 | 1000語 | 2000語 | 3000語 | 4000語 |

- **military** [mílətèri]
  - 名 〔the ~〕軍隊
  - 形 軍隊の, 軍用の (⇔ civil (227))
- **admit** [ədmít]
  - 動 (~を) 認める・自白する 〈(to) *do*ing, that〉, (入場・入会などを) 許可する 〈to, into〉
  - admission → (059)
  - ▶ **admittance** [ədmítns] 名 入場 (許可)
- **bomb** [bám]
  - 動 (~を) 爆撃する　名 爆弾
- **report** [ripɔ́ːrt]
  - 動 (~を) 報告する, 公表する, 報道する
  - 名 報道, 報告
  - ▶ **reporter** [ripɔ́ːrtər] 名 記者
- **laser** [léizər]
  - 名 レーザー・レーザー光線
- **drop** [dráp]
  - 動 落ちる [落とす], 降ろす 〈off〉
  - 名 下落
- **mistake** [mistéik]
  - 動 (~を) 間違える
  - 名 誤り, 間違い
- **hideout** [háidàut]
  - 名 隠れ場所
  - ▶ **hide** [háid] 動 隠す [隠れる]
- **target** [táːrgət]
  - 名 (計画などの) 目標, (攻撃の) 標的
- **strike** [stráik]
  - 名 打撃, ストライキ
  - 動 (~を) 打つ, (考えが~の) 心に浮かぶ

100 Report 中国経済の与える影響 L-2.0

China's Boom Fuels Fears of Slump

China has recorded another quarter of rapid growth, fueling fears that the economy could overheat.

In the first three months of 2004, its gross domestic product increased 9.7% compared to the same period in 2003 and investment in fixed assets soared by 43%.

While such figures look very positive, some economists worry that unchecked growth could fall into a slump, having a major impact on the rest of Asia.

訳 中国の経済成長が暴落の不安をかき立てる

中国はまたしても急成長の四半期を記録し,経済が過熱するのではという不安をかき立てている。

2004年の最初の3か月間,中国の国内総生産は2003年の同期に比べて9.7%増加し,固定資産への投資は43%増と急上昇した。

このような数字はとてもポジティブに見えるが,エコノミストの中には,抑制のない成長は暴落に陥り,ほかのアジア諸国に大きな衝撃を与えかねないと懸念する人もいる。

Notes

gross domestic product「国内総生産(= GDP)」, gross → (028)
◆ compared to [with]「～に比べて,～と比較して」
fixed assets「固定資産」, asset → (085)
impact → (089)

● **Report**

でる順英単語　▶ 1000語　▶ 2000語　▶ 3000語　▶ 4000語

- **boom** [búːm]　　名（景気・人気の）急上昇　動急に景気づく
- **fuel** [fjúːəl]　　動（〜を）あおる・かき立てる，(〜に) 燃料を供給する　名燃料
- **fear** [fíər]　　名恐れ・不安　動（〜を）恐れる
- **slump** [slʌ́mp]　　名不振・不調，暴落　動暴落する
- **record** [rikɔ́ːrd]　　動（〜を）記録［録音］する
  名 [rékərd] 記録，最高記録
- **quarter** [kwɔ́ːrtər]　　名4分の1, 15分，四半期，(都市部の) 地区
- **rapid** [rǽpid]　　形速い
  　rapidly　　→ (094)
- **growth** [gróuθ]　　名成長
- **economy** [ikánəmi]　　名経済，節約　形経済的な，徳用の
  　economic　　→ (024)
- **overheat** [òuvərhíːt]　　動オーバーヒート［過熱］する
  　heat　　→ (087)
- **domestic** [dəméstik]　　形国内の，家庭（内）の
- **compare** [kəmpéər]　　動（〜を…と）比較する〈with, to〉，
  (〜を…に) 例える〈to〉
  ▶ **comparison** [kəmpǽrisn]　名比較
- **period** [píəriəd]　　名期間，時期，ピリオド
- **fix** [fíks]　　動（〜を）固定する，(日時，場所などを) 決める，(〜を) 修理する
- **soar** [sɔ́ːr]　　動急上昇する，(市価などが) 急騰する
- **economist** [ikánəmist]　　名経済学者，エコノミスト
- **unchecked** [ʌntʃékt]　　形抑制のない
- **fall** [fɔ́ːl]　　動落ちる，下がる　名落下・降下

PART 5

PART 5

101 Report クラッシュ事故① L-2.0

1. Hundreds of Hindu pilgrims were crushed or burned to death in a fire at a religious festival in western India. The panic was triggered by a clash between pilgrims and shopkeepers and aggravated by a tear-gas cylinder that was thrown into the crowd.

2. A U.S. Marine transport helicopter crashed early Wednesday morning in western Iraq, a U.S. military spokesman said. He added that a search and rescue operation was under way and that casualties would be confirmed as soon as possible.

訳 1．インド西部の宗教的な祭りで火災が起こり，何百人ものヒンズー教巡礼者が圧死あるいは焼死した。巡礼者と商人の間で起こった衝突がパニックを引き起こし，群衆に向かって投げ込まれた催涙ガス弾によって事態は悪化した。

2．水曜日の早朝，イラク西部で合衆国海兵隊の輸送ヘリコプターが1機墜落した，と合衆国の軍スポークスマンが発表した。彼は，捜索救助活動は進行中であり，死傷者の確認に全力をあげている，と付け加えた。

Notes

be crushed to death「圧死する」
be burned to death「焼死する」
◆**under way**「(計画・作業などが) 進行中で」
confirm → (035)

Report

でる順英単語 ■ 1000語 ■ 2000語 ▶ 3000語 ▶ 4000語

- **pilgrim** [pílgrim]　　名 巡礼者
- **crush** [kráʃ]　　動 (~を) 押しつぶす, すりつぶす
　　　　　　　　名 押しつぶすこと
- **fire** [fáiər]　　名 火事　動 (労働者を) 解雇する,
　　　　　　　　(銃などを) 発射する
- **religious** [rilídʒəs]　　形 宗教の
  - ▶ **religion** [rilídʒən]　　名 宗教・信仰, 信念
- **panic** [pǽnik]　　名 恐慌 (状態)　動 うろたえる [させる]
- **trigger** [trígər]　　動 (~を) 引き起こす　名 引き金, 誘因
- **clash** [klǽʃ]　　名 衝突　動 (~と) 衝突する〈with, against〉
- **aggravate** [ǽgrəvèit]　　動 (病気・状況を) 悪化させる
- **tear-gas** [tíərgæs]　　形 催涙ガスの
- **cylinder** [sílindər]　　名 シリンダー・円筒, 回転弾倉
- **crowd** [kráud]　　名 群集　動 (~に) 群がる・押し寄せる
  - ▶ **crowded** [kráudid]　　形 込み合った
- **marine** [mərí:n]　　形 海の, 船舶の, 海兵隊の
- **transport** [trænspɔ́:rt]　　名 輸送・運送　動 (~を) 輸送する
  - ▶ **transportation** [trænspərtéiʃən]　名 輸送 (機関・手段),
　　　　　　　　　　　　交通 (機関・手段)
- **helicopter** [héləkàptər]　　名 ヘリコプター
- **crash** [krǽʃ]　　動 (飛行機が) 墜落する, 衝突する [させる]
　　　　　　　　(コンピューターなどが) 故障する
　　　　　　　　名 衝突, 墜落
- **spokesman** [spóuksmən]　　名 スポークスマン・広報担当官
- **rescue** [réskju:]　　名 救助　動 (~を) 救助する
- **casualty** [kǽʒuəlti]　　名 死傷者, 犠牲者

PART 5

PART 5

102 Report クラッシュ事故② L-2.0

3. Trains collide in Jakarta: 200 people injured

At least 200 people were injured Monday during the morning rush hour when a subway train slammed into another train stopped at the Cultural Center station in Jakarta.

Victims were carried onto the street following the crash and received emergency treatment.

訳 3．ジャカルタで列車衝突，200 人が負傷
月曜朝のラッシュアワー時，地下鉄の列車が，ジャカルタの文化センター駅に停車中の別の列車にすごい勢いで突っ込み，少なくとも 200 人が負傷した。
犠牲者は衝突の後，街路に運ばれ救急処置を受けた。

Notes

rush hour「ラッシュアワー」
victim → (046)
following「～の後で，～に次いで」
emergency treatment「緊急治療，救急処置」, treatment → (043)

crush   crash   crash

● **Report**

でる順英単語　▶ 1000語　▶ 2000語　▶ 3000語　▶ 4000語

- **collide** [kəláid]　動 （正面）衝突する，（意見などが）対立する
  - ▶ **collision** [kəlíʒən]　名 衝突，（意見などの）対立
- **rush** [rʌ́ʃ]　名 殺到，急ぎ
  　動 （～へ）急ぐ〈into, to〉，
  　（～を）急いでやる［送る］
- **slam** [slǽm]　動 （～に）ドシンとぶつかる・激突する〈into〉
- **emergency** [imə́ːrdʒənsi]　名 非常時・緊急事態

■「クラッシュ」のいろいろ

crush（101）	押しつぶす
crash（101）	（大きな音をたてて）ぶつかる （車がほかの車や物に）衝突する，（飛行機が）墜落する
clash（101）	（人・軍隊などが）衝突する， （意見・見解などが）衝突［相反］する
collide（102）	（動いている人・車などが）正面衝突する
slam（102）	（ドアを）バタンとしめる， （物にドシンと）衝突する <into/against>
bump	（人が人・物に）ぶつかる <into>， （人が体の一部を物に）ぶつける <against>
smash	（物を）強打する，粉々にする［になる］， 衝突する（= crash）

clash　　collide/crash　　bump

103 Advertisement 宝石・美術品鑑定 L-2.0

If you are in the process of selling your jewelry or wish to consign diamonds, platinum, or gold, our GIA certified gemologists can ensure that each client receives the best price for them. We also specialize in appraising and selling antiques and objects of art. If you would like to schedule an appointment with us, please contact Elena Smith or Howard Grey at (410-111-2222 / email: info@smithgrey.com).

訳 あなたがもし宝石を売りに出しているか,ダイヤモンドやプラチナや金の委託販売をしようとお思いでしたら,私どものGIA認定宝石鑑定人がどのお客様も最高値を手に入れることを保証いたします。私どもはまた,骨董品や美術品の鑑定,売却も専門としています。もし,私どもとお会いになる予約をお望みでしたら,どうぞ(410-111-2222 / email: info@smithgrey.com)のエレナ・スミスかハワード・グレイまでご連絡ください。

Notes

◆ *be* in the process of *do*ing「〜している最中である」
gemologist「宝石鑑定人」
ensure → (017)
quality → (031), antique → (027)
object of art「芸術品,美術品」
schedule an appointment「予約(の日時)を決める」

Advertisement

でる順英単語 ■ 1000語 ■ 2000語 ■ 3000語 ■ 4000語

- **jewelry** [dʒúːəlri] 名 宝石類,（貴金属製の）装身具類
  - **jewel** [dʒúːəl] 名 宝石
  - **jeweler** [dʒúːələr] 名 宝石細工人,宝石商
- **consign** [kənsáin] 動（販売を）委託する
  - **consignment** [kənsáinmənt] 名 委託（販売）
- **diamond** [dái(ə)mənd] 名 ダイヤモンド
- **platinum** [plǽtinəm] 名 白金,プラチナ
- **certify** [sə́ːrtifài] 動 証明する,認証する
  - certificate → (091)
- **client** [kláiənt] 名（弁護士などの）依頼人・顧客
- **appraise** [əpréiz] 動（〜を…と）評価する・鑑定する〈at〉
  - **appraisal** [əpréizl] 名 評価（額）
- **object** [ábdʒikt] 名 物体,目的
  動 [əbdʒékt]（〜に）反対する〈to, against〉
  objective → (200)
- **appointment** [əpɔ́intmənt] 名（人と会う）約束・予約,任命
  - **appoint** [əpɔ́int] 動（〜を…に）任命する〈as, to〉,
    （日時・場所を）定める

104　Advertisement　ビーチハウス　L-2.0

Spacious Beach House Overlooking Twin Cove Beach
Enjoy this warm, rustic home of comfort and character. The house sits just high enough for you to take in a spectacular ocean view, enhanced by pleasant breezes and the sound of the surf. You truly become one with nature as you step out on the wraparound deck and walk the short distance to the beautiful white sands below. Unforgettable!

訳 ツウィンコーブ・ビーチを見渡す広々とした浜辺の家
快適さと品のあるこの温かく素朴な家をお楽しみください。
家は壮観な海の風景を眺めることのできる高さに位置していて，心地よいそよ風と波の音が，それをさらにすばらしいものにしています。半円の弧を描くテラスに出て，美しい白砂の浜辺まで下りて少し歩いていくにつれて，あなたはまさしく自然と一体となります。
それはいつまでも記憶に残ることでしょう！

Notes

overlook → (085)，cove「入江，小湾」
◆ **take in**「～に見入る」　take in の基本の意味は「取り入れる，受け入れる」
spectacular → (084)
the short distance「短距離」
unforgettable → (054)

Advertisement

| でる順英単語 | ▶ 1000語 | ▶ 2000語 | ▶ 3000語 | ▶ 4000語 |

- **spacious** [spéiʃəs] 形 広々とした
  - ▶ **space** [spéis] 名 空き・余地, 空間, 宇宙
- **twin** [twín] 形 対の, 双子の 名 双子
- **rustic** [rʌ́stik] 形 素朴な, (丸太や荒削りの) 木製の
- **comfort** [kʌ́mfərt] 名 快適さ, 慰め
  動 (~を) 慰める・励ます
  - ▶ **comfortable** [kʌ́mfərtəbl] 形 くつろいだ, 快適な
- **character** [kǽrəktər] 名 性格・性質, 品性, 登場人物, 文字
- **pleasant** [plézənt] 形 楽しい, 心地よい, (人の態度が) 好ましい
  - ▶ **pleasantly** [plézəntli] 副 楽しく, 心地よく
- **breeze** [brí:z] 名 そよ風
- **sound** [sáund] 名 音
  動 (~に) 聞こえる [思われる], (~を) 鳴らす [鳴る]
  形 健全な, しっかりした
- **surf** [sə́:rf] 名 打ち寄せる波
- **truly** [trú:li] 副 本当に, 真に
  - ▶ **truth** [trú:θ] 名 真理・真実,
    〔the truth is (that) で〕実のところは…,
    〔to tell (you) the truth で〕実を言えば
- **wraparound** [rǽpəràund] 形 広角の, カーブした
  wrap → (114)
- **deck** [dék] 名 デッキ, テラス, ベランダ
- **distance** [dístəns] 名 距離, 遠方
  - ▶ **distant** [dístənt] 形 (距離・時間・関係が) 遠い (⇔ near, close), よそよそしい

PART 5

105 Advertisement リゾート・ホテル L-2.0

Carved into a mountainside, Emerald Bay is the most spectacular all-inclusive resort on Santa Croix Island. Relax in a Spanish-style guest room of sheer comfort, which includes ceiling fans and your own refrigerator. Your private balcony overlooks white beaches bordered by a championship 18-hole golf course. And there's more: tennis, scuba, snorkeling, sailing, kayaking or windsurfing. Not enough? Take a swim in the sparkling ocean or one of our three fresh-water pools.

訳 山腹に(彫られたように)入り込んだエメラルド湾は,サンタクロア島の中でも最高にすばらしい景色の,すべてがそろったリゾート地です。とても快適なスペイン風の客室でおくつろぎください。天井扇風機と冷蔵庫の備えもあります。客室の専用バルコニーからは,選手権大会も行われる18ホールのゴルフ場に隣接した白い浜辺が見渡せます。さらに,テニス,スキューバ,シュノーケル,ヨット,カヤック,ウインドサーフィンの用意もあります。まだ十分でない? それでは,きらめく海で,あるいは3種類ある淡水プールのどれかでひと泳ぎしてください。

Notes

carved into「~に彫り込まれた」 Emerald Bay を修飾する語句が強調されて前に出ている。
all-inclusive「すべてを含む,包括的な」
bordered by「~に隣接して,~に縁取られて」
scuba「スキューバ,潜水用呼吸装置」
snorkeling「シュノーケリング」, kayak → (086), windsurfing「ウィンドサーフィン」 take a swim「ひと泳ぎする」
fresh-water「淡水の,真水の」

Advertisement

でる順英単語　▶ 1000語　▶ 2000語　▶ 3000語　▶ 4000語

- **carve** [káːrv]　動 (〜を) 彫る，切り分ける [下げる]，(運命・進路を) 切り開く ⟨out⟩
- **mountainside** [máuntnsàid]　名 山腹，山の斜面
- **inclusive** [inklúːsiv]　形 包括的な，(〜を) 含めた ⟨of⟩
  - include　→ (012)
- **resort** [rizɔ́ːrt]　名 行楽地
  - 動 (手段などに) 訴える ⟨to⟩
- **sheer** [ʃíər]　形 とても・相当の，まったくの
  - 副 まったく
- **fan** [fǽn]　名 うちわ・扇風機，(娯楽・スポーツなどの) ファン
- **refrigerator** [rifrídʒərèitər]　名 冷蔵庫
  - ▶ **refrigerate** [rifrídʒərèit]　動 (〜を) 冷やす・冷凍する，(〜を) 冷やしておく
- **balcony** [bǽlkəni]　名 バルコニー，(劇場の) さじき
- **border** [bɔ́ːrdər]　動 (〜に) 隣接する
  - 名 国境，境界 (線)
- **championship** [tʃǽmpiənʃip]　名 選手権大会，優勝・選手権
  - champion　→ (097)
- **sailing** [séiliŋ]　名 帆走 (法)，ヨット競技 [遊び]
  - ▶ **sail** [séil]　名 帆，航海
    - 動 出航 [出港] する，航海する
- **sparkle** [spáːrkl]　動 きらきら輝く

PART 5

● 単語 CHECK (21)   096 〜 099 (p. 226 〜 p. 233)

096	the World **Wildlife** Fund	世界野生生物基金
☐	the Natural Resources **Defense** Council	天然資源防衛協議会
☐	the Whale and Dolphin **Conservation** Society	クジラ・イルカ保護協会
☐	**immediate diplomatic** pressure	即時の外交的圧力
☐	**oppose** further **commercial** whaling	これ以上の商業捕鯨に反対する
☐	the International Whaling **Commission**	国際捕鯨委員会
097	**wonder** why ...	なぜ…かと（疑問に）思う
☐	a **residency permit**	居住許可
☐	the **former** chess **champion**	前のチェス・チャンピオン
☐	his chess-playing **career**	チェスプレイヤーとしての経歴
☐	repay the **favor**	恩を返す
098	**head** an American team	アメリカ人チームを率いる
☐	end the **violence**	暴力を終わらせる
☐	**withdraw** its troops from **occupied** areas	占領地区から軍隊を撤退させる
☐	**jeopardize** the roadmap	ロードマップを危機にさらす
☐	**mutual** steps to halt violence	暴力を停止するための相互の措置
☐	**resume negotiations**	交渉を再開する
☐	a peace **agreement**	和平合意
099	the U.S. military **reported** that ...	アメリカ軍は…と公表した
☐	**admit** to **bombing** a wrong house	誤った住宅を爆撃したことを認める
☐	*be* **mistaken** for a hideout	隠れ家と間違えられる
☐	the intended **target** for the **air strike**	意図した空爆の標的

● 単語 CHECK (22)　　100〜105 (p. 234〜p. 245)

100	record a quarter of rapid growth	急成長の四半期を記録する
	fuel fears that the economy could overheat	経済が過熱するのではという不安をかき立てる
	gross domestic product	国内総生産
	compare to the same period	同じ時期と比べる
	fixed assets	固定資産
101	*be* crushed to death	圧死する
	a religious festival	宗教的な祭り
	The panic was triggered by a clash.	衝突によってパニックが引き起された。
	A transport helicopter crashed.	輸送ヘリコプターが墜落した。
	a search and rescue operation	捜索と救助活動
102	rush hour	ラッシュアワー
	emergency treatment	救急処置
103	sell your jewelry	あなたの宝石（類）を売る
	objects of art	美術品
	schedule an appointment	予約（の日時）を決める
104	a spacious beach house	広々とした浜辺の家
	a home of comfort and character	快適さと品のある家
	pleasant breezes	心地よいそよ風
	the sound of the surf	波の音
	walk the short distance	短い距離を歩く
105	carved into a mountainside	山腹に彫られた
	an all-inclusive resort	すべてがそろったリゾート地
	a private balcony	（客室の）専用バルコニー
	be bordered by a golf course	ゴルフ場に隣接している

PART 5

106 Advertisement デジタル通信スタジオ　L-2.0

Welcome to Online Creations

We go beyond the standard boundaries of communication.

Online Creations is a full-service digital communications studio. Simply tell us your ideas and we'll create a platform that will transform your dreams into reality. At Online Creations, we love what we do, and it is this passion that drives us to develop original and trendsetting designs that have the potential of setting new standards for online media development.

訳 オンライン・クリエーションズへようこそ
私たちは，コミュニケーションの標準的限界の先を目指します。
オンライン・クリエーションズは，フルサービスのデジタル通信スタジオです。私たちにあなたのアイデアを教えてくださるだけで，私たちはあなたの夢を現実に変えるプラットホーム（基盤）を創りだします。オンライン・クリエーションズは自分たちの仕事を愛しています。そしてこの情熱こそが，私たちをオンライン・メディア発展の新基軸を打ち出す可能性を秘めた独創的かつ流行を生み出すデザインの開発に駆り立てるのです。

Notes

◆ go beyond「～を超える，～を追い越して先へ行く」
full-service「総合サービスの」, service → (024)
potential → (031)
media → (071), development → (023)

Advertisement

| でる順英単語 | ▶ 1000語 | ▶ 2000語 | ▶ 3000語 | ▶ 4000語 |

- **boundary** [báundəri] 　名 境界（線），限界・範囲
- **communication** [kəmjù:nikéiʃən] 　名（情報・意思の）伝達，通信
  - ▶ **communicate** [kəmjú:nikèit] 　動（情報・意思を）伝達する，（〜と）連絡を取り合う〈with〉
  - ▶ communicator [kəmjú:nikèitər] 　名 伝える人［物］
- **digital** [dídʒitl] 　形 デジタルの
  - ▶ **digit** [dídʒit] 　名 数字，桁
- **studio** [stjú:diòu] 　名 スタジオ，仕事場
- **create** [kriéit] 　動（〜を）創造する
  - ▶ **creation** [kriéiʃən] 　名 創造
- **platform** [plǽtfɔ̀:rm] 　名 演壇，（駅の）ホーム，基盤，〔コンピューター〕プラットホーム
- **transform** [trænsfɔ́:rm] 　動（〜を…に）変える〈to, into〉
  - ▶ transformation [trænsfərméiʃən] 　名 変形，変容
- **reality** [ri(:)ǽləti] 　名 現実（性），〔in reality で〕実は・実際には
  - ▶ **realistic** [rì:əlístik] 　形 現実的な，写実的な
  - ▶ **realize** [rí:əlàiz] 　動（〜を）悟る，（〜を）実現する，（利益を）得る
- **passion** [pǽʃən] 　名（〜への）情熱，熱中〈for〉
- **drive** [dráiv] 　動（〜を）運転する，（人を）車に乗せていく，（〜を）駆り立てる・追いやる
  　名 ドライブ
- **original** [ərídʒənl] 　形 元の，独創的な　名 原物・原本
- **trendsetting** [tréndsètiŋ] 　形 流行を創りだしている
  - ▶ **trend** [trénd] 　名 傾向・動向，流行

PART 5

107 Advertisement 宴会施設 L-2.1

Loyola Greens offers the finest banquet facilities a country club can offer without having to pay the cost of club membership. Only the beauty of the golf course itself matches our elaborate banquet rooms.

Whether reserving an after-golf party, or a wedding reception of up to 350 people, our staff can accommodate your wishes with the utmost professionalism and courtesy.

訳 ロヨラグリーンズには，クラブ会員料金を払わなくても利用できる，カントリークラブが提供できる宴会施設としては最高のものがあります。ゴルフコースそのものの美しさは，入念に造られた宴会場と調和しています。
ゴルフの後のパーティーの予約でも，350名までの結婚披露宴でも，スタッフが最高のプロフェッショナル精神と礼儀を尽くして，あなたのご希望にお応えします。

Notes

banquet「宴会，豪華な食事」→ (055)
facility「設備，施設」→ (051)
elaborate「入念な，凝った」→ (085)
whether A or B「A であれ，B であれ」
up to「(最高)〜まで」
courtesy「礼儀正しさ」→ (039)

Advertisement

でる順英単語 ▶ 1000語 ▶ 2000語 ▶ 3000語 ▶ 4000語

- **membership** [mémbərʃip] 名会員 [社員, 議員] であること
- **beauty** [bjúːti] 名美
  - ▶ **beautiful** [bjúːtəfl] 形美しい
- **reserve** [rizə́ːrv] 動 (〜を) 予約する, (〜を) 取っておく, (権利などを) 留保する
  名蓄え, 遠慮
  - ▶ **reserved** [rizə́ːrvd] 形予約してある, (性格が) 控えめな・内気な
  - ▶ **reservation** [rèzərvéiʃən] 名予約, (権利などの) 保留
- **reception** [risépʃən] 名宴会・歓迎会, 受け入れること, (会社などの) 受付・(ホテルの) フロント
  - ▶ **receptionist** [risépʃənist] 名受付係, フロント係
- **accommodate** [əkɑ́mədèit] 動 (要求などを) 受け入れる, (施設などが人を) 収容する

  accommodation → (038)
- **utmost** [ʌ́tmòust] 形最大 (限) の
  名 〔the 〜で〕 最大限
- **professionalism** [prəféʃənlizm] 名プロフェッショナル精神, プロ意識

  professional → (023)

PART 5

108 Advertisement 年越しクルーズ L-2.1

14-Day Cruise Expedition

Celebrate the New Year on this extraordinary voyage to the White Continent. Spectacular landscapes of the Chilean coast studded with deep fjords and emerald lakes await you as you sail towards the tip of South America.

ONLY SOUTH SEAS LINES INCLUDES THE FOLLOWING:

A twelve-day luxury cruise including all meals and entertainment

A two-night, first-class or deluxe hotel stay in Vina del Mar

Sightseeing in the Archipelago de las Chones

A New Year's Eve celebration

Captain's cocktail receptions

For More Information, Call Your Local Travel Agent or SOUTH SEAS LINES at 1111(2222)6543.

訳 14日間の船の旅

白い大陸へのこの(比類のない)すばらしい航海で新年を祝いましょう。南アメリカの先端へ向かうにつれて、深いフィヨルドとエメラルド色の湖が点在する壮観なチリ海岸の風景が、あなたを待ち受けています。

サウスシーズ・ラインズだけが以下のものを含みます：

12日間の全食事およびエンターテイメント込みの豪華船旅

ビナデルマールで一流ないしデラックスなホテルで2泊

チョネス諸島の観光

大晦日の祝賀会

船長のカクテルパーティー

詳細は地元の旅行代理店または1111(2222)6543番のサウスシーズ・ラインズへお電話ください。

Notes

White Continent「白い[南極]大陸」．

Advertisement

でる順英単語　■ 1000語　■ 2000語　▶ 3000語　▶ 4000語

◆ *be* studded with「〜が点在する」, fjord「フィヨルド」

- **cruise** [krúːz] 　　　　　图 巡航, 船旅　動 巡航する, 走行する
- **expedition** [èkspədíʃən] 　图 探検, 遠征, 探検隊
- **celebrate** [séləbrèit] 　　動 (〜を) 祝う
  - ▶ **celebration** [sèləbréiʃən] 　图 祝賀 (会)
- **extraordinary** [ikstrɔ́ːrdənèri] 　形 並外れた・比類のない, 臨時の
- **voyage** [vɔ́iidʒ] 　　　　图 航海, 空 [宇宙] の旅行
- **continent** [kάntənənt] 　　图 大陸
  - ▶ **continental** [kὰntənéntl] 　形 大陸の
- **landscape** [lǽndskèip] 　图 風景・景色
- **stud** [stʌ́d] 　　　　　　動 (〜に) 飾りびょうをつける, 点在させる
- **await** [əwéit] 　　　　　動 (〜を) 待つ, 待ち受ける
- **line** [láin] 　　　　　　图 線, 路線・(定期) 航路,
  (路線を経営する) 運輸会社, 行列, 電話線, 職業
- **luxury** [lʌ́gʒəri] 　　　形 豪華な (= luxurious)
  　　　　　　　　　　　图 豪華 (なもの), ぜいたく (品)
  - ▶ **luxurious** [lʌgʒúəriəs] 　形 豪華な, ぜいたくな
- **deluxe** [dəlʌ́ks] 　　　　形 豪華な, デラックスな
- **sightseeing** [sáitsìːiŋ] 　图 観光
  - ▶ **sight** [sáit] 　　　　图 見ること [見えること], 視力,
    〔〜sで〕名所
- **archipelago** [ὰːrkəpéləgòu] 图 列島, 群島
- **eve** [íːv] 　　　　　　　图 前夜 (祭), 前日
- **cocktail** [kάktèil] 　　　图 カクテル

PART 5

109　Advertisement　高性能サングラス

Whenever exposed to the sun, the best way to protect your eyes is to wear sunglasses that block ultraviolet (UV) rays. Bronson & Locke are the best protective sunglasses on the market. Made from the same optical-quality materials as prescription eyewear, the lenses are free of any blemishes or waves that can cause distortion and interfere with vision. Bronson & Locke sunglasses completely eliminate sun glare and exceed ANTI glare-control standards. Improve your vision, reduce eye strain, and minimizes the possibility of headaches.

訳 太陽に当たるときはいつでも，目を保護するのに一番いい方法は，紫外線をさえぎるサングラスをかけることです。
ブロンソン＆ロックは，発売されている中で最も保護機能の高いサングラスです。処方による眼鏡類と同じ光学特性の材料で作られているため，レンズにはゆがみの原因となり，視野を妨げる汚れや波紋がつきません。ブロンソン＆ロックのサングラスは，太陽のまぶしい光を完全に排除し，グレア制御基準を上回っています。あなたの視力を高め，目の疲れを減らして，頭痛の可能性を最小限に抑えましょう。

Notes

expose → (048)，
◆ **on the market**「売られている」，market → (031)
prescription「処方（箋），処方による」→ (062)
◆ **free of**「～から自由になって，～がない，～を免れる」
wave「波紋，波形模様」，eliminate「取り除く」→ (084)
eye strain「目の疲れ，眼精疲労」，strain → (022)
possibility → (007)

Advertisement

でる順英単語 ▶ 1000語 ▶ 2000語 ▶ 3000語 ▶ 4000語

- **wear** [wéər] 　動 (〜を) 着用する, すり減る [減らす] 〈out, etc.〉, 疲れさせる 〈down, out〉
  名 衣服
- **sunglasses** [sʌ́nglæsiz] 　名 サングラス
- **block** [blɑ́k] 　動 (〜を) さえぎる, (道などを) ふさぐ
  名 1区画, かたまり
- **ultraviolet** [ʌ̀ltrəváiələt] 　名 紫外線 (UV)
- **ray** [réi] 　名 光線・放射線, 〔a ray of で〕 わずかな〜
- **protective** [prətéktiv] 　形 保護 [防護] する, 保護的な
  - protect → (087)
- **optical** [ɑ́ptikl] 　形 光学の, 視力 [視覚] の
- **eyewear** [áiwèər] 　名 アイウェア, メガネ類
- **lens** [lénz] 　名 レンズ
- **blemish** [blémiʃ] 　名 しみ, 汚点　動 (容ぼうなどを) 損なう
- **distortion** [distɔ́ːrʃən] 　名 ゆがみ
  - ▶ **distort** [distɔ́ːrt] 　動 (事実・顔などを) ゆがめる
- **interfere** [ìntərfíər] 　動 (〜に) 口出しする 〈in〉, (〜を) 妨げる 〈with〉
  - ▶ **interference** [ìntərfíərəns] 　名 干渉, 妨害
- **vision** [víʒən] 　名 視力, 視野, 未来像
- **glare** [gléər] 　名 (太陽などの) まぶしい光
  動 (〜を) にらみつける 〈at〉, ぎらぎら光る
- **minimize** [mínəmàiz] 　動 (〜を) 最小にする
  - ▶ **minimum** [mínəməm] 　形 最小限の　名 最小限 (⇔ maximum (084))
- **headache** [hédèik] 　名 頭痛

PART 5

PART 5

110 | Information | ご意見を求む | L-1.9

Call for Public Comments on Provisional Amendments of the Motor Vehicles Act

The Department of Transport is planning to amend certain parts of the Motor Vehicles Act as shown in the attachment.

To get a broader consensus, we are welcoming public comments on the proposed amendments and would be grateful if you could fill out the enclosed form and return to us in the prepaid envelope by July 10.

Thank you for your valuable input.

訳 自動車法の暫定改正案について一般からのご意見の要請
運輸省では,添付の文書で示すように自動車法の一部改正を計画しています。
より広い合意を得るため,私たちは提案されている改正案についての皆様のご意見を歓迎します。そしてもし同封の用紙に記入し,前払い封筒で7月10日までにご返送いただければうれしく思います。
あなたの貴重なご意見に感謝いたします。

Notes

public comment「パブリックコメント,公[一般]の意見」
provisional「暫定的な」→(075)
transport →(101)
would be grateful if you could「〜していただければうれしく存じます」(丁寧な依頼の表現)
◆fill out「〜に記入する」
input「(提供された)情報・アイデア」→(065)

Information

でる順英単語 ▶ 1000語 ▶ 2000語 ▶ 3000語 ▶ 4000語

- **comment** [kάment] 名 論評, 意見
  動 (〜について) 論評する ⟨on, upon⟩
  - ▶ **commentary** [kάmentèri] 名 解説, 実況放送
  - ▶ **commentator** [kάmentèitər] 名 解説者, 実況放送のアナウンサー
- **amendment** [əméndmənt] 名 (〜の) 修正 [改正] ⟨to⟩, 改正案, 修正条項
  - ▶ **amend** [əménd] 動 (〜を) 修正する
- **act** [ǽkt] 名 法令, 条令 動 行動する, 動く
- **attachment** [ətǽtʃmənt] 名 添付ファイル, 付属品, 愛着
  attach → (032)
- **broad** [brɔ́ːd] 形 (幅が) 広い (⇔ narrow (043)), 広範な
- **consensus** [kənsénsəs] 名 (意見などの) 一致, (一致した) 意見
  - ▶ **consent** [kənsént] 名 同意 動 (〜に) 同意する ⟨to⟩
- **proposed** [prəpóuzd] 形 提案された
  - ▶ **propose** [prəpóuz] 動 (〜を) 提案する, (〜に) 結婚を申し込む ⟨to⟩
  proposition → (095)
  - ▶ **proposal** [prəpóuzl] 名 提案, 申込み
- **grateful** [gréitfl] 形 (〜に) 感謝している ⟨to, for⟩
- **prepaid** [prìːpéid] 形 前払いの, 前納の

PART 5

257

111 Information　ライセンス規定　L-1.9

License Information

This software is delivered as is. Pearl Software, Inc. takes no responsibility of any kind, implicit or explicit. If you do not agree to the terms of this license, you are not allowed to use this software. Please uninstall immediately in such case.

You have the right to use this software on one (1) PC of your choice.

Limited warranty: Pearl Software, Inc. shall not be liable for any damage caused by the software.

訳 ライセンス情報

このソフトウエアは現状・現品でのお届けです。パール・ソフトウエア株式会社は暗黙的にも明示的にも，いかなる責任も負いません。この使用許可条件に同意しない場合は，あなたはこのソフトウエアを使用してはなりません。そのような場合は直ちにアンインストールしてください。

あなたは，このソフトウエアをあなたが選択した1つのPCで使用する権利があります。

限定保証：パール・ソフトウエア株式会社は，このソフトウエアによって起こるいかなる損害に対しても責任を負いません。

Notes

software → (009)
◆ **as is**「現品で，現状のままで」
term → (032)
PC = personal computer
limited warranty「制限付保証，限定保証」
◆ *be* **liable for**「～の責任を負う」

Information

でる順英単語 ▶ 1000語 ▶ 2000語 ▶ 3000語 ▶ 4000語

- **license** [láisəns]
  - 名 免許(状), 使用許可
  - 動 (〜に)許可を与える
- **responsibility** [rispὰnsəbíləti] 名 責任, 義務
  - ▶ **responsible** [rispánsəbl] 形 (〜に・の)責任がある〈to, for〉, 信頼できる
- **implicit** [implísit] 形 暗黙の
- **explicit** [iksplísit] 形 明白な, 公然の, 明示的な
- **uninstall** [ὰninstɔ́:l] 動 (ソフトウェアを)アンインストールする
  - install →(004)
- **immediately** [imí:diətli] 副 直ちに, 直接に
  - immediate →(096)
- **case** [kéis] 名 場合, 事例, 事件・訴訟
- **warranty** [wɔ́(:)rənti] 名 保証(書)
- **liable** [láiəbl] 形 〜しがちな〈to do〉, 法的責任がある
  - ▶ **liability** [lὰiəbíləti] 名 (補償などの)責任, 〔〜ies で〕負債

112 Information 講座紹介 L-1.9

A critique of "criticism"

The word, "criticism" has a negative connotation for most people. When someone says, "She's so critical," we assume this is not a compliment. But in the literary sense "criticism" means to analyze and explain just as much as to evaluate and judge. This lecture is a form of art criticism. In the process of investigating the world of critics and criticism in the dramatic arts, we will apply the term in its positive sense.

訳「批評」についての批評

「批評」という言葉はたいていの人にとって否定的な含みを持つ。誰かが「彼女はとてもクリティカルだ」と言うとき,当然私たちは,これはほめ言葉ではない,と思う。しかし文学的意味合いおいては,「批評」は評価,判断することとまったく同じくらい分析,説明することを意味する。この講義は芸術批評の一形態である。演劇芸術における評論家と批評の世界を研究するうちに,私たちはその言葉を肯定的な意味で用いるようになるだろう。

Notes

critical → (048)
assume「〜を想定する,〜を本当だと思う」→ (081)
(just) as much as「(ちょうど)〜と同じ程度に」
in the process of「〜の過程で」

Information

でる順英単語　▶ 1000語　▶ 2000語　▶ 3000語　▶ 4000語

- **critique** [kritíːk]　名批評(法), 評論
- **criticism** [krítəsìzm]　名批評, 批判
  - ▶ **critic** [krítik]　名批評家, 評論家
  - critical　→ (048)
- **connotation** [kɑ̀nətéiʃən]　名言外の意味, 含意
- **compliment** [kɑ́mpləmənt]　名賛辞, 〔~sで〕あいさつ(の言葉)
  　　　　　　　　　　　　動 [kɑ́mpləmènt] (~に) 賛辞を述べる
- **literary** [lítərèri]　形文学の, 文芸の
  - ▶ **literal** [lítərl]　形文字通りの
- **analyze** [ǽnəlàiz]　動 (~を) 分析する (⇔ synthesize「統合する」)
  - analysis　→ (029)
- **evaluate** [ivǽljuèit]　動 (~を) 評価する
  - evaluation　→ (031)
- **judge** [dʒʌ́dʒ]　動 (~を[と]) 判断する, (~に) 判決を下す
  　　　　　　　　名裁判官, 審判(員)
  - ▶ **judgment** [dʒʌ́dʒmənt]　名判断(力), 判決
- **lecture** [léktʃər]　名講義, 講演　動講義[講演]する
- **investigate** [invéstəgèit]　動 (~を) 調査する・研究する
  - ▶ **investigation** [invèstəgéiʃən]　名調査, 検査
- **dramatic** [drəmǽtik]　形劇的な, 演劇の
  - ▶ **drama** [drɑ́ːmə]　名劇, 戯曲

PART 5

113 | Information | カーシャ | L-2.0

Kasha is an ingredient worth remembering if you wish to vary the nutritional value of your recipes.
Kasha is a traditional, high-quality protein dish of Eastern Europe and Russia and looks and tastes like grain. It has a nutty flavor and comes from the buckwheat plant.

訳 カーシャは，あなたが自分のレシピの栄養価に変化をつけたいと望むなら，覚えておく価値のある食材です。
カーシャは東ヨーロッパおよびロシアの伝統的な上質のタンパク質料理で，見た目も味も穀物のようです。木の実のような風味があり，ソバからとれます。

Notes

kasha [ká:ʃə]「カーシャ」
◆ worth *doing*「〜する価値がある」
nutritional value「栄養的価値，栄養価」
recipe →（026）
taste →（053）
buckwheat「ソバ（の実）」

Information

| でる順英単語 | ▶ 1000語 | ■ 2000語 | ■ 3000語 | ▶ 4000語 |

- **ingredient** [ingríːdiənt] 　名 (料理などの) 材料, 成分
- **worth** [wə́ːrθ] 　前 (〜の) 値打ちがある, (〜する) 価値がある ⟨doing⟩
  　名 価値
- **vary** [véəri] 　動 変化する [させる], (〜に) 変化を与える], (〜の点で) 異なる ⟨in⟩
  - various 　→ (090)
  - variety 　→ (018)
- **nutritional** [njuːtríʃənl] 　形 栄養上の
  - ▶ **nutrition** [njuːtríʃən] 　名 栄養 (摂取)
  - ▶ **nutritious** [njuːtríʃəs] 　形 栄養のある
- **traditional** [trədíʃənl] 　形 伝統的な
  - ▶ **tradition** [trədíʃən] 　名 伝統, 伝説
- **protein** [próutiːn] 　名 タンパク質
- **grain** [gréin] 　名 穀物, 木目
- **nutty** [nʌ́ti] 　形 木の実の味の, 風味豊かな
  - ▶ **nut** [nʌ́t] 　名 木の実, ナッツ
- **flavor** [fléivər] 　名 味, 風味, 趣
  　動 (食べ物に〜で) 風味を添える ⟨with⟩

PART 5

263

PART 5

114 | Instructions　カーシャサラダ　L-1.9

Greek-Style Kasha Salad
Place the kasha in a 2-quart microwavable dish and microwave on high for 2 minutes. Stir in 2 cups of boiling water and salt. Cover loosely with a plastic wrap or waxed paper and microwave on high for about 9 minutes, or until the liquid is absorbed. Let stand for 2 minutes. Uncover and fluff gently with a fork and cool to the "just-warm" point.
Add cucumbers, tomatoes, olives, feta cheese, garlic and salad dressing and toss. Serve at room temperature on lettuce leaves, if desired.

訳 ギリシャ風カーシャサラダ

電子レンジ対応の2クォート入りの容器にカーシャを入れ，電子レンジの強で2分間加熱します。熱湯2カップと塩を入れてかき混ぜます。ラップかクッキングペーパーでゆるくカバーし，強で約9分，あるいは汁が（吸収されて）なくなるまで電子レンジにかけます。そのまま2分間おきます。ラップをはがしフォークで静かにふくらませます。そして「わずかに温かい」温度まで冷まします。

キュウリ，トマト，オリーブ，フェタチーズ，ニンニク，そしてサラダドレッシングを加え，軽く混ぜます。室温になったところで，お好みでレタスの葉の上に盛りつけて出します。

Notes

quart「クォート〔液量単位〕= 1/4 gallon = 0.946 リットル」
microwave on high for ... minutes「電子レンジの強で…分加熱する」
plastic wrap「ラップ（フィルム）」
waxed paper「パラフィン紙，クッキングペーパー」
◆let stand「そのままにしておく」
fluff「（フワフワに）ふくらませる」
feta cheese「フェタチーズ（ヤギの乳から作るギリシャのチーズ）」
if desired「お好みで，お望みならば」

Instructions

でる順英単語 ▶ 1000 語 ▶ 2000 語 ▶ 3000 語 ▶ 4000 語

- **microwave** [máikrouwèiv] 動 (〜を) 電子レンジで調理 [加熱] する
  名 電子レンジ, マイクロ波
  - ▶ **microwavable** [máikrouwèivəbl] 形 電子レンジで調理できる
- **stir** [stə́ːr] 動 (〜を) かき回す, (感情を) かき立てる, (騒ぎなどを) 引き起こす ⟨up⟩
- **boil** [bɔ́il] 動 沸く [沸かす], 煮る [煮える]
- **loosely** [lúːsli] 副 ゆるく, 大まかに
  - ▶ **loose** [lúːs] 形 ゆるい, 結んでいない
    動 (〜を) 解き放つ
- **plastic** [plǽstik] 形 プラスチック [ビニール] 製の
  名 プラスチック [ビニール] 製品
- **wrap** [rǽp] 名 包むもの, 包装紙　動 (〜を) 包む
- **wax** [wǽks] 動 (〜に) ろうを塗る
- **liquid** [líkwid] 名 液体
  形 液体の, 流動性の (⇔ solid (185))
- **absorb** [əbsɔ́ːrb] 動 (〜を) 吸収する,
  [be 〜ed で] (〜に) 夢中である ⟨in⟩
- **uncover** [ʌnkʌ́vər] 動 (〜の) 覆いを取る, (〜を) 発見する
- **cucumber** [kjúːkʌmbər] 名 キュウリ
- **olive** [ɑ́liv] 名 オリーブ (の木)
- **garlic** [gɑ́ːrlik] 名 ニンニク (の球根)
- **dressing** [drésiŋ] 名 ドレッシング, (鳥料理の) 詰め物
  - ▶ **dress** [drés] 動 (〜に服を) 着せる　名 ドレス, 衣服
- **toss** [tɔ́(ː)s] 動 (〜を) 軽くほうる, (〜を) 軽く混ぜる
  名 トス, コイン投げ
- **lettuce** [létəs] 名 レタス
- **desire** [dizáiər] 動 (〜を強く) 望む　名 願望, 欲望

PART 5

265

115 Instructions テビオの服用法

What is Tebio?

Tebio tablets are long, white tablets with notches on both top and bottom. Each tablet contains 10 mgs of memantine hydrochloride.

How should Tebio be taken?

Always follow your doctor's instructions. You should take the medication regularly on a daily basis for optimum effect. Please ask your doctor or pharmacist if you have any concerns.

Dosage

The recommended daily dosage of Tebio for adults and older patients is 20 mgs (2×1 tablet). To lower the risk of side effects, the dose should be introduced gradually according to the following daily plan:

訳 テビオとは？

テビオ錠剤は長く白い錠剤で，上端と下端に切れ込みがあります。錠剤1つにつき10ミリグラムのメマンチン塩酸塩が含まれています。

テビオはどのように飲みますか？

必ず医師の指示に従ってください。最大限の効果をあげるためには薬を毎日規則正しく飲みましょう。何でも心配なことがあれば，医師か薬剤師にお尋ねください。

1回分の服用量

成人および高齢の患者へのテビオの推奨服用量は1日20ミリグラム（2錠）です。副作用の危険性を少なくするため，服用は以下のデイリープランに従って徐々に導入するようにします。

Instructions

でる順英単語 ▶ 1000語 ▶ 2000語 ▶ 3000語 ▶ 4000語

Notes

tablet → (062)
mg(s)「ミリグラム (milligram)」
memantine hydrochloride「メマンチン塩酸塩」
medication → (062)
on a daily basis「毎日の，日々」
pharmacist → (062)

- **notch** [nátʃ] 　　　　　名 V字型刻み目，切り込み
- **regularly** [régjələrli] 　副 定期的に
  - regular 　　　　　　→ (026)
- **optimum** [áptəməm] 　形 最適 [最高・最善] の
- **effect** [ifékt] 　　　　 名 影響・効果，
  　　　　　　　　　　　　〔take effect で〕効果を生じる，
  　　　　　　　　　　　　(法律などが) 発効する
  - effective 　　　　　→ (088)
- **adult** [ədʌ́lt] 　　　　　名 おとな，成人　形 成人の
- **lower** [lóuər] 　　　　　動 (~を) 下げる，減らす
  　　　　　　　　　　　　形 低い，下方の (⇔ upper (016))
- **dose** [dóus] 　　　　　名 (薬などの) 1回分
  　　　　　　　　　　　　動 (~に) 投薬する
  - dosage 　　　　　　→ (062)
- **introduce** [intrədjúːs] 　動 (~を) 導入する，(~を) 紹介する
  - ▶ **introduction** [intrədʌ́kʃən]　名 導入，紹介
- **gradually** [grǽdʒuəli]　副 徐々に (⇔ suddenly (201))
  - ▶ **gradual** [grǽdʒuəl] 　形 徐々の

116 | Instructions 手術を受ける心得 | L-1.9

Checklist for Surgery

The decision to have surgery is a very important one — an event you will need to be fully informed about and prepared for. Since preparedness can actually affect the outcome of your surgery, we have provided a checklist to assist you in your preparation.

....

After a patient is diagnosed and recommended for surgery, it is common for insurance companies to require "pre-certification" from the physician's office before allowing a patient to undergo the procedure. Therefore, it is important to check with your insurance carrier on which steps you must take. Some insurance companies also require patients to share in the cost (co-payment) for the hospital stay.

訳 手術のためのチェックリスト

手術を受ける決断は，とても重要なことです。それは完全に情報が告知されていること，および十分に準備しておくことが必要な出来事です。(どれだけ) 準備ができているかは実際に手術の結果に影響を与えますので，私たちはあなたが準備をするのをお手伝いするチェックリストを用意しました。

(中略)

患者が診断を受け手術を勧められると，保険会社は患者が処置 (手術) を受けることを認める前に，医院に「事前証明書」を要求するのがふつうです。それゆえ，あなたの保険会社と相談して，どのような措置をとるべきかを確認することが重要です。保険会社の中には，患者に入院費の共同負担 (個人一部負担) を要求することもあります。

Notes

affect → (049), pre-certification「事前証明」, certification → (091)
physician → (060)

Instructions

でる順英単語	■ 1000語	■ 2000語	■ 3000語	■ 4000語

- **checklist** [tʃéklìst] 　名 チェックリスト, 確認リスト
- **surgery** [sə́ːrdʒəri] 　名 手術, 外科
  - ▶ **surgeon** [sə́ːrdʒən] 　名 外科医
- **decision** [disíʒən] 　名 決定, 決心
  - decide 　→ (031)
- **event** [ivént] 　名 出来事, 行事
- **fully** [fúli] 　副 完全に, すっかり
  - ▶ **full** [fúl] 　形 いっぱいの, 満ちた
- **preparedness** [pripéərdnəs] 　名 準備 (ができていること), 覚悟
- **preparation** [prèpəréiʃən] 　名 準備, 心構え
  - prepare 　→ (054)
- **outcome** [áutkʌ̀m] 　名 (物事の) 結果, 成果
- **assist** [əsíst] 　動 (~を) 手伝う, 援助する
  - ▶ **assistance** [əsístəns] 　名 援助
  - assistant 　→ (098)
- **diagnose** [dáiəgnòus] 　動 (病気を…と) 診断する〈with, as〉
  - ▶ **diagnosis** [dàiəgnóusis] 　名 診断, 診察
  - diagnostic 　→ (060)
- **insurance** [inʃúərəns] 　名 保険
  - ▶ **insure** [inʃúər] 　動 (~に) 保険をかける
- **undergo** [ʌ̀ndərgóu] 　動 (苦しいことなどを) 経験する, (手術・治療などを) 受ける
- **carrier** [kǽriər] 　名 保険会社, 配達人・運送業者, 運搬車 [船], 保菌者

PART 5

117 Article 重力について L-1.8

Force and Gravity

Because of the earth's rotation, our planet is not a perfect sphere. It is a little flatter at the poles, and there is a slight bulge at the equator. This means that if you were standing at the poles, you would actually be closer to the center of the earth than if you were standing at the equator. Since the force of gravity between two objects is controlled in part by the distance to the center of the mass, the force of gravity at the poles is slightly more than at the equator. If you were to stand on a bathroom scale at the equator, you would actually weigh less than at the poles.

訳 力と重力

地球の自転のため、私たちの惑星は完全な球ではない。両極のところがやや偏平で、赤道ではわずかにふくらんでいる。これは、もしあなたが両極に立っていたら、赤道に立っているよりも実際は地球の中心により近くにいるであろうということを意味する。2つの物体間の引力は、質量の中心までの距離によってわずかに左右されるから、両極での重力は赤道で(の重力)よりわずかながら大きい。あなたがもし赤道で体重計に乗ったら、両極で計るよりも実際に体重は少ないであろう。

Notes

(force of) gravity「重力、引力」 ◆in part「ある程度、いくぶん」
If you were to stand ..., you would ～「もし…に立ったら、あなたは～だろう」 仮定法の文。
bathroom scale「体重計、ヘルスメーター」

Article

でる順英単語　1000語　2000語　3000語　4000語

- **force** [fɔ́:rs]
  - 名 力, 軍隊
  - 動 (〜に…することを) 強制する ⟨to *do*⟩
- **gravity** [grǽvəti]
  - 名 重力, 引力, (事態の) 重大さ
  - ▶ **grave** [gréiv]
    - 形 重大な
- **rotation** [ròutéiʃən]
  - 名 回転, 〔天文〕自転, 輪番
  - ▶ **rotate** [róuteit]
    - 動 回転する, (仕事などを) 交代でする
- **planet** [plǽnit]
  - 名 惑星, 〔the 〜で〕地球
- **sphere** [sfíər]
  - 名 球, (活動・知識の) 範囲
- **pole** [póul]
  - 名 極, さお, 柱
- **slight** [sláit]
  - 形 わずかな
  - ▶ **slightly** [sláitli]
    - 副 わずかに
- **bulge** [báldʒ]
  - 名 ふくらみ, 出っ張り
- **equator** [ikwéitər]
  - 名 赤道
  - ▶ **equation** [ikwéiʒən]
    - 名 等式, 方程式
- **mass** [mǽs]
  - 名 多数 [量], かたまり, 質量
  - ▶ **massive** [mǽsiv]
    - 形 大量の, 巨大な
- **scale** [skéil]
  - 名 はかり, 規模, 等級
- **weigh** [wéi]
  - 動 (〜の) 重さがある, (〜の) 重さを量る, (〜を) (比較) 検討する
- **weight** → (049)

PART 5

118 Article 敏感肌の原因 L-1.9

What causes sensitive skin?
Any natural substance, such as plant oil, beeswax, cocoa butter, and other natural oils, can cause skin irritation on sensitive skin. No ingredient is free from causing some kind of sensitive reaction, although natural ingredients have a better record than chemical compounds. Allergies are highly individualistic; hence a product that is perfectly suitable for one person may cause a rash in another. The essential oils of natural products are most likely to cause allergic reactions because they are so powerful.

訳 何が敏感肌の原因となるのか。
植物油，蜜ろう，カカオバター，その他自然由来の油などのような天然の物質は何であれ，敏感な肌に炎症を引き起こすものである。天然の成分は化学化合物に比べて成績はよいが，どんな成分も何らかの鋭敏な反応を引き起こさないことはない。アレルギーは非常に個人独特のものである。したがって，ある人に完全に適した製品が別の人には発疹を引き起こすかもしれないのである。天然の産物であるエッセンシャルオイルはとても強力なので，アレルギー反応を起こす可能性が最も高い。

Notes

beeswax「蜜ろう」
skin irritation「皮膚のかぶれ，皮膚炎」
ingredient → (113)
◆ *be* **free from**「～がない，～を免れている」
essential oil「エッセンシャルオイル」
◆ *be* **most likely to** *do*「最も～しそうである」

Article

でる順英単語 ▶ 1000 語 ▶ 2000 語 ▶ 3000 語 ▶ 4000 語

- **sensitive** [sénsətiv] 形 (〜に) 敏感な・神経質な 〈to, about〉
  (⇔ insensitive「鈍感な」)
  - ▶ **sensible** [sénsəbl] 形 分別のある，賢明な
  - sense → (022)
- **skin** [skín] 名 皮膚，皮
- **substance** [sʌ́bstəns] 名 物質，本質
- **cocoa** [kóukou] 名 ココア
- **irritation** [irités ʃən] 名 いらいら，炎症
  - ▶ **irritate** [íriteit] 動 (〜を) いらいらさせる，ひりひりさせる
- **reaction** [ri(ː)ǽkʃən] 名 反応
  - ▶ **react** [ri(ː)ǽkt] 動 (〜に) 反応する 〈to〉，(〜に) 作用する 〈on〉
- **chemical** [kémikl] 形 化学の 名 化学製品 [薬品]
  - ▶ **chemistry** [kémistri] 名 化学
- **compound** [kámpaund] 名 化合 [合成] 物
  動 [kəmpáund] (〜を) 混合する
- **allergy** [ǽlərdʒi] 名 (〜に対する) アレルギー 〈to〉
  - ▶ **allergic** [ələ́rdʒik] 形 アレルギー (性) の
- **individualistic** [ìndəvìdʒuəlístik] 形 個別的な，個人 [利己] 主義 (者) の
  individual → (092)
- **hence** [héns] 副 それゆえに，したがって
- **suitable** [súːtəbl] 形 (〜に) 適した・ふさわしい 〈for, to〉
- **rash** [rǽʃ] 名 発疹，〔a rash of で〕(事件などの) 多発
  形 軽率な

119 Article ベビーブーマーの定年

The baby boom generation, that huge post-World-War II birth surge now numbering 76 million people, has affected everything, from our public schools to colleges, and to the job market over the last five decades. Now that they are reaching retirement age, baby boomers will have a huge impact on housing, social services, and medical care.

Though the process is just beginning, governments are already feeling the pinch of this aging population. If you think the government is going to have the resources to take care of you in your retirement years, you better reconsider. Tough times lie ahead.

訳 ベビーブーム世代，あの第二次世界大戦後のぼう大な出生ラッシュによる7600万人にのぼる人々は，この50年間にわたり公立学校から大学そして就職市場に至るまであらゆることに影響を及ぼしてきた。今や彼らは定年に近づいているので，ベビーブーム世代は住宅供給，社会福祉，医療に非常に大きな影響を与えるだろう。
変化の過程は始まったばかりだが，政府はすでにこの高齢化人口の経済問題に苦しんでいる。あなたがもし，政府には定年後のあなたの世話をする資金があると考えるなら，考え直したほうがいい。厳しい時代が行く手に待ち受けている。

Notes

number「(総計) ～になる」
◆ now that ...「今や…であるから」
social services「社会福祉 (事業)」, service → (024)
medical care「医療」

Article

でる順英単語 ▶ 1000 語 ▶ 2000 語 ▶ 3000 語 ▶ 4000 語

feel the pinch「経済的苦境に陥る」
resources「資金」→ (090)
lie ahead「前途に待ち受けている」

- **generation** [dʒènəréiʃən] 　名 世代, 〔集合的に〕同世代の人々
  generate 　→ (094)
- **war** [wɔ́ːr] 　名 戦争, 戦い
- **surge** [sə́ːrdʒ] 　名 急増
  　動 (急激に) 高まる, 押し寄せる
- **retirement** [ritáiərmənt] 　名 退職
  ▶ **retire** [ritáiər] 　動 (~を) 退職 [引退] する〈from〉
  ▶ **retired** [ritáiərd] 　形 退職 [引退] した
- **boomer** [búːmər] 　名 ベビーブーム世代の人 (= baby boomer),
  　〔the ~s で〕ベビーブーム世代
  boom 　→ (100)
- **social** [sóuʃl] 　形 社会の, 社交的な
  ▶ **socialize** [sóuʃəlàiz] 　動 社交的に付き合う, (~を) 社交的にする
- **pinch** [píntʃ] 　名 〔the ~ で〕ピンチ, (経済的) 困難
  　動 (~を) 指でつまむ
- **reconsider** [rìːkənsídər] 　動 再考する, 考え直す
  consider 　→ (031)
- **lie** [lái] 　動 横たわる, (~に) ある
  ▶ **lay** [léi] 　動 (~を) 横たえる,
  　〔lay off で〕一時解雇する

● 単語 CHECK (23) 　　106〜111 (p.248〜p.259)

106	a digital **communications** studio	デジタル通信スタジオ
	create a **platform**	プラットホーム[基盤]を創り出す
	transform your dreams into **reality**	夢を現実に変える
	This **passion drives** us to ...	この情熱が…へと駆り立てる
	original designs	独創的デザイン
107	club **membership**	クラブ会員
	reserve an after-golf party	ゴルフ後のパーティーを予約する
	a wedding **reception**	結婚披露宴
	the utmost **professionalism**	最高のプロフェッショナル精神
108	a twelve-day **luxury cruise**	12日間の豪華な船旅
	celebrate the New Year	新年を祝う
	an **extraordinary voyage**	すばらしい[比類のない]航海
	the White **Continent**	白い大陸
	spectacular **landscapes**	壮観な風景
	a **deluxe** hotel	デラックスなホテル
109	**wear** sunglasses	サングラスをかける
	block UV **rays**	紫外線をさえぎる
	interfere with **vision**	視野を妨げる
	minimizes the possibility of **headaches**	頭痛の可能性を最小限にする
110	public **comments** on the **proposed** amendments	提案されている改正案についての一般からの意見
	a **broader consensus**	より広い合意
111	take no **responsibility** of any kind	いかなる責任も負わない
	agree to the terms of this **license**	この使用許可条件に同意する

● 単語 CHECK (24) 112～115 (p. 260～p. 267)

112
- [ ] **analyze** and explain — 分析し，説明する
- [ ] **evaluate** and **judge** — 評価し，判断する
- [ ] This **lecture** is a form of art **criticism**. — この講義は芸術批評の一形態である。
- [ ] in the process of **investigating** — 研究の過程で
- [ ] the **dramatic** arts — 演劇芸術

113
- [ ] an **ingredient worth** remembering — 覚えておく価値のある食材
- [ ] **vary** the nutritional value — 栄養価に変化をつける
- [ ] a **traditional** dish — 伝統的な料理
- [ ] taste like **grain** — 穀物のような味がする
- [ ] a nutty **flavor** — 木の実のような風味

114
- [ ] **microwave** for 2 minutes — 2分間電子レンジで加熱［調理］する
- [ ] **stir** in 2 cups of **boiling** water — 熱湯2カップを入れかき混ぜる
- [ ] cover **loosely** with a **plastic wrap** — ラップでゆるくカバーする
- [ ] until the **liquid** is **absorbed** — 汁［液体］が（吸収されて）なくなるまで
- [ ] add salad **dressing** and **toss** — サラダドレッシングを加え軽く混ぜる
- [ ] if **desired** — お好み［お望み］ならば

115
- [ ] take the medication **regularly** — 薬を規則正しく飲む
- [ ] for optimum **effect** — 最大限の効果をあげるために
- [ ] **adults** and older patients — 成人および高齢の患者
- [ ] **lower** the risk of side effects — 副作用の危険性を少なくする
- [ ] **introduce gradually** — 徐々に導入する

PART 5

● 単語 CHECK (25)　　116〜119 (p. 268〜p. 275)

116
- [ ] an **event** you will need to be **fully** informed — **完全**に説明を受けていることが必要な**出来事**
- [ ] the **outcome** of your **surgery** — **手術**の**結果**
- [ ] a **checklist** to **assist** you in your preparation — あなたが**準備**するのを**手伝う****チェックリスト**
- [ ] **insurance** companies — **保険**会社
- [ ] **undergo** the procedure — 処置 [手術] を**受ける**

117
- [ ] the **force** of gravity — 重力の**力**
- [ ] Our **planet** is not a perfect sphere. — 私たちの**惑星**は完全な球ではない。
- [ ] a **slight** bulge at the equator — 赤道で**わずかに**ふくらんでいる
- [ ] the center of the **mass** — **質量**の中心
- [ ] a bathroom **scale** — **体重計**
- [ ] **weigh** less than at the **poles** — **極**で (測る) よりも**体重が**少ない

118
- [ ] **sensitive** skin — **敏感な肌**
- [ ] natural **substance** — 天然の**物質**
- [ ] **chemical compounds** — **化学化合物**
- [ ] *be* **suitable** for one person — ある人に**適している**

119
- [ ] the baby boom **generation** — ベビーブーム**世代**
- [ ] reach **retirement** age — **定年**に達する
- [ ] **social** services — **社会福祉事業**
- [ ] **lie** ahead — 行く手に**横たわっている** [待ち受けてる]

◆ 熟語 CHECK (4)　　072〜095 (p. 172〜p. 221)

072	a series of	一連の, ひと続きの
075	account for	〜の割合を占める
	deserve credit for	(行為など)は称賛に値する
076	in search for	〜を求めて
079	familiarize *oneself* with	〜をよく理解する, 〜になじむ
	be dissatisfied with	〜に満足していない, 〜が気に入らない
080	*be* sure to *do*	必ず〜する
081	other than	〜以外の
	make sure (that)	必ず〜するようにする
082	make use of	〜を利用する
	think of A as B	A を B とみなす
083	allow for	〜を考慮に入れる・見込む
084	serve as	〜としての機能を果たす
086	come with	〜が付属している
089	earn *one's* (doctoral) degree	(博士の)学位を得る
	conduct research on	〜についての研究をする
091	have a vacancy for	〜の欠員がある
092	on the lookout for	〜を探している, 求人している
	please A with B	A を B で喜ばせる
	up to	(最高)〜まで
	on (a) par with	〜と同等で
093	full range of	全範囲の, すべて揃った
	cool down	冷める・冷える [冷ます・冷やす]
095	take a position for [against]	〜に賛成 [反対] の立場をとる
	argue for [against]	〜に賛成 [反対] の論を張る

PART 5

279

◆ 熟語 CHECK (5)   096〜119 (p. 226〜p. 275)

097	on charges of	〜の罪で, 〜のかどで
098	in an effort to *do*	〜するために, 〜することを目指して
	move ahead with	〜を進行させる・推進する
	call for	〜を要求する・訴える
	crack down on	〜を厳しく取り締まる
099	mistake A for B	A を B と間違える
100	compared to [with]	〜に比べて, 〜と比較して
101	under way	(計画・作業などが)進行中で
103	*be* in the process of *doing*	〜している最中である
104	take in	〜に見入る, 〜を取り入れる, 受け入れる
106	go beyond	〜を超える
108	*be* studded with	〜が点在する
109	on the market	売られている
	free of	〜から自由になって, 〜がない, 〜を免れる
110	fill out	〜に記入する
111	as is	現品で, 現状のままで
	be liable for	〜の責任を負う
113	worth *doing*	〜する価値がある
114	let stand	そのままにしておく
117	in part	ある程度, いくぶん
118	*be* free from	〜がない, 〜を免れている
	be (most) likely to *do*	(最も)〜しそうである
119	now that ...	今や…であるから

PART 6

パッセージ
No.120〜265

Report ·················· 282

**Information/
Instructions** ············ 312

Article ··················· 338

PART 6

でる順英単語　1000語　2000語　3000語　4000語

1 Report

(120 〜 176)

❶ 自然災害

120　　　　　　　　　　　　　　　　　　　L-1.2

Miami was forced to close its airport and shipping ports late in the afternoon due to strong winds.

訳 マイアミは午後遅くに強風のため，空港と港を閉鎖せざるを得なかった。

- **port** [pɔ́ːrt]　　　　　　名 港
- **wind** [wínd]　　　　　　名 風
  　　　　　　　　　　　動 [wáind]（糸・テープなどを）巻く，（道・川が）うねる〈through, across〉
  ▶ **windy** [wíndi]　　　　形 風の強い

Notes
- *be* **forced to** *do*「〜せざるを得ない，〜を余儀なくされる」
- **due to**「〜のために，〜のせいで」→ (006)

121　　　　　　　　　　　　　　　　　　　L-1.2

They piled big bags filled with sand on the edges of lakes and rivers to block the rising water.

訳 彼らは増水を封じるために，砂を満杯に詰めた大きな袋を湖や川のふちに積み重ねた。

- **pile** [páil]　　　　　　動 積み重ねる [重なる]〈up〉

Report

名 (物の) 山, たくさんの 〈of〉

Notes

edge → (067)

---

122   L-1.2

Citizens of the Miami city area were encouraged to stay home because of the flooding, which blocked streets, cut-off electricity, and made travel dangerous and difficult.

訳 マイアミ市街地の市民は洪水のため外出しないよう勧告を受けた。洪水は街路をふさぎ, 電気を止め, 移動は危険で困難となった。

- **citizen** [sítizn] 　　　　　　名 市民, 国民
- **flooding** [fládiŋ] 　　　　　名 洪水
  - **flood** [flád] 　　　　　　名 洪水〔溢れ出た水〕 動 氾濫する
- **electricity** [ilèktrísəti] 　　名 電気
  - **electric** [iléktrik] 　　　 形 電気の, 電動の
  - **electrical** [iléktrikl] 　　 形 電気の [に関する]

Notes

- ◆ *be* encouraged to *do*「〜するように推奨される」
- ◆ because of「〜のために, 〜のせいで」
- block → (109), travel「移動, 進行」

---

123   L-1.4

Many people were completely caught off guard as the earthquake struck at 11:29 PM.

訳 夜11時29分に地震が起こったので, 多くの人はまったくの不意を突かれた。

- **catch** [kǽtʃ] 　　　　　　動 (〜を) つかまえる, (〜を) 聞き取る

PART 6

でる順英単語 ▶ 1000語 ▶ 2000語 ▶ 3000語 ▶ 4000語

（乗り物に）乗る・間に合う

- **guard** [gá:rd]　　名 監視人・見張り, 監視, 警戒
　　　　　　　　　　動（攻撃などから）守る,（～に）用心する〈against〉

- **earthquake** [ə́:rθkwèik]　　名 地震

Notes

strike → (099), ◆ *be caught off guard*「不意を突かれる」

124　　L-1.7

The hurricane tore up trees, wiped out houses, and caused more than $7 billion in damage.

訳　そのハリケーンは木を引き裂き, 家屋を壊滅させ, 70億ドルを超える被害を引き起こした。

- **hurricane** [hə́:rəkèin]　　名〔気象〕ハリケーン
- **tear** [téər]　　動（～を）引き裂く〈up〉, 取り壊す〈down〉
　　　　　　　　名 [tíər] 涙
- **wipe** [wáip]　　動（～を）ふく・ぬぐう,
　　　　　　　　　　（～を）ふき取る〈off, away〉,
　　　　　　　　　　〔wipe out で〕（～を）一掃する・壊滅させる
- **billion** [bíljən]　　名 形 10億（の）

Notes

◆ *cause $ ... in damage*「…ドルの被害を引き起こす」

125　　L-2.1

Thousands of residents living in low-lying areas were forced to evacuate.

訳　土地の低い地帯に住む何千人もの居住者が強制避難させられた。

- **evacuate** [ivǽkjuèit]　　動 避難する[させる]

● **Report**

> Notes

resident「居住者, 在住者」→ (046), low-lying「低地の」

126　L-1.6

Medical staff members are trying to trace everyone who has had contact with the victims.

訳 医療職員たちは被害者と接触したすべての人を捜し出そうとしている。

- **trace** [tréis]　　動 (由来などを) 追跡 [調査] する 〈back〉, (〜を) 捜し出す, トレースする
　　　　　　　　　　名 跡
  - **traceability** [trèisəbíləti]　名 トレーサビリティ, 追跡可能性

> Notes

victim「犠牲者, 被害者, 患者」→ (046)

127　L-2.2

A lightning strike on Wednesday, September 6, interrupted the preparation for the launch of the Space Shuttle.

訳 9月6日水曜日の落雷が, スペースシャトルの打ち上げ準備を中断させた。

- **lightning** [láitniŋ]　　名 稲妻, 電光
- **interrupt** [ìntərʌ́pt]　　動 (〜を) 中断させる, (話などを) 遮る
  - **interruption** [ìntərʌ́pʃən]　名 (話を) 遮ること, 中断
- **shuttle** [ʃʌ́tl]　　名 定期往復便, スペースシャトル

> Notes

lightning strike「落雷」, launch → (078)
Space Shuttle「スペースシャトル, 宇宙連絡船」

PART 6 でる順英単語 ▶ 1000語 ▶ 2000語 ▶ 3000語 ▶ 4000語

❷ 気候・気象

128 L-1.2

Wet conditions are expected to hang around for the next three days.

🈯 ここ3日は雨模様が続くでしょう。

- **wet** [wét]   形 濡れた・湿った,雨の・雨がちの
- **hang** [hǽŋ] 動 ぶら下がる [下げる],
   〔hang on で〕待つ・がんばり通す

Notes

◆ *be* expected to *do*「〜すると考えられている,〜することになっている」

◆ hang around「たむろする,ぶらつく,うろつく」

---

129 L-1.5

This week, steady rains continued in the same regions of Texas, with no hint of letting up.

🈯 今週はテキサス州の同じ地域一帯に小やみなく降る雨が続き,やむ気配がありませんでした。

- **steady** [stédi] 形 安定した,着実な
- **hint** [hínt]   名 暗示・ヒント,気配・きざし
            動 ほのめかす

Notes

region → (047), let up「(風雨などが) やむ」

● **Report**

130 L-1.6

Storm watch officials announced that around 4 a.m., a tornado touched ground about 90 miles west of Tallahassee, Florida.

訳 暴風監視職員は，午前4時ごろ竜巻がフロリダ州タラハシーの西方約90マイルの地面に達した，と発表した。

- **storm** [stɔ́ːrm] 　　名 嵐　動 突進する〈into, out of〉
- **tornado** [tɔːrnéidou] 　　名 トルネード（米国中西部の竜巻）
- **touch** [tʌ́tʃ] 　　動（〜に）触れる，感動させる
　　　　　　　　　　名 連絡，接触
- **ground** [gráund] 　　名 地面，〔〜s で〕理由・根拠，（研究の）分野

131 L-1.9

The National Weather Service announced that a tornado was spotted on radar but that a twister could not be confirmed until the damage was more closely examined.

訳 連邦気象局は，竜巻が気象レーダーで発見されたが，被害をより詳しく調べないと竜巻と確認はできない，と発表した。

- **spot** [spát] 　　動（〜を）見つける・発見する，しみをつける
　　　　　　　　名 場所，斑点・しみ
- **radar** [réidɑːr] 　　名 レーダー・電波探知機
- **twister** [twístər] 　　名 竜巻〔tornado のくだけた言い方〕
  - ▶ **twist** [twíst] 　　動 ねじる[ねじれる]，曲げる[曲がる]
　　　　　　　　　　名 ねじれ，（情勢などの）展開

Notes

announced that 〜 but that ... 「〜であるが…であると発表した」

PART 6 でる順英単語 ▶ 1000語 ▶ 2000語 ▶ 3000語 ▶ 4000語

③ 事件・犯罪

132 L-1.3 CD 2-27

About 25,000 people gathered to pay their respects to those lost in the attack.

訳 およそ2万5,000人の人々が集まり、その攻撃で亡くなった人々に弔意を表した。

- **respect** [rispékt]　　名 尊敬・尊重, 〔in respect で〕(〜の) 点
　　　　　　　　　　　　動 (〜を) 尊敬する・尊重する

Notes

◆ pay one's **respects** to「〜への敬意を表する」 文脈で「弔意」の意味にもなる。
those lost = those (who are) lost
attack → (043)

133 L-1.3 CD 2-27

Earlier, firefighters were busy battling a five-alarm fire in the same area that caused about $600,000 in damage and forced 15 people from their homes.

訳 これに先立って、消防士たちは同地域で、60万ドルの被害をもたらし、15人を住居から強制避難させた警報レベル5の火災と息つく間もなく闘っていた。

- **firefighter** [fáiərfàitər]　　名 消防士
- **battle** [bǽtl]　　動 闘う (= fight), 奮闘する
　　　　　　　　　　　名 戦闘・戦い
- **alarm** [əlá:rm]　　名 警報 (器), 目覚まし

● **Report**

134 L-1.5

Witnesses have said that the driver of the bus was severely injured after being chased and shot at by the police.

訳 目撃者たちは，バスの運転手は警察に追跡され，銃で撃たれて重傷を負ったと言っている。

- **witness** [wítnəs] 　　　　名 目撃者，証人
 　　　　　　　　　　　　　 動 (〜を) 目撃する・証言する
- **chase** [tʃéis] 　　　　　　動 (〜を) 追跡する　名 追跡
- **shoot** [ʃúːt] 　　　　　　 動 撃つ，写真を撮る　名 新芽
  　shot 　　　　　　　　　 → (017)

Notes

◆ shoot at「〜を狙って撃つ」

135 L-1.6

The thief escaped with $245,000, was arrested and charged with the crime.

訳 24万5,000ドルを持って逃亡した泥棒は，逮捕され罪を告発された。

- **thief** [θíːf] 　　　　　　　名 泥棒
- **arrest** [ərést] 　　　　　　動 (〜を) 逮捕する　名 逮捕
- **crime** [kráim] 　　　　　 名 犯罪，罪

Notes

◆ *be* **charged with**「〜の罪で告発される」, charge → (004)

PART 6

でる順英単語 1000語 2000語 3000語 4000語

136 L-1.6

The airlines will also develop guidelines for the crew so that they are better prepared to handle threats.

訳 その航空会社でも，乗務員がよりよく脅しに対処する備えができるように，乗務員に対する指針をまとめるだろう。

- **airline** [éərlàin] 名〔~s で〕航空会社，定期航空路
- **crew** [krúː] 名〔集合的に〕乗組員・乗務員，(仕事の)チーム
- **handle** [hǽndl] 動(~を)扱う，処理する
  名 取っ手，ハンドル
  ▶ **handling** [hǽndliŋ] 名 手で触れること，取扱い
- **threat** [θrét] 名(~を)脅かすもの・脅威⟨to⟩，(~の)恐れ⟨of⟩

Notes

guideline「指針」→ (080)
◆ be prepared to do「~する覚悟をする・備えをする」

137 L-1.8

Apparently, the thieves had broken through a skylight and slipped into the koala exhibit, then kidnapped the two furry creatures.

訳 どうやらその2人組の泥棒は天窓を突き破ってコアラ展示室に忍びこみ，そしてこの2匹の毛のふさふさした動物をさらったらしい。

- **apparently** [əpǽrəntli] 副 どうやら~らしい
  ▶ **apparent** [əpǽrənt] 形 明白な，見かけの
- **skylight** [skáilàit] 名 天窓，明かり取り
- **slip** [slíp] 動(誤って)滑る，こっそり動く[入る・出る]

● **Report**

	名 伝票
■ **koala** [kouá:lə]	名 コアラ（= koala bear）
■ **exhibit** [igzíbit]	名 展示（品），展示会（= exhibition） 動（〜を）展示する，示す
▶ **exhibition** [èksəbíʃən]	名 展示（会），公開演技［試合］
■ **kidnap** [kídnæp]	動（〜を）誘拐する
■ **furry** [fə́:ri]	形 毛皮で覆われた，柔毛状の，フワフワの
▶ **fur** [fə́:r]	名 毛皮（製品）
■ **creature** [krí:tʃər]	名 生き物，動物

Notes

thief → (135)，◆ **break through**「〜を打ち破る」

138　　　　　　　　　　　　　　　　　　　L-1.8　CD 2-30

It is reported that the gang took the immigrants' passports.

訳 その一味が移住者らのパスポートを奪った，と報道されている。

■ **gang** [gǽŋ]	名 群れ・集団，非行集団・ギャング
■ **immigrant** [ímigrənt]	名（他国からの）移住者 （⇔ emigrant「（他国への）移住者」）
▶ **immigrate** [ímigrèit]	動（他国から）移住する
▶ **immigration** [ìmigréiʃən]	名（他国からの）移住 （⇔ emigration「（他国への）移住」）
■ **passport** [pǽspɔ̀:rt]	名 旅券，パスポート

Notes

It is reported that ...「…と報道されている」
take「〜を奪う」

139

President Bush wants all nations to create strict laws against anyone who uses biological weapons.

訳 ブッシュ大統領は，すべての国々が生物兵器を使用するいかなる者に対しても厳格な法律を制定することを欲している。

- **strict** [stríkt] — 形 厳しい，厳格な
  - **strictly** [stríktli] — 副 厳しく，厳格に
- **biological** [bàiəládʒikl] — 形 生物学（上）の，生物学的な
  - **biology** [baiálədʒi] — 名 生物学，生態学（= ecology）
  - **biologist** [baiálədʒist] — 名 生物学者
- **weapon** [wépn] — 名 武器

Notes
create → (106)，biological weapon「生物兵器」

140

Reportedly, the US is not accepting Saudi's request that the suspects should not be brought to justice in the United States.

訳 伝えられるところによると，容疑者をアメリカの裁判にかけるべきでないというサウジアラビアの要求をアメリカは拒否している。

- **reportedly** [ripɔ́ːrtidli] — 副 伝えるところ[報道]によれば，
  report → (099)
- **suspect** [sʌ́spekt] — 名 容疑者
  動 [səspékt]（〜ではないかと）思う〈that〉，（〜を…の容疑で）疑う〈of〉
- **justice** [dʒʌ́stis] — 名 裁判（官），正義・公正（⇔ injustice「不正」）
  - **justify** [dʒʌ́stəfài] — 動（〜を）正当化する

● Report

▶ **justification** [dʒʌ̀stəfikéiʃən]　名 正当化

Notes

◆ bring A to justice「A を裁判にかける」

141　　　　　　　　　　　　　　　　　　　L-1.9

Authorities in Singapore reported that 13 people had become ill after taking a new herbal diet pill manufactured in China.

訳 シンガポール当局は，13 人が中国製の新しいハーブのダイエット用錠剤を飲んだ後，具合が悪くなったと報じた。

■ **diet** [dáiət]　　　　　　　　名（減量のための）規定食，（日常の）飲食物
■ **pill** [píl]　　　　　　　　　　名 丸薬・錠剤，〔the ～で〕経口避妊薬
■ **herbal** [ə́ːrbl]　　　　　　　 形 薬草の
　▶ **herb** [ə́ːrb]　　　　　　　 名 ハーブ〔薬草・香料植物〕

Notes

authorities「当局，その筋」→ (048)

◆ become ill「病気になる，気持ちが悪くなる」　manufacture → (051)

142　　　　　　　　　　　　　　　　　　　L-2.0

Every year there are fatal accidents on Chinese roads at this time, often blamed on overcrowded buses and overworked drivers.

訳 例年この時期には中国の路上で死亡事故が起きているが，それはしばしば，超満員のバスと過重労働の運転者に責任があると考えられている。

■ **blame** [bléim]　　　　　　　動（～を）非難する，（～の）責任にする 〈on〉
　　　　　　　　　　　　　　　　名（失敗などの）責任

PART 6

PART 6　でる順英単語　1000語　2000語　3000語　4000語

- **overcrowded** [òuvərkráudid]　形　超満員の，混雑した
- **overworked** [òuvərwə́:rkt]　形　過重労働の
  - ▶ **overwork** [òuvərwə́:rk]　動　働きすぎる，(〜を)こき使う
    　　　　　　　　　　　　　　名 [óuvərwə̀:rk] 働きすぎ・過労

  Notes
  a fatal accident「死亡事故」, fatal → (043)

143　L-2.1

On Wednesday, July 25, in a San Francisco court, it was ruled that Napster's music downloads are illegal under United States copyright law.

訳　7月25日水曜日，サンフランシスコの裁判所で，ナプスター社の音楽ダウンロードは米国著作権法の下で違法であることが裁定された。

- **court** [kɔ́:rt]　名　裁判所，(テニスなどの) コート，中庭
  - ▶ **courtyard** [kɔ́:rtjɑ̀:rd]　名　中庭
- **illegal** [ilí:gl]　形　違法の，非合法の (⇔ legal (007))
  - ▶ **illegally** [ilí:gəli]　副　違法に，不法に

  Notes
  rule (that) ...「…であると裁定する」, rule → (058), download → (083)
  copyright law「著作権法」, copyright → (081)

144　L-2.1

President Bush is considering giving legal status to those illegal immigrants who are currently in the country.

訳　ブッシュ大統領は，現在国内にいる不法移民に合法的地位を与えることを考慮中である。

- **status** [stéitəs]　名　(社会的) 地位，状態・状況

● **Report**

Notes

illegal immigrants「非合法の移民」, immigrant → (138)

---

145 L-2.6

Coach Fired After Admitting He Lied:
On December 2, the University of Notre Dame fired their football coach Jim Taylor.

訳 虚言を認めコーチ解任:
12月2日, ノートルダム大学はフットボールのコーチであるジム・テーラーを解雇した。

- **coach** [kóutʃ] 　　　名 コーチ・監督, (乗り物の) エコノミー席
- **lie** [lái] 　　　動 うそを言う　名 うそ

Notes

fire「(〜を) 解雇する」→ (101)

---

146 L-3.1

On Wednesday, August 1, the Senate approved new arsenic regulations.

訳 8月1日水曜日, 上院は新しいヒ素規制を承認した。

- **senate** [sénət] 　　　名 (二院制議会の) 上院
  - ▶ **senator** [sénətər] 　　　名 上院議員
- **regulation** [règjəléiʃən] 　　　名 〔〜s で〕規則, 規制
  　　　　　　　　　　　　　　(⇔ deregulation「規制緩和」)
  - ▶ **regulate** [régjəlèit] 　　　動 (〜を) 規制する, (機器などを) 調整する

Notes

approve → (036), arsenic「〔化学〕ヒ素」

PART 6

PART 6 でる順英単語 ▶ 1000語 ▶ 2000語 ▶ 3000語 ▶ 4000語

④ 芸能・スポーツ

147　　　　　　　　　　　　　　　　　　　　　　L-1.3

The Grammys will be held on February 8, 2006, and they will be broadcast over ABC. It will be the 48th Grammy Awards ceremony.

訳　グラミー賞（の発表）が2006年2月8日に行われ，ABC放送で放送される。48回目のグラミー賞受賞式となる。

- **broadcast** [brɔ́ːdkæst]　　動 放送する　名 放送
  - ▶ **broadcasting** [brɔ́ːdkæstiŋ]　名 放送（業）
- **award** [əwɔ́ːrd]　　　　　名 賞，賞品　動 (人に賞を)与える

Notes
ceremony → (047)

148　　　　　　　　　　　　　　　　　　　　　　L-1.4

The Men's team placed a disappointing 6th in the Men's World Basketball Championships early this month.

訳　男子チームは，今月初め世界男子バスケット選手権大会では期待に反して第6位となった。

- **disappointing** [dìsəpɔ́intiŋ]　形 期待に反する，失望させる（ような）
  - ▶ **disappoint** [dìsəpɔ́int]　動 (〜を) 失望させる，がっかりさせる
  - ▶ **disappointed** [dìsəpɔ́intid]　形 がっかりした，失望した
  - ▶ **disappointment** [dìsəpɔ́intmənt]　名 失望

Notes
championship「選手権大会」→ (105)
place「〜位になる」

● **Report**

149 L-1.5

Goal Keeper Richard Karn turned in a brilliant performance and recorded his first World Cup shutout!

訳 ゴールキーパーのリチャード・カーンがすばらしいプレイをやってのけ，彼にとってワールドカップで初めての完封を記録した！

- **brilliant** [bríljənt] 形（人が）極めて優秀な，すばらしい，光り輝く
- **shutout** [ʃʌ́tàut] 名〔スポーツ〕完封（試合）

Notes

goal → (078)，◆ turn in「~を達成する，記録する」 turn in には，このほか「（レポートなどを）提出する，（~を）返却する」などの意味がある。
turn → (007)

150 L-1.5

There will be more uniformed police officers, and parking will be restricted within 100 feet of any stadium.

訳 制服の警察官がもっと配置され，駐車はどの競技場からも 100 フィート以内では制限されるだろう。

- **uniform** [júːnəfɔːrm] 動（~に）制服を着せる
  名 制服・ユニホーム　形 均一の，一定の
  ▶ **uniformity** [jùːnəfɔ́ːrməti] 名 均一［画一］性

Notes

be restricted within「~以内のものは制限される」，restrict → (069)
stadium → (047)

PART 6

PART 6

でる順英単語 ▶ 1000語 ▶ 2000語 ▶ 3000語 ▶ 4000語

151　　　　　　　　　　　　　　　　　　L-1.6

The players are dissatisfied with the progress of the negotiations so they set a strike date on August 30th.

訳 選手会は交渉の成り行きに不満を表し，ストライキの日にちを8月30日に決めた。

- **progress** [prágres]　　名 進行・進展，進歩・発達
  　　　　　　　　　　　　動 [prəgrés]（仕事が）はかどる，
  　　　　　　　　　　　　進歩[発達]する
  ▶ **progressive** [prəgrésiv] 形 進歩的な，漸進的な
  ▶ **progressively** [prəgrésivli] 副 進歩的に，次第に

Notes

be dissatisfied with「～に不満である」, dissatisfy → (079)
negotiation → (098)
◆set a date「日取りを決める」

152　　　　　　　　　　　　　　　　　　L-1.6

Oakland has won four games in a row and will no doubt carry the momentum from Monday night's victory into San Diego.

訳 オークランドは4連勝したので，間違いなく月曜夜の勝利からのこの勢いをサン・ディエゴに持ち込むだろう。

- **row** [róu]　　　　　　　名（横の）列・並び
  　　　　　　　　　　　　動（ボートを）こぐ
- **doubt** [dáut]　　　　　名 疑い　動 疑う
  ▶ **doubtful** [dáutfl]　　形 疑わしい
- **momentum** [mouméntəm]　名 勢い，はずみ
- **victory** [víktəri]　　　名 勝利

● **Report**

Notes

◆ in a row「連続して」, ◆ no doubt「疑いもなく, きっと」
carry ～ into ...「～を…に運び込む」

153　　　　　　　　　　　　　　　　　　　　　　L-1.7

With the tighter control of student visas, coaches could have a more difficult time importing top talent from overseas.

訳 学生ビザの管理がより厳しくなると, コーチたちはますます海外から一流の人材を導入しにくくなるだろう。

- **tight** [táit]　　　　　　　　形 きつい,（予定などが）詰まった
  　　　　　　　　　　　　　　副 きつく
  ▶ **tightly** [táitli]　　　　副 きつく, しっかりと
- **visa** [víːzə]　　　　　　　名 ビザ・査証
- **talent** [tǽlənt]　　　　　名 才能, 才能のある人

Notes

with the tighter control ..., coaches could ～「(もし)管理がより厳しくなるとコーチたちは～」 仮定法の文。with ... に「仮定」の意味が含まれる。◆ have a difficult time「苦しい思いをする」

154　　　　　　　　　　　　　　　　　　　　　　L-1.8

The band received a lot of cheering and applause from the audience.

訳 そのバンドは聴衆から多大な拍手喝采を受けた。

- **band** [bǽnd]　　　　　　　名 楽隊, バンド
- **cheering** [tʃíəriŋ]　　　　名 激励　形 激励の
  ▶ **cheer** [tʃíər]　　　　　動 元気づく [づける]〈up〉, 歓呼する
  　　　　　　　　　　　　　　名 歓呼

PART 6

PART 6 でる順英単語 ▶ 1000語 ▶ 2000語 ▶ 3000語 ▶ 4000語

- **applause** [əplɔ́ːz]　　　名 拍手喝采
- **audience** [ɔ́ːdiəns]　　名 〔集合的に〕聴衆・観衆

155　L-1.8

Over one million people stood outdoors near Sydney's harbor, and another 110,000 packed Stadium Australia to observe and take part in the festivities.

訳 100万人を超す人々がシドニー港近くの戸外に立ち，別の11万人がその祝祭行事を祝い，参加するためにオーストラリア競技場に詰めかけた。

- **harbor** [háːrbər]　　　名 港，避難所
- **pack** [pǽk]　　　　　 動 荷造りする・包装する，詰め込む，満員にする [になる]
　　　　　　　　　　　　　名 包み，1箱 [1包]
  ▶ **package** [pǽkidʒ]　名 包み・小包，包装紙
- **festivity** [festívəti]　　名 祝祭，お祭り気分
　　　　　　　　　　　　　〔～ies で〕祝いの催し [行事]

　　festival → (038)

Notes

observe「(～を) 祝う」→ (059)，◆ take part in「～に参加する」

❺ 社会一般

156　L-1.1

On Wednesday, a new type of ambulance hit the streets of New York.

訳 水曜日に，新しい型の救急車がニューヨークの通りにお目見えした。

● **Report**

■ **ambulance** [ǽmbjələns]　名 救急車

Notes

type → (084), hit the streets「街にくり出す,登場する」

157　L-1.3

It's too early to tell which of those options we will pursue, said Ken Watson.

訳 これらの選択肢のうち私たちがどれを実行するか決めるには時期尚早だ,とケン・ワトソンは言った。

■ **option** [ápʃən]　　　　　名 選択(権),選択できる物
　▶ **optional** [ápʃənl]　　　形 選択の,任意の
■ **pursue** [pərsjú:]　　　　動 (〜を)遂行する,(〜を)追い求める
　▶ **pursuit** [pərsjú:t]　　　名 追究

158　L-1.4

One action suggested was to build a fence around the playground.

訳 提案された1つの方策は,校庭の周りに柵を設けることだった。

■ **suggest** [sʌgdʒést]　　　　動 (〜を)提案する・勧める〈that〉
　▶ **suggestion** [səgdʒéstʃən]　名 提案
■ **fence** [féns]　　　　　　名 (木材や金属の)柵・塀
　　　　　　　　　　　　　　動 (〜を)柵[塀]で囲む
■ **playground** [pléigràund]　名 (学校などの)運動場・遊び場

Notes

action「方策,対策」→ (062)

PART 6

でる順英単語 ▶ 1000語 ▶ 2000語 ▶ 3000語 ▶ 4000語

159　L-1.3　CD 2-41

Many animal rights activists have protested the serving of dog as food.

訳 動物愛護活動家の多くは，犬を食べ物として供することに抗議してきた。

- **activist** [ǽktivist]　　　名 活動家
  active　　　　　　　　→ (075)
- **protest** [próutest]　　　名 抗議
  　　　　　　　　　　　動 [prətést]（〜に）抗議する

Notes

animal rights activist「動物愛護活動家」

160　L-1.4　CD 2-42

The Vice President stated, "We have made tremendous progress in restoring the quality of the waters of the Great Lakes, but much remains to be done."

訳 副大統領は「五大湖の水質の回復はすばらしく進んだが，まだやるべきことはたくさんある」と述べた。

- **vice** [váis]　　　　　形 副の，次席の，〔vice 〜で〕副〜
- **tremendous** [triméndəs]　形 ものすごい，すばらしい
- **restore** [ristɔ́:r]　　　動（〜を元の状態に）回復する，
  　　　　　　　　　　　（信頼・希望などを）取り戻す
  ▶ **restoration** [rèstəréiʃən] 名 復活

Notes

vice president「副大統領」
◆ make progress「進展する，はかどる」, progress → (151)
waters「（特定の湖・川の）水，水域・海域」, the Great Lakes「五大湖」
remain → (041)

● Report

161 L-1.5

People who oppose wind farms argue that turbines can be noisy, spoil the scenery, harm birds, bats and other animals, and might even change the local climate.

訳 風力発電施設に反対する人々は，タービンはうるさいだろうし，景色を台なしにし，鳥やコウモリやほかの動物に危害を与え，その土地の天気をも変えるかもしれない，と主張している。

- **turbine** [tə́ːrbain] 名 タービン
- **spoil** [spɔ́il] 動 だめにする [なる]
- **scenery** [síːnəri] 名 〔集合的に〕景色，風景
  - ▶ **scene** [síːn] 名 場面，景色
  - ▶ **scenic** [síːnik] 形 景色のよい，眺めのよい

Notes

oppose → (096)
wind farm「(風力発電用風車が立ち並ぶ) 風力発電施設」
argue that ...「…と主張する」, argue → (095)
harm → (022)

162 L-1.5

Some members of Congress had claimed that the Red Cross did not use those donations the right way.

訳 国会議員の中には，赤十字社はそれらの寄付 (金) を適切に使わなかったと言う者もいた。

- **congress** [káŋgrəs] 名 会議，〔C〜で〕(米国などの) 国会
- **claim** [kléim] 動 (〜であると) 主張する，要求する
  名 要求，請求

Notes

donation → (046), the right way「正しく，適切に」

PART 6

163 L-1.6

Besides actual applications, more than 10,000 calls and e-mails have come from Americans inquiring about joining AmeriCorps.

訳 実際の申し込みに加えて，1万件を超える電話とEメールがアメリコールへの加入について問い合わせるアメリカ人から届いた。

- **besides** [bisáidz] 前 〜のほかに，〜に加えて
  副 その上
- **inquire** [inkwáiər] 動 (〜を) 問い合わせる 〈about, wh-〉,
  (〜を) 調査する 〈into〉
  ▶ **inquiry** [inkwáiəri] 名 問い合わせ

Notes

application → (036), AmeriCorps「アメリコール (1990年代中ごろに創設されたアメリカのコミュニティサービスのための組織)」

164 L-1.8

The UK Government is split on its decision about banning fox hunting.

訳 英国政府はキツネ狩りの禁止に関する決定をめぐって分裂している。

- **split** [splít] 動 分ける [分かれる]，割る [割れる]
  名 分裂
- **ban** [bǽn] 動 (法律で) 禁止する 名 禁止 (令) 〈on〉
- **hunting** [hʌ́ntiŋ] 名 狩り，捜索
  ▶ **hunt** [hʌ́nt] 動 (〜を) 捜す 〈for〉, (〜を) 狩る
  名 捜索

Notes

the UK = the United Kingdom「英国」
fox hunting「キツネ狩り」

● Report

165 L-1.8

The top 40 young scientists have advanced to the finals of the Discovery Channel Young Scientist Challenge.

訳 上位 40 人の若い科学者たちが，ディスカバリーチャンネルのヤングサイエンティストチャレンジの決勝に進んだ。

- **advance** [ədvǽns]　　動 進む [進める]
　　　　　　　　　　　　形 前もっての
　　　　　　　　　　　　名 〔in advance で〕前もって
  ▶ **advanced** [ədvǽnst]　形 進歩した，高度な
- **channel** [tʃǽnl]　　　　名 (テレビの) チャンネル，経路，海峡

Notes

Discovery Channel「ディスカバリーチャンネル (アメリカの民放テレビ局)」
challenge → (040)

166 L-2.2

The small, 2-person plane was equipped with a highly accurate global positioning system (GPS) device, laser beams, video cameras, and other tools.

訳 その小型の 2 人乗り飛行機は，精度の高い全地球測位システム (GPS) 装置，レーザー光線，ビデオカメラ，その他の用具を装備していた。

- **global** [glóubl]　　　　形 全世界の，全体的な
  ▶ **globalization** [glòubələzéiʃən] 名 国際 [世界] 化
  ▶ **globe** [glóub]　　　　名 〔the ～で〕地球，球体
- **device** [diváis]　　　　名 装置，道具
  ▶ **devise** [diváiz]　　　動 (～を) 考案する

PART 6

PART 6

でる順英単語 ▶ 1000語 ▶ 2000語 ▶ 3000語 ▶ 4000語

- **beam** [bíːm] 名ビーム，光線
- **video** [vídiòu] 名形ビデオ（の）
  - ▶ **videotape** [vídioutèip] 名ビデオテープ
  - ▶ **videocassette** [vídioukəsèt] 名ビデオカセット
- **tool** [túːl] 名工具，道具

Notes

◆ *be* equipped with「～を装備している」, equip → (060)
accurate → (050)
global positioning system「全地球測位システム」
laser beam「レーザー光線」, laser → (099)

---

167 L-2.3

The federal agency made the decision to list wild Atlantic salmon as an endangered species.

訳 その政府機関は，天然の大西洋沿岸のサケを絶滅危惧種のリストに載せることを決定した。

- **wild** [wáild] 形野生の，乱暴な，荒れた
  - **wildlife** → (096)
- **Atlantic** [ətlǽntik] 形大西洋（岸）の
  名〔the ～で〕大西洋（= the Atlantic Ocean）
- **salmon** [sǽmən] 名サケ
- **endangered** [endéinʒərd] 形（動植物が）絶滅の危険にさらされた
  - ▶ **endanger** [endéinʒər] 動（～を）危険にさらす
- **species** [spíːʃi(ː)z] 名（生物の）種〔単複同形〕

Notes

federal agency「連邦政府の機関」, federal → (047), agency → (007)
◆ **make a decision to** *do*「～することに決める」
list → (011)
endangered species「絶滅寸前の種，絶滅危惧種」

● **Report**

168 L-2.3

The World Water Forum meets to discuss issues such as water shortages, droughts, floods, and water-related diseases.

訳 「世界水フォーラム」が，水不足，干ばつ，洪水，そして水に関係する病気などの問題を議論するために開かれる。

- **forum** [fɔ́:rəm] 名フォーラム，公開討論会
- **discuss** [diskʌ́s] 動 (~を) 議論する
    - ▶ **discussion** [diskʌ́ʃən] 名議論
- **shortage** [ʃɔ́:rtidʒ] 名不足
    - short → (042)
- **drought** [dráut] 名干ばつ，日照り続き

Notes
meet「(会が) 開かれる」
discuss issues「(~の) 問題を議論する」, issue → (018)

❻ 政治・経済

169 L-1.5

The British Museum has rejected a request by Greece to return the statues or loan them.

訳 大英博物館は，彫像を返却するか貸し出すというギリシャの要求を拒否した。

- **reject** [ridʒékt] 動 (~を) 拒否する (⇔ accept (002))
    - ▶ **rejection** [ridʒékʃən] 名拒絶
- **statue** [stǽtʃu:] 名彫像

PART 6

でる順英単語　1000語　2000語　3000語　4000語

Notes

loan → (067)

170　L-1.7

The National Association of Colleges and Employers released a survey in August reporting that employers were expecting to hire 21 percent fewer new college graduates.

訳　全国産学協会は，雇用者は新卒者の採用を21パーセント少なく予定していると報告する調査を8月に公表した。

- **release** [rilíːs]　動（レコード・映画などを）発売［公開・公表］する，（～を…から）解放する〈from〉
　　　　　　　　　　　名発売［公開・公表］
- **hire** [háiər]　動（人を）雇う，賃借り［貸し］する
- **graduate** [grǽdʒuət]　名卒業生
　　　　　　　　　　　動 [grǽdʒuèit]（～を）卒業する〈from〉
  ▶ **graduation** [grædʒuéiʃən]　名卒業

Notes

association → (021), survey → (076)

171　L-1.7

The bill would give states and school districts more freedom over how they spend federal education money.

訳　その法案によって，州および学区は連邦教育費の使途に関してより自由になるだろう。

- **district** [dístrikt]　名地区，地域
- **freedom** [fríːdəm]　名自由

Notes

bill → (036), school district「学区」

● Report

freedom over how ... 「どのように…するかについての自由」

172　　　　　　　　　　　　　　　　　　　　L-1.8　CD 2-49

At a joint news conference immediately after Friday's meeting, both sides made brief, polite statements.

訳 金曜日の会談直後に行われた共同記者会見で，両者はともに簡潔かつ丁寧な声明を出した。

■ **brief** [bríːf]　　　　　形 短い・簡潔な
　　　　　　　　　　　　　名 要約，〔in brief で〕手短に・要するに
　▶ **briefly** [bríːfli]　　　 副 簡潔に
■ **polite** [pəláit]　　　　　形 礼儀正しい（⇔ rude, impolite「無作法な」）

Notes

joint news conference「共同記者会見」，joint → (093), conference → (002)

◆ **make a statement**「声明を出す」

173　　　　　　　　　　　　　　　　　　　　L-2.0　CD 2-49

Congress is moving toward approving President Bush's education reform plan.

訳 国会はブッシュ大統領の教育改革案を承認する方向へ動いている。

■ **reform** [rifɔ́ːrm]　　　動 (～を) 改革 [改善] する　名 改善・改良

Notes

congress → (162)

174　L-2.0

The government has had a budget surplus in recent years, which has helped to slow the growth rate of the debt.

訳 政府は近年財政黒字を出しているが，それは負債の増加率を減速させることに役立っている。

- **budget** [bʌ́dʒət]　　　　名 予算　動 (〜の) 予算を立てる 〈for〉
- **surplus** [sə́ːrplʌs]　　　名 余り・余剰，黒字 (⇔ deficit「不足，赤字」)
　　　　　　　　　　　　　　形 余分 [余剰] の，黒字の
- **debt** [dét]　　　　　　　名 借金，負債
  - **debtor** [détər]　　　　名 借り主，債務者 (⇔ creditor (012))

175　L-2.1

Bush now has the task of convincing the American voters that he has the competence, vision, knowledge, and wisdom to lead the United States of America.

訳 今やブッシュ大統領は，自分にアメリカ合衆国を導く能力，先見性，知識および知恵があることを，アメリカの有権者に納得させるという課題を負うことになった。

- **task** [tǽsk]　　　　　　　名 仕事，任務
- **convince** [kənvíns]　　　動 (〜を) 確信させる・納得させる 〈of, that〉
- **competence** [kɑ́mpətns]　名 能力
  - **competent** [kɑ́mpətnt]　形 有能な，(〜する) 能力のある 〈for, to *do*〉
- **knowledge** [nɑ́lidʒ]　　　名 知識
  - **knowledgeable** [nɑ́lidʒəbl]　形 聡明な，見識のある

Report

Notes

voter → (075), vision → (109), wisdom → (008)

176　　　　　　　　　　　　　　　　L-2.2

On July 4 in 1776, the historic document was adopted by delegates to the Continental Congress meeting in the State House.

訳　1776年7月4日，州議会議事堂にて，大陸会議に派遣された代表者らによって，歴史的文書が採択された。

- **document** [dákjəmənt]　名 (個々の) **文書 (類)**
  - ▶ **documentation** [dàkjəmentéiʃən]　名 文書類
- **adopt** [ədápt]　動 (議案などを) **採択する**, (技術などを) **採用する, 養子にする**
  - ▶ **adoption** [ədápʃən]　名 採用，養子縁組
- **delegate** [déligət]　名 代表
  　動 [déligèit] (人を) 代表として派遣する
  - ▶ **delegation** [dèligéiʃən]　名 代表団

Notes

the Continental Congress「大陸会議 (米国独立前後に開かれた会議)」，continental → (108)
state house「州議会議事堂 (= statehouse)」

PART 6

PART 6

でる順英単語　▶1000語　▶2000語　▶3000語　▶4000語

② Information / Instructions
(177～222)

❶ 健　康

177　L-1.1　CD 2-52

Did you know that a proper tooth polishing should take about two minutes?

訳　きちんとした歯みがきには約2分かかるということを知っていましたか。

- **polish** [páliʃ]　動（～を）磨く，（文章などに）磨きをかける
　　　　　　　　　名磨き剤［粉］

178　L-1.2　CD 2-52

If you are often stressed, talk about your feelings to someone you trust.

訳　よくストレスを感じるなら，信頼できる誰かにあなたの感情について話してごらんなさい。

- **stressed** [strést]　形ストレスを感じた・ストレスで疲れた
  stress　→ (040)
- **trust** [trÁst]　動（～を）信用する・信頼する
　　　　　　　　名信用，委託

Information/Instructions

179 L-1.4

A positive attitude is an important key to good mental health and happiness.

訳 積極的な態度は，良好なる精神衛生と幸福への重要なカギです。

- **attitude** [ǽtitjùːd] 名 態度・姿勢 〈toward〉

Notes
positive → (040), mental → (049)
◆ key to 「～への（解決の）カギ」

180 L-1.4

Surveys have shown that one-quarter of vegetables eaten by teenagers in the United States are potatoes, most of which are fried.

訳 調査によると，合衆国の10代の若者が食べる野菜の4分の1がジャガイモで，しかもそのほとんどが揚げたものであることが分かった。

- **fry** [frái] 動 (～を) 揚げる [いためる，焼く]
  ▶ **fried** [fráid] 形 (油で) 揚げた

Notes
teenager → (049)
most of which (which は前の potatoes を受ける)

181 L-1.4

Unless you are absolutely sure you were wrong, stick with your first choice.

訳 間違っていたということが完全に確実でない限り，自分の最初の選択を変えずにいなさい。

313

PART 6

でる順英単語 ▶ 1000語 ▶ 2000語 ▶ 3000語 ▶ 4000語

- **stick** [stík]　　　動 貼りつく[つける]，
　　　　　　　　　　　（主義などを）堅持する〈to〉
　　　　　　　　　　　名 棒，杖
  ▶ **sticker** [stíkər]　　名 ステッカー

Notes

absolutely → (077)
◆ stick with「〜を守り続ける，〜を支持する」

182　L-1.5

Experts say don't sacrifice shoe fit for fashion. This is easier said than done.

訳 専門家は流行のために靴のフィット具合を犠牲にするなと言う。これは言うは易く行うは難しである。

- **sacrifice** [sǽkrəfàis]　　動（〜を…のために）犠牲にする〈to, for〉
　　　　　　　　　　　　　名 犠牲
- **fashion** [fǽʃən]　　名 流行（の物）
  ▶ **fashionable** [fǽʃənəbl]　形 流行の，高級な

Notes

expert → (023), fit「ぴったり合うこと」→ (019)
be easier said than done「口で言うほど容易なことではない」

183　L-1.7

One important health skill is managing minor illnesses or injuries on your own.

訳 健康術で重要なことの1つは，軽い病気やけがは自力でなおすということだ。

- **minor** [máinər]　　形 軽度の，少数の（⇔ major (019)）
　　　　　　　　　　　名 未成年者

Information/Instructions

▶ **minority** [mənɔ́(:)rəti]　　名少数 (派) (⇔ majority (043))
■ **illness** [ílnəs]　　名病気

> Notes
>
> manage → (029),　◆ on *one's* own「独力で，一人で」

184　　　　　　　　　　　　　　　　　　　　L-2.1　2-55

Understanding your temperament and personality will help you to increase your self-awareness, which is the key to better self-management.

訳 自分の気質と性格を理解することは，自己認識を深めるのに役立つでしょう。そしてそれはよりよい自己管理のためのカギなのです。

■ **temperament** [témpərəmənt]　名気質，性分
　▶ **temper** [témpər]　名気性，機嫌
■ **personality** [pə̀:rsənǽləti]　名人格・性格，(芸能・スポーツなどの) 有名人
　personal　　→ (027)
■ **self-awareness** [sélfəwérnəs]　名自己認識
　awareness　　→ (043)
■ **self-management** [sélfmǽnidʒmənt]　名自己管理
　management　　→ (029)

PART 6

PART 6 でる順英単語 ▶ 1000語 ▶ 2000語 ▶ 3000語 ▶ 4000語

❷ 料 理

185　　L-1.3

In the freezer, plain cream turns into a solid that is hard as a rock.

訳 冷凍庫で，純粋なクリームは岩のように固い固体に変化します。

- **freezer** [fríːzər]　　名 冷凍庫［室］
  - ▶ **freeze** [fríːz]　　動 凍る［凍らせる］
  - ▶ **freezing** [fríːziŋ]　　名 冷凍　形 凍るような
  - ▶ **frozen** [flóuzn]　　形 凍った，冷凍の
- **solid** [sáləd]　　名 固体
  　　　　　　　　　形 固体の（⇔ liquid (114), fluid「流体」），固い

Notes
plain → (086)，◆ turn into「〜に変わる」

186　　L-2.1

The cereal is natural. However, it has hardly any vitamins or nutrients in it.

訳 シリアルは自然のままのものです。けれども，シリアルにはビタミンも栄養素もほとんど含まれていません。

- **cereal** [síəriəl]　　名 (朝食用の) シリアル，穀物
- **hardly** [háːrdli]　　副 ほとんど〜ない，とても〜ない
- **vitamin** [váitəmin]　　名 ビタミン
- **nutrient** [njúːtriənt]　　名 栄養素，栄養分
  - nutritious　　→ (113)

316

Information/Instructions

187 L-2.3

Remove pan from heat and whisk in milk mixture in a stream until smooth.

訳 鍋を火からおろし、牛乳と混ぜ合わせたものを加え、手を休めず滑らかになるまで泡立てます。

- **remove** [rimúːv]　動 (〜を) 取り去る・取り除く
  - ▶ **removal** [rimúːvəl]　名 除去
- **pan** [pǽn]　名 フライパン・(片手) 鍋
- **whisk** [hwísk]　動 (クリームなどを) 泡立てる、(〜を) サッと払う
  　　　　　　　名 泡立て器
- **mixture** [míkstʃər]　名 混合 (物)
  - mix → (010)
  - ▶ **mixer** [míksər]　名 混合機、泡立て器、ミキサー
- **stream** [stríːm]　名 小川、流れ　動 流れる
- **smooth** [smúːð]　形 滑らかな、順調な
  　　　　　　　動 (〜を) 滑らかにする

Notes

whisk in ...「…を加えてよく泡立てる」
◆ in a stream「続々と、流れをなして」

❸ コンピューター

188 L-1.6

To correct the error, place the cursor in the highlighted word.

訳 誤りを訂正するには、カーソルを強調表示された語に置きます。

PART 6

でる順英単語 ▶ 1000語 ▶ 2000語 ▶ 3000語 ▶ 4000語

- **error** [érər] 　　　　　　　名 誤り・過失
- **cursor** [kə́ːrsər] 　　　　　名（コンピューターの）カーソル
- **highlight** [háilàit] 　　　　動（〜を）強調する　名 呼び物, 目玉

Notes

correct → (017)

189　　　　　　　　　　　　　　　L-1.6　CD 2-58

Use the mouse to click on and drag a corner of the window until it is large enough to see all the icons.

訳 マウスをクリックし, ウインドウの隅をドラッグしていき, すべてのアイコンが見えるまで大きくします。

- **drag** [drǽg] 　　　　　　　動（〜を）引きずる
　　　　　　　　　　　　　　　名（〜の）障害物〈on〉
- **corner** [kɔ́ːrnər] 　　　　　名 角, 隅
- **icon** [áikɑn] 　　　　　　　名 偶像,（コンピューターの）アイコン

Notes

click on「〜をマウスでクリックする」, click → (064)

190　　　　　　　　　　　　　　　L-2.3　CD 2-58

To answer the sender, click the "Reply" button. A new message window appears with the person's e-mail address and the subject already filled in.

訳 送信者に返事をするには,「返信」ボタンをクリックします。その人のEメールアドレスと件名がすでに書き込まれた新しいメッセージウインドウが現れます。

- **sender** [séndər] 　　　　　名 送り主, 発送人
- ▶ **send** [sénd] 　　　　　　　動（〜を）送る, 送信する

Information/Instructions

- **reply** [riplái]　　　　　名 返事, 答え
　　　　　　　　　　　　動 (～に) 返事をする 〈to〉,
　　　　　　　　　　　　　　(～と) 答える 〈that〉

Notes

button「ボタン (マウスクリック用のアイコン)」→ (064)
with ... filled in「…が記入された状態で」
◆ fill in「～に必要事項を記入する」

191　　　　　　　　　　　　　　　　　　　　L-1.7　CD 2-59

To close the dialogue box without opening a file, click the "Cancel" button.

訳 ファイルを開けずにダイアログ・ボックスを閉じるには,「キャンセル」ボタンをクリックします。

- **dialogue** [dáiəlɔ̀(:)g]　　　名 対話, 会話 〔dialog ともつづる〕
- **file** [fáil]　　　　　　　　名 (文書・コンピューターの) ファイル
　　　　　　　　　　　　　　動 (～を) 提出 [申請] する,
　　　　　　　　　　　　　　　　ファイルする 〈away〉
- **cancel** [kǽnsl]　　　　　名 キャンセル, 取り消し
　　　　　　　　　　　　　　動 (～を) 取り消す, 解約する
　▶ **cancellation** [kæ̀nsəléiʃən]　名 取り消し, 解約

Notes

dialogue box「(パソコン上の) ダイアログ・ボックス」

192　　　　　　　　　　　　　　　　　　　　L-1.5　CD 2-59

Today people can give computers commands even if they cannot click a mouse or type on a keyboard.

訳 今日では, マウスのクリックや, キーボード入力ができない場合でも, 人々はコンピューターに命令を出すことができる。

PART 6

PART 6　でる順英単語　1000語　2000語　3000語　4000語

- **keyboard** [kíːbɔ̀ːrd]　　　名 (コンピューターの) **キーボード**, (ピアノなどの) **鍵盤**

Notes

command → (065)

④ 教育・スポーツ

193　L-2.0

The book includes a list of composers sorted by various genres.

訳 その本はさまざまなジャンルによって分類された作曲家のリストを含んでいます。

- **composer** [kəmpóuzər]　　名 **作曲家**
  - ▶ **compose** [kəmpóuz]　　動 (〜を) **構成する**, (文章や曲を) **作る**
- **sort** [sɔ́ːrt]　　動 (〜を) **分類する**, (問題などを) **解決する・整理する** 〈out〉
  　　　　　　　　　名 **種類**
- **genre** [ʒáːnrə]　　名 **ジャンル・分野**

194　L-1.2

The purpose of this book is to help you develop the English skills you need to succeed in today's world.

訳 この本の目的は, あなたが今日の世界で成功するために必要な英語の力をみがくのを助けることです。

- **succeed** [səksíːd]　　動 (〜に) **成功する** 〈in〉, **あとを継ぐ**
  - success　　→ (003)

Information/Instructions

195 — L-1.6

The margin notes explain how technology such as computers can help you master the skills you are learning.

訳 欄外の注では，コンピューターのような科学技術が，あなたが習得中の技能をマスターするのにどんなに役立つかを説明しています。

- **margin** [máːrdʒin] 　名（ページの）余白，欄外，利ざや，得票［点］差，
- **master** [mǽstər] 　動（～を）習得する
　　　　　　　　　　名名人，主人　形親［原］…

Notes

margin note「欄外の注」, note → (033)

196 — L-1.8

To an employer, your résumé or job application represents you. For this reason, your résumé should be neat and well-written.

訳 雇用主にとって，あなたの履歴書あるいは求職申込書はあなたの代わりをするものです。したがって，履歴書は手際よく，上手に書かれていなければなりません。

- **represent** [rèprizént] 　動（～を）代表する，代理をする，（～を）表す
  - ▶ **representation** [rèprizentéiʃən] 　名代表，表現
  - ▶ **representative** [rèprizéntətiv] 　名代表者　形代表的な
- **neat** [níːt] 　形きちんとした，手際のいい
  - ▶ **neatly** [níːtli] 　副きちんと，手際よく

Notes

résumé → (034), application → (036)

PART 6

でる順英単語 1000語 2000語 3000語 4000語

◆for this reason「したがって，そういうわけで，このため」
well-written「よく［しっかり］書かれた」

197　L-1.5　CD 2-62

Spelling and grammar mistakes can make your writing confusing to read.

訳 つづりと文法の誤りは文書を読みにくくします。

- **spelling** [spélɪŋ]　名 (語の) つづり，スペリング
  - ▶ **spell** [spél]　動 (〜を) つづる，(詳しく) 説明する〈out〉
- **confusing** [kənfjúːzɪŋ]　形 (人を) 困惑させる
  - ▶ **confuse** [kənfjúːz]　動 (〜を…と) 混同する〈with, and〉，〔be 〜d で〕当惑する
  - ▶ **confusion** [kənfjúːʒən]　名 混同，混乱

Notes
grammar → (058)

198　L-1.5　CD 2-62

The program focuses on teaching students to set and achieve goals in a positive manner.

訳 この学習プログラムでは，学生が積極的に目標を設定し，達成するような指導に重点を置いています。

- **achieve** [ətʃíːv]　動 (〜を) 成し遂げる
  - ▶ **achievement** [ətʃíːvmənt]　名 達成
- **manner** [mǽnər]　名 やり方，態度，〔〜s で〕行儀作法

Notes
◆focus on「〜を重点的に取り扱う」, focus → (042)
◆in a positive manner「積極的に，積極的な方法で」

Information/Instructions

199 — L-1.3

The contest is open to any student between the ages of 6 and 15. The *entries* will be judged in two *separate* age groups.

訳 その大会には6歳から15歳までの生徒なら誰でも参加することができます。参加申し込み者は審査の上,年齢別の2グループに分けられます。

- **entry** [éntri] 　名 入ること,(競技などへの)参加,参加者,(データの)入力
- **separate** [sépərət] 　形 分かれた,別個の
  　動 [sépərèit] (〜を)引き離す,分離する
  ▶ **separately** [sépərətli] 　副 別々に

Notes

◆ *be* open to 「〜を快く受け入れる」
judge ... in two groups 「…を審査して2つのグループに分ける」,
judge → (112)

200 — L-2.0

The GED (General Education *Diploma*) Test and many college *entrance* exams are *objective* tests.

訳 GEDテストや多くの大学の入学試験は,客観テストです。

- **diploma** [diplóumə] 　名 卒業[修了]証書
- **entrance** [éntrəns] 　名 入り口 (⇔ exit (014)),入学・入社,入場
  　enter 　→ (014)
- **objective** [əbdʒéktiv] 　形 客観的な (⇔ subjective「主観的な」)
  　名 目的
  　object 　→ (103)

PART 6

でる順英単語 ▶ 1000語 ▶ 2000語 ▶ 3000語 ▶ 4000語

Notes

exam → (065)

---

201   L-1.6   CD 2-64

In the National Hockey League (NHL), a game that is tied after three periods is decided by a 5-minute sudden-death overtime.

訳 北米アイスホッケーリーグでは，3ピリオド後引き分けの試合は，延長時間5分間のサドンデス方式で決着をつける。

- **hockey** [háki]   名〔米〕アイスホッケー，〔英〕ホッケー
- **league** [líːg]   名 リーグ・競技連盟，同盟
- **tie** [tái]   動 (〜を) 結ぶ・縛る 〈up〉，
  〔be 〜d up で〕(〜で) 忙しい，
  〔be 〜d で〕同点になる
  名 ネクタイ
- **sudden** [sʌ́dn]   形 突然の・急な
  ▶ **suddenly** [sʌ́dnli]   副 突然に (⇔ gradually (115))
- **overtime** [óuvərtàim]   名 延長時間，時間外労働，残業

Notes

period「ピリオド(試合の一区切り)」→ (100)
sudden death「サドンデス(延長戦で先に得点したほうが勝ちとなる)」

Information/Instructions

❺ ビジネス

202　　　　　　　　　　　　　　　　　　　　　　L-1.6

The advertised price of $700 seems reasonable, but the delivery charge of $215 to Japan is very expensive.

訳) 700ドルの広告表示価格は妥当に思えますが、日本への送料215ドルは非常に高いです。

- **reasonable** [ríːznəbl]　　形 理にかなった，
  　　　　　　　　　　　　　　　(値段などが) 手ごろな
  　　　　　　　　　　　　　　　(⇔ unreasonable「不合理な，不当な」)

  reason → (025)

  Notes
  advertised price「広告表示価格」, delivery charge「配達料，送料」

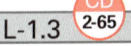

203　　　　　　　　　　　　　　　　　　　　　　L-1.3

DVDs can be rented for $1.50 a night, for 10 days. If the DVD is not returned within 10 days, the customer's credit card is billed $30 — double the regular charge of $15.

訳) DVDは1晩1ドル50セントで10日間借りられます。もし，DVDが10日以内に返却されないと，お客様のクレジットカードに30ドル——通常料金15ドルの2倍——が請求されます。

- **rent** [rént]　　　　　　　動 賃借りする，賃貸しする
  　　　　　　　　　　　　　　名 賃貸料，家賃

  ▶ **rental** [réntəl]　　　名 賃貸(料)　形 賃貸の

- **double** [dʌ́bl]　　　　　形 副 2倍の[に]
  　　　　　　　　　　　　　　動 (〜を) 2倍にする　名 2倍

PART 6

PART 6

でる順英単語 ▶ 1000語 ▶ 2000語 ▶ 3000語 ▶ 4000語

> **Notes**
>
> double the regular charge「通常料金の2倍」 名詞に double や all, half などをつけるときは, the を後ろにおく。

204 L-1.5

The relationship between price and supply is just the opposite.

訳 価格と供給の関係は, ちょうど正反対だ。

- **relationship** [riléiʃənʃìp] 名 (～との) 関係 ⟨between, to, with⟩
  relation → (081)
- **opposite** [ɑ́pəzit] 形 副 反対の [に], 逆の [に]
  前 ～の向かい側に
  oppose → (096)

205 L-1.5

Capital includes items such as machines and tools that are used to produce goods and services.

訳 資本には, 商品やサービスを生みだす機械や道具などの品目が含まれる。

- **capital** [kǽpətl] 名 資本, 首都, 大文字
- **goods** [gúdz] 名 商品, 品物

> **Notes**
>
> service → (024)

Information/Instructions

206   L-1.8

Interest is the amount of money a borrower must pay a lender for the use of borrowed funds.

訳) 利子とは，借り手が借りた資金の使用に対して貸し手に支払うべき金の総計である。

- **borrow** [bɔ́(:)rou]   動（〜を）借りる
  - ▶ **borrower** [bɔ́(:)rouər]   名 借り手，借用人
  - ▶ **borrowing** [bɔ́(:)rouiŋ]   名 借入れ・借金
- **lender** [léndər]   名 貸す人，貸し主
  - ▶ **lend** [lénd]   動（〜を）貸す，（援助の手などを）与える

Notes

fund → (027)

207   L-1.5

The ATM lets you withdraw money from your checking or savings account. You can also use an ATM to deposit money into your accounts, or check your account balance.

訳) ATMはあなたの小切手口座または預金口座からお金を引き出させる（引き出せる）。あなたはまた，ATMを使って自分の口座に預金することもできるし，口座残高を調べることもできる。

- **savings** [séiviŋz]   名 預［貯］金，蓄え
  - save   → (024)
- **deposit** [dipázət]   動（金・貴重品などを）預ける，（〜を…に）置く〈at, in, on〉，堆積させる
  - 名 手付金，預金，堆積物

PART 6

でる順英単語 ▶ 1000語 ▶ 2000語 ▶ 3000語 ▶ 4000語

- **balance** [bǽləns] 　　　名残高, 釣り合い (⇔ imbalance「不均衡」), 天秤
　　　　　　　　　　　　動釣り合いをとる

Notes

ATM「自動現金預入払出機 (= Automatic Teller Machine)」
withdraw → (098)
checking (account) or savings account「小切手口座または (普通) 預金口座」, check → (013), account → (007)

208　　　　　　　　　　　　　　　　　　　　L-2.2　CD 2-68

Loan Calculator is an essential tool to estimate monthly expenses on your mortgage.

訳「Loan Calculator」は, あなたの住宅ローンの1か月の支払い額を見積もるのに必須のツールです。

- **calculator** [kǽlkjəlèitər] 名計算器, 計算表
  ▶ **calculate** [kǽlkjəlèit] 動 (～を) 計算する, 見積もる
  ▶ **calculation** [kæ̀lkjəléiʃən] 名計算, 見積もり
- **estimate** [éstəmèit] 動 (～を) 見積もる, 評価する
  　　　　　　　　　　　名 [éstəmət] 見積もり (額)
  ▶ **estimation** [èstəméiʃən] 名判断, 評価
- **expense** [ikspéns] 名費用, 〔～s で〕経費
  ▶ **expend** [ikspénd] 動 (金・労力などを) 費やす
  ▶ **expenditure** [ikspénditʃər] 名支出, 経費
- **mortgage** [mɔ́ːrgidʒ] 名住宅ローン, 抵当
  　　　　　　　　　　　動 (～を) 抵当に入れる

Notes

monthly → (018)

Information/Instructions

209   L-2.7

The exact amount of the tax rebate depends on a complex formula taking into account the taxpayers' income bracket.

訳 税金還付の正確な総額は，納税者の収入区分を考慮に入れた複雑な式によって決まる。

- **exact** [igzǽkt]   形 正確な
  - ▶ **exactly** [igzǽktli]   副 正確に，〔返事で〕その通り
- **tax** [tǽks]   名 税金　動 (~に) 課税する
- **rebate** [ríːbeit]   名 払戻し，割戻し
- **depend** [dipénd]   動 (~に) 頼る〈on〉, (~) しだいである〈on〉
  - ▶ **dependent** [dipéndənt] 形 頼っている (⇔ independent (028))
     名 扶養家族
- **complex** [kɑmpléks]   形 複雑な　名 複合施設・総合ビル
- **taxpayer** [tǽkspèiər]   名 納税 (義務) 者
- **bracket** [brǽkət]   名 (所得に基づく) 階層区分，角カッコ

Notes

tax rebate「税金の払い戻し」, formula「式」→ (088)

◆ take ... into account [take into account ...]「…を考慮に入れる」

PART 6

PART 6 でる順英単語 ▶1000語 ▶2000語 ▶3000語 ▶4000語

❻ 社 会

210　L-1.2

If people want to continue living with cheap electricity and clean water, they'll need to find ways to use less of the precious liquid.

訳 電気代が安く，かつきれいな水のある暮らしを続けたいならば，貴重な液体 (水) の消費を減らす方法を見つける必要があるだろう。

- **cheap** [tʃíːp]　形 安い (⇔ expensive (021))，そまつな
- **precious** [préʃəs]　形 貴重な，高価な

Notes
◆ less of「より少ない量［数］の〜」　liquid → (114)

211　L-1.5

If you want to be excused from jury service, you should file a written request with the clerk of court as soon as possible.

訳 もし陪審員としての義務を免除されたければ，要請を文書にして裁判所の事務官にできる限り早く提出しなければならない。

- **excuse** [ikskjúːz]　動 (〜をその行為などについて) 許す ⟨for⟩，(〜を義務などから) 免除する ⟨from⟩，(〜の) 言い訳をする
　　　　　　　　　　名 [ikskjúːs] 言い訳
- **jury** [dʒúəri]　名 〔集合的に〕陪審，陪審員団
- **clerk** [klə́ːrk]　名 事務員，店員

Notes
jury service (= jury duty)「陪審員の義務」，service → (024)

Information/Instructions

◆file A with B「A を B に提出する,提訴する」, file → (191)
request「要請書」→ (003)

---

212   L-2.1

In order to vote in any specific election you must be registered 29 days prior to that election. If your affidavit is complete, your registration is effective upon receipt by the county clerk.

訳 ある特定の選挙に投票するためには,その選挙の 29 日前までに登録しなければならない。(有権者登録についての) あなたの供述書が完全であれば,あなたの登録は郡書記官が受領した時点で効力を持つ。

- **prior** [práiər] 形 (時間・順序が) 先の, (〜に) 優先する 〈to〉
- **registration** [rèdʒəstréiʃən] 名 登録, 記録
  register → (024)
- **receipt** [risíːt] 名 受領, 領収 (書)
  receive → (001)

Notes

registered → (024), affidavit「宣誓供述書」
effective「有効な」→ (088)
county clerk「郡書記(官)」, county → (046)
◆upon receipt「受領と同時に」 (up)on ... で「…するとすぐに・同時に」〔フォーマルな表現〕

---

213   L-2.3

Some 1,190 km of interstate highways and an extensive system of other limited-access arteries link the major cities of Kentucky.

訳 およそ 1,190 キロメートルのインターステート・ハイウェイと,その

PART 6

でる順英単語　1000語　2000語　3000語　4000語

他の広範な高速道路のシステムが，ケンタッキー州の主要都市をつないでいる。

- **interstate** [íntərstéit]　形 各州間の
- **highway** [háiwèi]　名 幹線道路，主要道路
- **extensive** [iksténsiv]　形 広範囲な，広大な
- **link** [líŋk]　動 (~を…に) 連結する 〈to, with〉
　　　　　　　　名 関連，輪・環

Notes

some「〔数詞の前で〕おおよそ，約」
interstate highway「インターステート・ハイウェイ（州間幹線道路）」
limited-access artery [highway]「高速道路（出入口が限定されている道路）」, limit → (057), access → (013), artery「幹線道路」→ (043)

7　ブック・レビュー

214　L-1.3

Dr. Seuss lovers all over the world are anxious to see the modern version of his story about the Grinch who stole Christmas!

訳 世界中のスース博士ファンは，クリスマスを盗んだグリンチの物語の現代版が出るのを心待ちにしている。

- **anxious** [ǽŋkʃəs]　形 (~を) 心配して 〈about, for〉,
　　　　　　　　　　(~することを) 切望して 〈to do〉
- ▶ **anxiety** [æŋzáiəti]　名 (~の) 心配・不安 〈about〉,
　　　　　　　　　　(~したいという) 切望 〈to do〉
- **modern** [mádərn]　形 現代の，現代的な
- **version** [vɚ́ːrʒən]　名 …版・バージョン
- **steal** [stíːl]　動 (~をこっそり) 盗む　名 格安品，盗塁

Information/Instructions

Notes

lovers all over the world「世界中にいる愛好者」

215 L-1.4

The report on this analysis will be published Friday, August 25, 2006 in the journal called *Science*.

訳 この分析に関する報告は、2006年8月25日金曜日に「サイエンス」という雑誌に掲載されるだろう。

- **publish** [pʌ́bliʃ] 動 (～を) 出版する、(～を) 発表する
  - **publisher** [pʌ́bliʃər] 名 出版社、発行者 [所]
  - **publishing** [pʌ́bliʃiŋ] 名 出版 (業)
- **journal** [dʒə́ːrnl] 名 (雑誌など) 定期刊行物、日誌
  - **journalism** [dʒə́ːrnəlìzm] 名 ジャーナリズム

Notes

analysis → (029)

216 L-1.9

Bryant served on the Federal Reserve Board until 1994. Two years later, he established a private economic consulting firm in Washington, D.C.

訳 ブライアントは1994年まで連邦準備制度理事会の委員を務めた。2年後、彼はワシントンD.C.で個人の経済顧問会社を設立した。

- **board** [bɔ́ːrd] 名 委員会、重役会、板、掲示板
  〔on board で〕(船・飛行機などに) 乗って
  動 (乗り物に) 乗り込む
- **establish** [istǽbliʃ] 動 (会社などを) 設立する、
  (友好関係などを) 樹立する

PART 6

PART 6

でる順英単語 ▶ 1000語 ▶ 2000語 ▶ 3000語 ▶ 4000語

- **consulting** [kənsʌ́ltiŋ] 形 顧問の
  - **consult** [kənsʌ́lt] 動 (専門家に) 意見を求める, (辞書などを) 調べる, (〜と) 相談する〈with〉
  - **consultant** [kənsʌ́ltənt] 名 コンサルタント
  - **consultation** [kɑ̀nsəltéiʃən] 名 相談, 諮問

Notes

◆ serve on「〜の一員として働く」, serve → (010)
Federal Reserve Board「連邦準備制度理事会」, reserve → (107)

217　　　　　　　　　　　　　　　　　L-2.0　CD 2-74

She was also the author of the Equal Rights Amendment and achieved a doctorate in social work from the University of Michigan.

訳 彼女はまた,「男女平等憲法修正案」の著者であり, ミシガン大学で社会福祉事業の博士号を取得した。

- **author** [ɔ́:θər] 名 著者, 作者
- **equal** [í:kwəl] 形 等しい, 平等な
  動 (〜に) 等しい
  - **equally** [í:kwəli] 副 等しく・平等に, 同様に
    equality → (227)

Notes

Equal Rights Amendment「〔米〕男女平等憲法修正案〔条項〕」(批准した州の数が足りず廃案となった), amendment → (110)
achieve → (198), doctorate → (089)

Information/Instructions

218　　　　　　　　　　　　　　　　　　　　　L-2.0　CD 2-75

You can find tons of cool stuff throughout the Almanac Online.

訳 あなたは，アルマナック・オンラインの至るところで，たくさんのすばらしい物を見つけることでしょう。

- **ton** [tʌ́n]　　　　　　　　　名〔重量単位〕トン，〔~s で〕**大量・多数**，〔a ~ で〕**かなりの重量**
- **stuff** [stʌ́f]　　　　　　　　名（ばく然と）**物**　動（~を）**詰める**
- **throughout** [θru(:)áut]　　前（~の）**至るところに**　副 **初めから終わりまで**
- **almanac** [ɔ́:lmənæ̀k]　　　名 **暦，年鑑**

Notes

◆tons of（= a ton of）「多量［数］の~」
cool「すてきな，かっこいい」〔くだけた表現で使う〕→ (093)

❽ アナウンスメント

219　　　　　　　　　　　　　　　　　　　　　L-1.7　CD 2-75

The Toyo Corporation prides itself on the quality of products and services it provides to customers.

訳 トーヨー株式会社はお客さまに提供する製品およびサービスの質に誇りを持っております。

- **pride** [práid]　　　　　　　名 **誇り**　動（~を）**誇る**
  proud　　　　　　　　　　→ (005)

Notes

◆pride *one*self on「~を誇る」

PART 6

でる順英単語 ▶ 1000語 ▶ 2000語 ▶ 3000語 ▶ 4000語

220　L-1.5

The National Fallen Firefighters Foundation was created to honor and remember America's firefighters who have died in the line of duty.

訳　全国消防殉職者基金は、職務中に亡くなったアメリカの消防士に敬意と追悼の意を表すために設立された。

- **foundation** [faundéiʃən]　　名基礎, 創立・設立, 根拠, 基金・財団
  - ▶ **found** [fáund]　　動 (〜を) 設立する・創立する
  - ▶ **founder** [fáundər]　　名創設 [設立] 者
- **honor** [ánər]　　動 (〜に) 栄誉を与える　名名誉, 敬意
  - ▶ **honorable** [ánərəbl]　　形名誉ある
- **duty** [djúːti]　　名義務・職務, 税

Notes
fallen「死んだ」, firefighter → (133)
remember「〜を偲ぶ, 追悼する」
in the line of duty「(警官, 軍人などが) 勤務中に, 職務で」

221　L-2.1

On Wednesday, October 2, Florida-Atlantic, the maker of quilted bathroom tissue, announced that it would be celebrating the brand's 100th anniversary.

訳　10月2日水曜日、キルト風トイレットペーパーのメーカー、フロリダ・アトランティック社は、そのブランドの100周年を祝う予定であると発表した。

- **maker** [méikər]　　名製造業者, メーカー
- **quilted** [kwíltid]　　形キルト風
  - ▶ **quilt** [kwílt]　　名キルト

Information/Instructions

- **tissue** [tíʃuː]　　　　名ティッシュペーパー, (生物の) 組織
- **brand** [brǽnd]　　　　名銘柄, 商標, ブランド
　　　　　　　　　　　　動 (〜に) 烙印を押す

Notes

Atlantic → (167), celebrate → (108), anniversary → (072)
bath(room) [toilet] tissue「トイレットペーパー」

222　　　　　　　　　　　　　　　　L-2.4　CD 2-77

The non-profit Rechargeable Battery Recycling Corporation has announced that 2005 was a landmark year for the rechargeable battery recycling industry.

訳　非営利団体の充電式バッテリー・リサイクリング・コーポレーションは, 2005 年は充電式バッテリーのリサイクル産業にとって画期的な年であったと発表した。

- **profit** [práfət]　　　　名利益 (⇔ loss (077))
　　　　　　　　　　　　動 (〜から) 利益を得る 〈from, by〉
  - ▶ **profitable** [práfitəbl]　　形収益性の高い・もうかる, 有益な
- **rechargeable** [riːtʃáːrdʒəbl]　形充電可能な, リチャージャブル
  charge　　　　　　　　　→ (004)
- **battery** [bǽtəri]　　　　名電池, 一式 [一組]
- **recycle** [rìːsáikl]　　　　動再生利用する
  - ▶ **recycled** [rìːsáikld]　　形再生利用の
  - ▶ **recyclable** [rìːsáikləbl]　形 名再生利用可能な (もの)
  cycle　　　　　　　　　→ (255)
- **landmark** [lǽndmàːrk]　名 (陸上の) 目印, 画期的な出来事,
　　　　　　　　　　　　〔形容詞的に〕画期的な

Notes

non-profit「非営利的な」, rechargeable battery「リチャージブルバッテリー」, corporation「法人, 団体」→ (009)

PART 6 — でる順英単語 1000語 2000語 3000語 4000語

3 Article
(223 ～ 265)

① 人物・評伝

223　L-1.2

In 1849 Elizabeth Blackwell became the first woman to earn an M.D. She was granted this medical degree from Geneva Medical College.

訳　1849年にエリザベス・ブラックウェルは医学博士号を取得した初めての女性となった。彼女はこの医学の学位をジュネーブ医科大学から与えられた。

- **grant** [grǽnt]　動 (許可などを) 与える・認める，
   〔take ... for ～ed で〕(…を) 当然のことと思う
   名 認可，授与

Notes
MD (= Doctor of Medicine)「医学博士」

224　L-1.3

Pablo Picasso is a famous artist. His work is admired by many throughout the world.

訳　パブロ・ピカソは有名な芸術家である。彼の業績は世界中の多くの人々から称賛を受けている。

- **admire** [ədmáiər]　動 (～に)感嘆する，(～を)称賛する
  ▶ **admiration** [ædməréiʃən] 名 感嘆，称賛

Article

225 L-1.7

He resigned from that office in 1998 to serve as U.S. minister to Great Britain.

訳 彼は,英国駐在米国公使を務めるため,1998年にその職場を退職した。

- **resign** [rizáin]　動 (会社などを) **退職する** ⟨from⟩,
　　　　　　　　　　　　(役職・地位を) **辞任する**
  - **resignation** [rèzignéiʃən]　名 辞職 [辞任], 辞表
- **minister** [mínəstər]　名 **大臣, 公使** 〔ambassador (大使) の次位〕

226 L-1.2

Rosa Parks refused to follow the rules and was arrested for not giving up her seat to a white man.

訳 ローザ・パークスは規則に従うことを拒否し, 白人男性に席を譲らなかったかどで逮捕された。

- **refuse** [rifjú:z]　動 (〜することを) **拒む** ⟨to do⟩,
　　　　　　　　　　　(〜を) **断る**　(⇔ accept (002))
  - **refusal** [rifjú:zəl]　名 拒否

Notes
- *be* **arrested for**「〜の罪で逮捕される」
- **give up** *A* **to** *B*「A を B に渡す, 譲る」

227 L-1.8

She became known as the Mother of the civil rights movement, a struggle for racial equality in America.

訳 彼女は, 公民権運動, すなわちアメリカにおける人種的平等の闘いの母, として知られるようになった。

PART 6

でる順英単語 ▶ 1000語 ▶ 2000語 ▶ 3000語 ▶ 4000語

- **civil** [sívl] 形 市民 [公民] の, 民間の (⇔ military (099))
  - ▶ **civilize** [sívəlàiz] 動 (〜を) 文明化する
  - ▶ **civilization** [sìvələzéiʃən] 名 文明, 文明化
- **movement** [múːvmənt] 名 (政治的・社会的) 活動, 動き・運動
  - ▶ **move** [múːv] 動 動く [動かす], (〜を) 感動させる
    名 動き
  - moving → (013)
- **struggle** [strʌ́gl] 名 苦闘
  動 (〜のために) 奮闘する ⟨for, to *do*⟩
- **equality** [i(ː)kwɑ́ləti] 名 同等, 平等 (⇔ inequality「不平等」)
  - equal → (217)

Notes

◆ *be* known as「〜として知られている」
civil rights movement「(黒人) 公民権運動」
racial → (049)

228　L-2.7

President Kennedy's inaugural address set a **tone** of youthful **idealism** that raised the nation's hopes.

訳 ケネディ大統領の就任演説は, 国民に希望を抱かせる若々しい理想主義の気風をもたらした。

- **tone** [tóun] 名 口調, 音色, 気風, 風格
- **idealism** [aidíːəlìzm] 名 理想主義
  - ideal → (076)

Notes

inaugural address「就任演説」 inaugural「就任 (式) の, 開会 (の)」
◆ raise *one's* hopes「〜に期待を抱かせる」

● Article

❷ 地 理

229　L-1.4

Mount Everest is located in the Himalayas, and its peak is over 29,000 feet above sea level.

訳 エベレスト山はヒマラヤ山脈に位置し，その山頂は海抜 2 万 9,000 フィート強である。

- **mount** [máunt]　　　　　图山，丘，〔M ～，固有名詞の前で〕～山
  - ▶ **mountain** [máuntn]　　图山
  - ▶ **mountainous** [máuntənəs]　　形山の多い，山地の
- **peak** [píːk]　　　　　图山頂，最高点・ピーク

Notes

above [below] sea level「海抜［海面下］」

230　L-1.5

The average depth of the oceans is 3,794 m, more than five times the average height of the continents.

訳 海洋の平均の深さは 3,794 メートルで，大陸の平均の高さの 5 倍を超えている。

- **depth** [dépθ]　　　　　图深さ，奥行き
- **height** [háit]　　　　　图高さ，最高潮
  　　　　　　　　　　　〔length「長さ」, width「幅，広さ」〕

Notes

average → (070), continent → (108)
five times「5 倍の」名詞につくときは the を後におく。

PART 6

でる順英単語 ▶1000語 ▶2000語 ▶3000語 ▶4000語

231　L-1.6

In general, the area with a humid subtropical climate has long, hot, rainy summers and short, usually mild winters.

訳 一般に，亜熱帯多湿気候の地域には，長期間の暑くて雨の多い夏と，短期間の通常は穏かな冬がある。

- **humid** [hjúːmid]　形 湿った，湿気の多い
  - ▶ **humidity** [hjuːmídəti]　名 湿気，湿度
- **subtropical** [sÀbtrápikl]　形 亜熱帯の，亜熱帯性の
  - ▶ **tropical** [trápikl]　形 熱帯の，熱帯性の
- **mild** [máild]　形 穏かな，(程度の) 軽い

Notes

◆ in general「一般に，ふつう」

232　L-1.2

The weather pattern can roughly be divided into a dry season (January to June) and a wet season (July to December).

訳 天候のパターンは大まかに乾期 (1月から6月) と雨期 (7月から12月) に分類することができる。

- **pattern** [pǽtərn]　名 パターン・型，模様
- **roughly** [rʌ́fli]　副 大まかに，乱暴に
  - ▶ **rough** [rʌ́f]　形 大まかな，乱暴な，荒れた，ざらざらした

Notes

weather pattern「天候の型，天候パターン」
◆ *be* divided into「～に分けられる」

● Article

233　　L-1.3

Argentina has long ranked as a world leader in the export of raw meat.

訳 アルゼンチンは生肉の輸出で長い間世界第1位を占めている。

- **rank** [rǽŋk] 　動 地位 [ランク] を占める，(〜を) 位置 [ランク] づける
  　　　　　　　名 地位，等級
  ▶ **ranking** [rǽŋkiŋ] 　名 ランキング
- **raw** [rɔ́ː] 　形 生の，加工していない

234　　L-1.7

Egypt became an economic mainstay of the Roman Empire not only because of its annual harvest of grain but also because of its glass, metal, and other manufactured products.

訳 エジプトがローマ帝国の経済的大黒柱となったのは，毎年の穀物収穫量のためだけでなく，ガラスや金属やその他の製造物のためである。

- **mainstay** [méinstèi] 　名 大黒柱・支柱〔メインマストを支える綱が原義〕
- **empire** [émpaiər] 　名 帝国
- **harvest** [háːrvist] 　名 収穫 (期)
- **metal** [métl] 　名 金属

Notes

◆ not only because of 〜 but also because of ... 「〜という理由だけでなく…という理由でもある」
grain → (113)

PART 6

PART 6

でる順英単語 1000語 2000語 3000語 4000語

235 L-2.7

Because of its geologic diversity, China possesses an extremely wide array of mineral resources.

訳 地質学的な多様性ゆえに、中国は極めて広範囲な鉱物資源を有している。

- **geologic** [dʒìːəládʒik] 形 地質学(上)の (= geological)
  ▶ **geology** [dʒiálədʒi] 名 地質学
- **diversity** [dəvə́ːrsəti] 名 多様性, 相違(点)
  ▶ **diverse** [dəvə́ːrs] 形 さまざまな, 多様な
- **possess** [pəzés] 動 (能力・財産などを)持っている, (考え・霊などが)とりつく
  ▶ **possession** [pəzéʃən] 名 所有(物)
- **extremely** [ikstríːmli] 副 極めて
  ▶ **extreme** [ikstríːm] 形 極端な 名 極端
- **array** [əréi] 名 ずらりと並んだもの[人], 配列
  動 〔be arrayed で〕順序よく並べる

Notes

mineral → (041)

◆ a wide array of「豊富な[幅広い・多彩な]~」

236 L-1.7

Serbia and Montenegro is a loose union between two republics, where each of Serbia and Montenegro governs its own internal affairs but they have a joint government to deal with defense and foreign affairs.

訳 セルビア・モンテネグロは2つの共和国間のゆるい連合である。そこではセルビアとモンテネグロそれぞれが自国の国内問題を治めてい

● Article

るが，防衛や外交問題に対処する共同政府がある。

- **union** [júːnjən] 　　　名 結合，連合，組合（= labor union）
- **republic** [ripʌ́blik] 　　名 共和国
  - ▶ **republican** [ripʌ́blikn] 形 共和国の，〔米〕共和党の
    　　　　　　　　　　　　　名 〔米〕共和党員
- **internal** [intə́ːrnl] 　　形 内部の（⇔ external「外部の」）
- **affair** [əféər] 　　　　　名（政治・社会・個人の）問題，事態，事件
- **foreign** [fɔ́(ː)rən] 　　　形 外国の

Notes

loose → (114)，govern → (089)，defense → (096)
internal affairs「国内問題」，foreign affairs「外交問題」

❸ 医　学

237　　　　　　　　　　　　　　　　L-1.4　CD 2-85

The nervous system sends messages among the different organs of the body.

訳 神経組織は身体のさまざまな器官にメッセージを送る。

- **nervous** [nə́ːrvəs] 　　　形 神経の，神経質な，緊張して
  - ▶ **nerve** [nə́ːrv] 　　　　名 神経
  - ▶ **nervously** [nə́ːrvəsli] 副 神経質に
- **organ** [ɔ́ːrgən] 　　　　名（動植物の）器官，機関，（パイプ）オルガン
  - ▶ **organic** [ɔːrgǽnik] 　形 有機栽培の，有機体の
  - ▶ **organism** [ɔ́ːrgənìzm] 名 有機体，生物体

238

HIV is not passed from one person to another through casual contact such as hugging or shaking hands.

訳 HIVは，抱きしめたり握手したりといった日常的な接触を通しては人から人へと感染しない。

- **casual** [kǽʒuəl] 形 形式ばらない，平常通りの，臨時の
  - ▶ **casually** [kǽʒuəli] 副 気軽に，形式ばらずに
- **hug** [hʌ́g] 動 (〜を) 抱きしめる 名 抱擁
- **shake** [ʃéik] 動 (〜を) 振る，揺らす [揺れる]，〔〜 hands で〕握手する
  名 振ること，ミルクセーキ

Notes

HIV (= human immunodeficiency virus)「ヒト免疫不全ウイルス (エイズウイルス)」

◆ *be* passed from *A* to *B*「AからBへ感染する」, pass → (030)
casual contact「日常的な接触」

239

A number of researchers have found that people are able to "postpone" death to live through an upcoming holiday or important occasion.

訳 多くの研究者により，人々は近づく祝日や重要な時を生き抜くために死を「延ばす」ことができるということが分かった。

- **postpone** [poustpóun] 動 延期する，延ばす
- **upcoming** [ʌ́pkʌ̀miŋ] 形 近づく，やがてやって来る
- **occasion** [əkéiʒən] 名 (特定の) 時，機会
  - ▶ **occasional** [əkéiʒənl] 形 時折の
  - ▶ **occasionally** [əkéiʒənəli] 副 ときどき

● Article

Notes

researcher → (073)
◆ live through「〜を生き延びる，〜を切り抜ける」

240　　L-1.4

Scientists have discovered that chocolate contains compounds called flavonoids, which might protect against heart attacks, keep you from getting sick, and even help cure coughs.

訳 科学者たちは，チョコレートにはフラボノイドと呼ばれる化合物が含まれていて，その化合物は心臓発作を防ぎ，病気にかかりにくくし，せきをとめる効果さえある，ということを発見した。

- **cure** [kjúər]　　動（病気を）治す　名治癒，治療（法）
- **cough** [kɔ́(ː)f]　　名せき　動せきをする

Notes

compound → (118)
flavonoid「フラボノイド」
◆ **protect against**「〜から身を守る，〜に効く」, protect → (087)
heart attack「心臓発作」

241　　L-1.5

Nonsmokers who breathe in smoke from smokers suffer harmful health effects just as smokers do.

訳 喫煙者のタバコの煙を吸う非喫煙者は，喫煙者とまったく同じように健康に有害な影響を受ける。

- **smoke** [smóuk]　　名煙　動タバコを吸う，喫煙する
  ▶ **smoker** [smóukər]　　名喫煙者
  ▶ **nonsmoker** [nànsmóukər]　　名非喫煙者

PART 6

- **breathe** [bríːð] 　　動 呼吸する 〈in, out〉
  - ▶ **breath** [bréθ] 　　名 息, 呼気 [吸気]
  - ▶ **breathing** [bríːðiŋ] 　　名 呼吸 (すること)
- **suffer** [sʌ́fər] 　　動 (損害・被害を) こうむる, (病気などで) 苦しむ 〈from〉

> Notes
>
> harmful → (022)
> health effects「健康への影響」, effect → (115)

242　　　　　　　　　　　　　　　　　　　　L-1.8

For decades, gym teachers have insisted that stretching helps athletes perform better and suffer fewer injuries. But new research suggests that stretching may not do your body as much good as people thought.

訳 何十年もの間, 体操の教師たちは, ストレッチをすることにより運動選手の動きがよくなり, けがも減るということを主張してきた。しかし, 新しい研究は, ストレッチが人々が考えたほどには体によくないということを示している。

- **insist** [insíst] 　　動 (〜を) 主張する・要求する 〈on, that〉
- **athlete** [ǽθliːt] 　　名 運動選手, スポーツマン
  - ▶ **athletic** [æθlétik] 　　形 運動競技の

> Notes
>
> decade → (072), gym teacher「体操教師」, gym → (014)
> ◆ **do** *A* **good**「A によい, 役立つ」

Article

243 L-1.9

Studies show that people with high self-esteem are less likely to be depressed, anxious, shy, or lonely than those having low self-esteem.

訳 自尊心の高い人々は，自尊心の低い人々よりも落ちこんだり，不安になったり，恥ずかしがったり，寂しがったりしにくい，ということが研究で明らかになっている。

- **esteem** [istíːm] 名 尊重
  動 (〜を) 尊重する，(〜を高く) 評価する
  estimate → (208)
- **shy** [ʃái] 形 恥ずかしがりの・内気な，(動物が) おく病な
  ▶ **shyness** [ʃáinəs] 名 内気，はにかみ
- **lonely** [lóunli] 形 孤独な，寂しい

Notes
show → (046), self-esteem「自尊心」
depressed → (049), anxious → (214)

244 L-2.0

Studies show that weighing too much as an adult can lead to a variety of illnesses, including breast cancer, arthritis, and heart disease.

訳 研究は，成人として体重がありすぎると乳がん，関節炎，心臓病を含むいろいろな病気につながる可能性があることを示している。

- **breast** [brést] 名 胸，胸部，乳房
- **cancer** [kǽnsər] 名 がん

PART 6

でる順英単語 ▶1000語 ▶2000語 ▶3000語 ▶4000語

> **Notes**
>
> weigh → (117), ◆**lead to**「〜に至る，〜につながる」, lead → (029)
> a variety of「いろいろな〜，多種多様な〜」
> arthritis「関節炎」, heart disease「心臓疾患，心臓病」

245   L-1.9

In 2004, more than 800,000 Americans died of heart disease. The most common disorders are high blood pressure, high cholesterol, heart attacks, and strokes.

訳 2004年には，80万人を超えるアメリカ人が心臓疾患により死亡した。その最も多く見られる病気は高血圧，高コレステロール，心臓発作，脳卒中である。

- **disorder** [disɔ́ːrdər]　　　名 (心身の) 不調，疾患，無秩序
  - order　　　　　　　　　→ (004)
- **cholesterol** [kəléstəròul]　名 コレステロール
- **stroke** [stróuk]　　　　　　名 (卒中などの) 発作，脳卒中，一打・一振り
  - strike　　　　　　　　　→ (099)

> **Notes**
>
> ◆**die of**「〜で死ぬ」
> high blood pressure「高血圧」

246   L-1.8

People with arthritis may feel pain whenever they make the simplest movements, like walking down stairs or dialing a phone.

訳 関節炎にかかっている人は，階段を下りたり，電話のダイヤルを回したりといった最も簡単な動きをするたびに，痛みを感じるだろう。

● Article

■ **pain** [péin] 　　　　　　　名（肉体的・精神的な）**痛み・苦痛**,
　　　　　　　　　　　　　　　　〔～sで〕**骨折り**
　▶ **painful** [péinfl] 　　　　　形 **痛い, つらい**
■ **stair** [stéər] 　　　　　　　名〔～sで〕**階段**
　▶ **staircase** [stéərkèis] 　　名（手すり・踊り場など含めた）**階段**
　　　　　　　　　　　　　　　　（= stairway）
■ **dial** [dáiəl] 　　　　　　　動（電話の番号を）**回す[押す]**
　　　　　　　　　　　　　　　　名（ラジオなどの）**ダイヤル**,
　　　　　　　　　　　　　　　　　（時計などの）**文字盤**

Notes

movement → (227), arthritis → (244)

4 科学・宇宙

247　　　　　　　　　　　　　　　　　　　　L-1.4　CD 2-91

One of the tasks of the Atlantis crew was to repair an international space station to prepare it for residents in the future.

訳 アトランティス号の乗組員の仕事の1つは，将来の居住者に備えて国際宇宙ステーションの修理をすることであった。

■ **repair** [ripéər] 　　　　　　動（～を）**修理する**　名**修理**
　▶ **repairman** [ripéərmæn] 名 **修理工**（= repairer）

Notes

Atlantis「アトランティス号（1985年にはじめて打ち上げられたスペースシャトル）」, crew → (136)
space station「宇宙ステーション」, space → (104)
◆ **prepare** A **for** B「AにBの備えをさせる」, prepare → (054)
resident → (046)

PART 6

でる順英単語　1000語　2000語　3000語　4000語

248　L-1.4

The people in charge at NASA didn't pay enough attention to safety. They had failed to recognize the dangers posed by falling foam before Columbia took off.

訳 NASAの担当者たちは，安全に十分な配慮をしていなかった。コロンビアが離陸する以前に，落下してくる泡（状のもの）が引き起こす危険性を認識できずにいたのだ。

- **safety** [séifti]　名 安全
- **fail** [féil]　動 (〜に) 失敗する〈in〉，〜し損なう〈to do〉
  - ▶ **failure** [féiljər]　名 失敗
- **pose** [póuz]　動 (問題などを) 引き起こす・提出する，ポーズを取る
  　　　名 ポーズ，見せかけ
- **foam** [fóum]　名 泡，気泡　動 泡立つ

Notes

in charge「係の，担当の」，charge → (004)
NASA (= National Aeronautics and Space Administration)「米国航空宇宙局」
attention → (002), recognize → (073)
◆ take off「離陸する」

249　L-1.5

On December 3, 1973 Pioneer 10 reached Jupiter after a 620 million-mile journey.

訳 1973年12月3日，パイオニア10号は6億2,000万マイルの旅の後，木星に到達した。

- **pioneer** [pàiəníər]　名 先駆者，開拓者　動 (〜を) 開拓する
  - ▶ **pioneering** [paiəníəriŋ]　形 先駆的な

● Article

■ **journey** [dʒə́ːrni]　　　名 (長期の) 旅行

Notes

Jupiter「木星」

250　L-2.0

Researchers have invented a method to keep paint on ancient clay statues from quickly peeling off after the statues are dug up and exposed to light.

訳 研究者たちは，古代の粘土像の塗料が像が掘り出されて光にさらされた後，すぐにはがれることを防ぐため，ある方法を発明した。

■ **invent** [invént]　　　動 (〜を) 発明する，(うそなどを) でっち上げる
　▶ **invention** [invénʃən]　名 発明 (品)
■ **ancient** [éinʃənt]　　　形 古代の，昔の
■ **clay** [kléi]　　　名 粘土
■ **peel** [píːl]　　　動 (〜の) 皮をむく，はがれる [はがす] ⟨off⟩
■ **dig** [díɡ]　　　動 (〜を) 掘る

Notes

keep paint ... from peeling off「塗料がはがれ落ちないようにする」
paint「塗料」
statue → (169), ◆dig up「掘り起こす，掘り出す」, expose → (048)

251　L-1.2

Wilbur and Orville Wright tested various wing shapes in a wind tunnel to find out which one would lift an airplane as high as possible.

訳 ウィルバーとオーヴィルのライト兄弟は，どの翼が可能な限り高く

PART 6

でる順英単語　1000語　2000語　3000語　4000語

飛行機を持ち上げるかを見出すために，風洞の中でさまざまな翼の形を試験した。

- **wing** [wíŋ]　　　　　名羽・翼，(政党の)翼
- **shape** [ʃéip]　　　　名形，(健康・経営などの)状態
　　　　　　　　　　　　動(〜を)形作る
- **lift** [líft]　　　　　　動(〜を)持ち上げる，(空中へ)上がる
　　　　　　　　　　　　名(人を)車に乗せること (= ride)

Notes
wind tunnel「風洞」

252　L-1.2

A few generations ago, no one could have imagined that we would be communicating over computers in real time without ever speaking a word.

訳 2, 3世代前には，私たちが一言もしゃべることなくリアルタイムにコンピューターでコミュニケーションをとるだろうとは，誰も想像できなかっただろう。

- **imagine** [imǽdʒin]　　動(〜を)想像する，(〜と)思う〈that, wh-〉
  - ▶ **imagination** [imæ̀dʒənéiʃən]　名想像(力)
  - ▶ **imaginative** [imǽdʒənətiv]　形想像力のある
  - ▶ **imaginable** [imǽdʒənəbl]　形想像できる，可能な
  - ▶ **imaginary** [imǽdʒənèri]　形想像上の・架空の
  - image　　　　　→ (064)

Notes
a few generations ago「(もし)2, 3世代前ならば」 仮定の意味が含まれている。後の no one could have ... は仮定法過去完了。generation → (119), communicate → (106)
◆ in real time「同時に，リアルタイムに」

Article

253 L-1.3

There are people looking for signs of intelligent life in outer space.

訳 宇宙空間に知的生命体の徴候を捜し求めている人々がいる。

- **intelligent** [intélidʒənt] 形 知能の高い，(高度な)情報処理能力を持つ
  - ▶ **intelligence** [intélidʒəns] 名 知能・知性，(敵に関する)情報(機関)
- **outer** [áutər] 形 外の，外側の 名 圏外

Notes
sign → (025), intelligent life「知的生命体」
outer space「宇宙空間」

254 L-1.5

Children's sleepwear isn't made from cotton because ordinary cotton can burst into flames when it's heated.

訳 子ども用パジャマは木綿で作られてはいない，というのはふつうの木綿は高温になると急に燃え上がる可能性があるからだ。

- **sleepwear** [slíːpwèər] 名 寝間着，パジャマ (= nightclothes)
- **cotton** [kátn] 名 綿，綿花
- **ordinary** [ɔ́ːrdənèri] 形 ふつうの，通常の
  - ▶ **ordinarily** [ɔ̀ːrdənérəli] 副 通例，ふつうは
- **burst** [bə́ːrst] 動 破裂する[させる]，〔burst into で〕急に～しはじめる，〔~ing で〕(～で)はちきれそうになる 〈with〉
  名 破裂，爆発
- **flame** [fléim] 名 炎，激情 (= passion)
  動 燃え上がる

PART 6

でる順英単語 ▶ 1000語 ▶ 2000語 ▶ 3000語 ▶ 4000語

> **Notes**

◆ burst into flames「パッと燃え上がる」 heat → (087)

255　　　　　　　　　　　　　　　　　　　　　　L-1.5

Despite years of research, the life cycles and habits of cicadas still present puzzles to modern science.

訳 長い年月にわたる研究にもかかわらず、セミの生命周期と習性は現代科学に今なおなぞを提起する。

- **despite** [dispáit]　　　　　　前 〜にもかかわらず
- **cycle** [sáikl]　　　　　　　　名 周期, 循環
  recycle　　　　　　　　　　→ (222)
- **puzzle** [pʌ́zl]　　　　　　　　名 パズル, なぞ
  　　　　　　　　　　　　　　動〔be 〜d で〕当惑する・頭を悩ます
  　　　　　　　　　　　　　　　〈about, over〉

> **Notes**

life cycle「生命周期, ライフサイクル」
habit「習性」→ (020), cicada「セミ」
◆ present A to B「B に A を提起する, 提示する」, modern → (214)

256　　　　　　　　　　　　　　　　　　　　　　L-1.6

He altered proportions of materials through a process of trial and error to get the result that he wanted.

訳 彼は自分の望む結果を得るために、試行錯誤によって材料の比率を変えた。

- **alter** [ɔ́ːltər]　　　　　　　　動 (〜を) 作り変える, (〜を) 手直しする
- **proportion** [prəpɔ́ːrʃən]　　名 割合, 釣り合い

> **Notes**

material → (080), process → (059)

● Article

◆ through trial and error「試行錯誤によって」このthroughは手段を表す。trial → (033), error → (188), result → (007)

257　L-1.8

Now, some anthropologists say that our ancestors may have been smarter than we usually give them credit for.

訳 今や，人類学者の中には，私たちの祖先は私たちがふつう思っているよりも頭がよかったかもしれない，と言う人もいる。

- **anthropologist** [æ̀nθrəpάlədʒist]　名 人類学者
  - ▶ **anthropology** [æ̀nθrəpάlədʒi]　名 人類学
- **ancestor** [ǽnsestər]　　名 先祖，祖先（⇔ descendant「子孫」）
- **smart** [smά:rt]　　　　 形 頭のよい，賢い

  Notes
  ◆ give A credit for B「A（人）にB（名声・由緒など）があると思う，B（結果）がA（人）の功績と思う」 forの後に being smart を補って考える。
  credit → (012)

258　L-1.8

After examining animals in all the major groups, Dr. Witmer concluded that dinosaurs had long snouts similar to a crocodile.

訳 主な動物群すべてについて調べた結果，ウィットマー博士は恐竜にはワニに似た長い鼻先があったという結論を出した。

- **conclude** [kənklú:d]　　動 (〜と)結論づける，(〜を)終了させる
  - ▶ **conclusion** [kənklú:ʒən]　名 結論，結末
- **dinosaur** [dáinəsɔ̀:r]　　名 恐竜

PART 6

PART 6　でる順英単語　1000語　2000語　3000語　4000語

- **similar** [símələr]　　　形 同じような, (～に) 似ている ⟨to⟩
  - ▶ **similarity** [sìməlǽrəti]　名 類似 (点)
- **crocodile** [krákədàil]　　名 ワニ (クロコダイル)

Notes

group「(動・植物分類上の) 群」
snout「(ブタなどの) 突き出た鼻 (のような形のもの)」
◆ similar to「～に類似した」

259　L-2.0　CD 2-98

The planets move around the Sun along oval-shaped paths called orbits.

訳 惑星は太陽の周りを軌道と呼ばれる楕円形の進路に沿って回っている。

- **oval** [óuvl]　　　形 楕円形の　名 楕円
- **path** [pǽθ]　　　名 進路, 通り道, 小道
- **orbit** [ɔ́ːrbət]　　　名 (人工衛星などの) 軌道
  　　　　　　　　　　動 (軌道に沿って～の) 周りを回る

Notes

planet → (117)
oval-shaped「楕円形をした」, shape → (251)

260　L-1.6　CD 2-98

A comet is a ball of ice, dust, and gas that orbits the sun and has a tail of gas trailing behind it.

訳 彗星とは, 氷とちりとガスでできた, 太陽の周りを回る球であり, 後ろにガスの尾を引いている。

- **comet** [kámit]　　　名 彗星, ほうき星

● **Article**

- **dust** [dÁst]
  名 ちり, ほこり
  動 ほこりを払う, (粉などを) 振りかける

- **gas** [gǽs]
  名 ガス, ガソリン (= gasoline)

Notes
ball「球」, orbits →〈259〉, trail →〈039〉

261　L-1.9

When the space probe crashed into Tempel 1, it produced a bright flash.

訳 宇宙探査ロケットがテンペル第1彗星に衝突したとき, 鮮やかな閃光が起こった。

- **probe** [próub]
  名 宇宙探査機
  動 (〜について) 精密に調べる〈into〉

- **flash** [flǽʃ]
  動 ピカッと光る, (考えなどが) ひらめく
  名 フラッシュ, 閃光・ひらめき

Notes
space probe「宇宙探査ロケット」
◆ crash into「〜に衝突する, 墜落する」, crash →〈101〉
Tempel 1「テンペル第1彗星」

262　L-2.1

Scientists collect cosmic dust and other kinds of floating particles to learn about weather patterns, pollution, and the origin of the universe.

訳 科学者たちは, 天候パターン, 汚染, 宇宙の起源について知るために, 宇宙塵やその他の浮遊微粒子を集める。

- **cosmic** [kázmik]　形 宇宙の
  - ▶ **cosmos** [kázməs]　名〔the 〜で〕宇宙

PART 6

でる順英単語　1000語　2000語　3000語　4000語

- **float** [flóut] 　　　　　　　動 浮かぶ [浮かべる], 漂う
- **particle** [pá:rtikl] 　　　　名 微粒子, 微量
- **pollution** [pəlú:ʃən] 　　　名 汚染, 公害
  - ▶ **pollute** [pəlú:t] 　　　　動 (〜を) 汚染する
- **origin** [ɔ́(:)ridʒin] 　　　　名 起源, 血統
    - original 　　　　　　　　→ (106)
- **universe** [jú:nəvə̀:rs] 　　　名 宇宙
  - ▶ **universal** [jù:nəvə́:rsl] 　形 全世界の, 普遍的な

> Notes
>
> cosmic dust「宇宙塵」, dust → (260)
> weather pattern「天候の型, 天候のパターン」, pattern → (232)

263　　　　　　　　　　　　　　　L-2.6

Surveyor 3 picked up samples of lunar soil and examined them by television camera.

訳 サーベイヤー3号は月面の土壌のサンプルを拾い上げ、テレビカメラで調べた。

- **sample** [sǽmpl] 　　　　　名 見本, 標本
  　　　　　　　　　　　　　動 (〜を) 試食 [飲] する, 試す
- **lunar** [lú:nər] 　　　　　　形 月の, 月面の
- **soil** [sɔ́il] 　　　　　　　　名 土壌

> Notes
>
> surveyor → (076)

264　　　　　　　　　　　　　　　L-2.3

Air is a mixture of many gases; it is comprised mostly of nitrogen and oxygen.

● Article

訳 空気はいろいろな気体の混合物であり，大部分はチッ素と酸素から成っている。

- **comprise** [kəmpráiz]　動 (〜から) なる，〔be 〜ed of で〕(〜を) 構成する
- **mostly** [móustli]　副 たいてい，大部分は

Notes

mixture → (187), nitrogen「窒素」, oxygen → (094)

265　　　　　　　　　　　　　　　　　　L-2.5　CD 2-99

The bones and other features of the fossil embryo suggest that birds of this prehistoric species could move about and feed independently soon after hatching.

訳 その化石化した鳥の胎児の骨やその他の特徴は，この有史以前の種の鳥が，卵からかえるとすぐに動き回ったり自分でえさを食べたりすることができたことを示唆している。

- **bone** [bóun]　名 骨
- **fossil** [fásl]　名 化石
- **prehistoric** [prìːhistɔ́(ː)rik]　形 有史以前の，先史時代の
  historic　→ (085)
- **feed** [fíːd]　動 (動物に) 食物を与える，(燃料などを) 供給する
- **independently** [indipéndəntli]　副 独立して，自主的に，独力で
  independent　→ (028)
- **hatch** [hǽtʃ]　動 (卵からヒナを) かえす [かえる]

Notes

feature → (050), embryo「胚，胎児，未発達のもの」
species → (167)

索　引

( )の赤数字はパッセージの番号を示します。

A

ability	(069) 161	active	(075) 179
aboard	(035) 83	activist	(159) 302
abroad	(023) 57	activity	(027) 65
absence	(028) 67	actual	(075) 179
absent	(028) 67	actually	(023) 57
absentee	(028) 67	add	(064) 151
absolute	(077) 183	addition	(064) 151
absolutely	(077) 183	additional	(012) 27
absorb	(114) 265	additionally	(046) 111
abuse	(049) 118	address	(038) 91
academic	(058) 137	adjust	(047) 113
academy	(058) 137	adjustment	(047) 113
accept	(002) 5	admiration	(224) 338
acceptable	(035) 83	admire	(224) 338
acceptance	(035) 83	admission	(059) 139
access	(013) 29	admit	(099) 233
accessory	(033) 79	admittance	(099) 233
accident	(069) 161	adopt	(176) 311
accommodate	(107) 251	adoption	(176) 311
accommodation	(038) 91	adult	(115) 267
accompany	(070) 163	advance	(165) 305
accomplish	(040) 95	advanced	(165) 305
accomplishment	(040) 95	advantage	(023) 57
accord	(049) 117	advertise	(071) 165
accordance	(049) 117	advertisement	(034) 81
according	(049) 117	advertiser	(071) 165
accordingly	(049) 117	advertising	(071) 165
account	(007) 15	advice	(022) 51
accounting	(090) 211	advise	(022) 51
accuracy	(050) 121	advisor	(022) 51
accurate	(050) 121	affair	(236) 345
accurately	(050) 121	affect	(049) 117
accustomed	(017) 39	affection	(049) 117
achieve	(198) 322	affiliate	(090) 211
achievement	(198) 322	affirm	(095) 221
acknowledge	(035) 83	affirmation	(095) 221
acknowledgment	(035) 83	affirmative	(095) 221
act	(110) 257	afford	(084) 199
action	(062) 145	affordable	(084) 199
		age	(041) 97
		agency	(007) 15

agenda	(052) 125		
agent	(033) 79		
aggravate	(101) 237		
agree	(035) 83		
agreement	(098) 231		
ahead	(098) 231		
aid	(059) 139		
aim	(069) 161		
air	(038) 91		
airline	(136) 290		
alarm	(133) 288		
alcohol	(049) 118		
alcoholic	(049) 118		
alert	(048) 115		
allergic	(118) 273		
allergy	(118) 273		
allow	(015) 35		
allowance	(068) 159		
almanac	(218) 335		
alter	(256) 356		
alternate	(094) 219		
alternately	(094) 219		
alternative	(007) 15		
ambulance	(156) 301		
amend	(110) 257		
amendment	(110) 257		
amount	(007) 16		
amuse	(086) 203		
amusement	(086) 203		
amusing	(086) 203		
analysis	(029) 71		
analyst	(034) 81		
analyze	(112) 261		
ancestor	(257) 357		
ancient	(250) 353		
anger	(022) 51		
angry	(022) 51		
animation	(038) 91		
anime	(038) 91		
anniversary	(072) 173		
announce	(051) 123		

362

索 引

announcement	(051) 123	artery	(043) 102	**B**		
annual	(035) 83	article	(018) 41			
anonymous	(078) 185	artwork	(081) 191	background	(034) 81	
anthropologist	(257) 357	assert	(096) 227	bacon	(055) 131	
anthropology	(257) 357	asset	(085) 201	baggage	(068) 159	
anticipate	(032) 77	assign	(014) 32	bake	(010) 23	
anticipation	(032) 77	assignment	(014) 32	bakery	(010) 23	
antique	(027) 65	assist	(116) 269	balance	(207) 328	
anxiety	(214) 332	assistance	(116) 269	balcony	(105) 245	
anxious	(214) 332	assistant	(098) 231	ban	(164) 304	
apart	(059) 139	associate	(021) 49	band	(154) 299	
apologize	(002) 5	associated	(021) 49	bank	(061) 143	
apology	(002) 5	association	(021) 49	banquet	(055) 131	
apparent	(137) 290	assume	(081) 191	bar	(053) 127	
apparently	(137) 290	assumption	(081) 191	bargain	(019) 43	
appeal	(012) 27	assurance	(060) 141	barter	(061) 143	
appear	(012) 27	assure	(060) 141	base	(028) 68	
applause	(154) 300	athlete	(242) 348	basis	(026) 63	
applicable	(032) 77	athletic	(242) 348	battery	(222) 337	
application	(036) 85	Atlantic	(167) 306	battle	(133) 288	
applied	(058) 137	atmosphere	(053) 127	beachfront	(086) 203	
apply	(058) 137	attach	(032) 77	beam	(166) 306	
appoint	(103) 241	attached	(032) 77	bear	(020) 45	
appointment	(103) 241	attachment	(110) 257	beat	(019) 43	
appraisal	(103) 241	attack	(043) 101	beautiful	(107) 251	
appraise	(103) 241	attempt	(011) 25	beauty	(107) 251	
appreciate	(006) 13	attend	(052) 125	bedtime	(085) 201	
approach	(080) 189	attendance	(052) 125	behalf	(030) 73	
appropriate	(066) 155	attendant	(052) 125	belief	(021) 49	
appropriately	(066) 155	attention	(002) 5	believe	(021) 49	
approval	(036) 85	attitude	(179) 313	belong	(014) 32	
approve	(036) 85	attract	(044) 105	belonging	(014) 32	
approximate	(028) 67	attractive	(044) 105	bend	(016) 37	
approximately	(028) 67	auction	(027) 65	beneficial	(044) 105	
aquarium	(048) 115	audience	(154) 300	benefit	(024) 59	
archipelago	(108) 253	author	(217) 334	bent	(016) 37	
architect	(085) 201	authority	(048) 115	besides	(163) 304	
architecture	(085) 201	avail	(056) 133	beverage	(053) 127	
area	(041) 97	availability	(056) 133	bill	(036) 85	
argue	(095) 221	available	(056) 133	billion	(124) 284	
argument	(095) 221	average	(070) 163	bimonthly	(018) 41	
arrange	(001) 3	avoid	(012) 27	biological	(139) 292	
arrangement	(081) 191	await	(108) 253	biologist	(139) 292	
array	(235) 344	award	(147) 296	biology	(139) 292	
arrest	(135) 289	aware	(043) 101	birth	(073) 175	
arrival	(001) 3	awareness	(043) 101	blame	(142) 293	
arrive	(001) 3			blast	(072) 173	

363

blemish	(109) 255	burn	(094) 219	celebration	(108) 253
blend	(010) 23	burst	(254) 355	cellphone	(039) 93
bless	(047) 113	business	(002) 5	center	(045) 107
blessing	(047) 113	businessman	(030) 73	centimeter	(068) 159
block	(109) 255	bustling	(085) 201	central	(045) 107
blood	(043) 102	busy	(053) 127	century	(085) 201
board	(216) 333	butter	(010) 23	cereal	(186) 316
boil	(114) 265	button	(064) 151	ceremony	(047) 113
bomb	(099) 233			certain	(002) 5
bond	(082) 195			certainly	(030) 73
bone	(265) 361			certificate	(091) 213
bonus	(035) 83	cable	(074) 177	certification	(091) 213
boom	(100) 235	calculate	(208) 328	certify	(103) 241
boomer	(119) 275	calculation	(208) 328	chain	(028) 67
border	(105) 245	calculator	(208) 328	challenge	(040) 95
borrow	(206) 327	calf	(016) 37	champion	(097) 229
borrower	(206) 327	call	(095) 221	championship	(105) 245
borrowing	(206) 327	campaign	(078) 185	chance	(024) 59
boundary	(106) 249	campus	(059) 139	change	(011) 25
bracket	(209) 329	cancel	(191) 319	channel	(165) 305
brain	(073) 175	cancellation	(191) 319	character	(104) 243
brake	(087) 205	cancer	(244) 349	charge	(004) 9
branch	(083) 197	candidate	(031) 75	charity	(046) 111
brand	(221) 337	capable	(066) 155	charm	(085) 201
break	(053) 127	capacity	(066) 155	charming	(085) 201
breakthrough	(050) 121	capital	(205) 326	chart	(011) 25
breast	(244) 349	care	(037) 89	chase	(134) 289
breath	(241) 348	career	(097) 229	cheap	(210) 330
breathe	(241) 348	careful	(017) 39	check	(013) 29
breathing	(241) 348	carefully	(017) 39	checkbook	(012) 27
breeze	(104) 243	carrier	(116) 269	checklist	(116) 269
brew	(053) 127	carry-on	(068) 159	cheer	(154) 299
brewery	(053) 127	cartridge	(004) 9	cheering	(154) 299
brief	(172) 309	carve	(105) 245	chef	(056) 133
briefly	(172) 309	case	(111) 259	chemical	(118) 273
brilliant	(149) 297	cash	(012) 27	chemistry	(118) 273
broad	(110) 257	cashier	(012) 27	chief	(008) 19
broadcast	(147) 296	cashless	(061) 143	child-care	(089) 209
broadcasting	(147) 296	cassette	(039) 93	chip	(056) 133
brochure	(003) 7	casual	(238) 346	choice	(008) 19
browse	(064) 151	casually	(238) 346	cholesterol	(245) 350
browser	(064) 151	casualty	(101) 237	choose	(036) 85
brunch	(054) 129	catalog	(033) 79	cigarette	(063) 149
brush	(021) 49	catch	(123) 283	citizen	(122) 283
budget	(174) 310	cater	(028) 68	civil	(227) 340
buffet	(055) 131	catering	(028) 68	civilization	(227) 340
bulge	(117) 271	cause	(013) 29	civilize	(227) 340
		celebrate	(108) 253		

364

索 引

claim	(162) 303	
clash	(101) 237	
clay	(250) 353	
clerk	(211) 330	
click	(064) 151	
client	(103) 241	
climate	(041) 97	
close	(061) 143	
closely	(062) 146	
cloth	(014) 32	
clothes	(014) 32	
clothing	(019) 43	
club	(025) 61	
coach	(145) 295	
coalition	(077) 183	
cocktail	(108) 253	
cocoa	(118) 273	
code	(065) 153	
colleague	(023) 57	
collect	(007) 15	
collectible	(027) 65	
collection	(007) 15	
collide	(102) 239	
collision	(102) 239	
column	(084) 199	
combination	(014) 31	
combine	(014) 31	
comet	(260) 358	
comfort	(104) 243	
comfortable	(104) 243	
command	(065) 153	
comment	(110) 257	
commentary	(110) 257	
commentator	(110) 257	
commercial	(096) 227	
commission	(096) 227	
commit	(034) 81	
commitment	(034) 81	
committee	(031) 75	
common	(013) 29	
communicate	(106) 249	
communication	(106) 249	
communicator	(106) 249	
community	(052) 125	
commute	(069) 161	
commuter	(069) 161	
companion	(020) 46	
company	(003) 7, (020) 46
comparable	(070) 163
compare	(100) 235
comparison	(100) 235
compete	(028) 68
competence	(175) 310
competent	(175) 310
competition	(047) 113
competitive	(032) 77
competitor	(028) 68
compilation	(090) 211
compile	(090) 211
complete	(009) 21
completely	(009) 21
completion	(009) 21
complex	(209) 329
complicate	(058) 137
complicated	(058) 137
compliment	(112) 261
compose	(193) 320
composer	(193) 320
compound	(118) 273
comprehensive	(090) 211
comprise	(264) 361
compute	(013) 29
computer	(013) 29
concentrate	(041) 97
concentrated	(041) 97
concentration	(041) 97
concept	(090) 211
conception	(090) 211
concern	(034) 81
conclude	(258) 357
conclusion	(258) 357
condition	(032) 77
conditioner	(048) 115
conditioning	(048) 115
condolence	(030) 73
conduct	(020) 46
conference	(002) 5
confidence	(033) 79
confident	(033) 79
confirm	(035) 83
confirmation	(035) 83
confuse	(197) 322
confusing	(197) 322
confusion	(197) 322
congratulate	(008) 19
congratulation	(008) 19
congress	(162) 303
connect	(097) 229
connection	(097) 229
connotation	(112) 261
consensus	(110) 257
consent	(110) 257
conservation	(096) 227
conserve	(096) 227
consider	(031) 75
considerate	(039) 93
consideration	(031) 75
consign	(103) 241
consignment	(103) 241
consist	(042) 99
conspicuous	(063) 149
constitute	(020) 46
constitution	(020) 46
consult	(216) 334
consultant	(216) 334
consultation	(216) 334
consulting	(216) 334
consume	(020) 45
consumer	(070) 163
contact	(002) 5
contain	(029) 71
container	(066) 155
content	(029) 71
contest	(095) 221
continent	(108) 253
continental	(108) 253
continue	(008) 19
continued	(008) 19
contract	(074) 177
contractor	(074) 177
contribute	(043) 102
contribution	(078) 185
contributor	(080) 189
control	(043) 102
convenience	(036) 85
convenient	(036) 85
conveniently	(060) 141
conversation	(026) 63
convey	(071) 165
convince	(175) 310
cool	(093) 217

365

cooperate	(032) 77	cross	(046) 111	degree	(010) 23
cooperation	(032) 77	crowd	(101) 237	delay	(002) 5
copy	(033) 79	crowded	(101) 237	delegate	(176) 311
copyright	(081) 191	cruise	(108) 253	delegation	(176) 311
corner	(189) 318	crush	(101) 237	deliver	(004) 9
corporate	(032) 77	cube	(067) 157	delivery	(060) 141
corporation	(009) 21	cubic	(067) 157	deluxe	(108) 253
correct	(017) 39	cucumber	(114) 265	demand	(040) 95
corridor	(084) 199	cuisine	(085) 201	democracy	(077) 183
cosmic	(262) 359	cultural	(026) 63	democratic	(077) 183
cosmos	(262) 359	culture	(026) 63	demonstrate	(091) 213
cost	(007) 16	curb	(012) 27	demonstration	(091) 213
cottage	(086) 203	cure	(240) 347	dental	(021) 49
cotton	(254) 355	currency	(061) 143	dentist	(021) 49
cough	(240) 347	current	(089) 209	department	(014) 31
council	(096) 227	currently	(089) 209	depend	(209) 329
counsel	(059) 139	cursor	(188) 318	dependent	(209) 329
counseling	(059) 139	customer	(028) 68	deportation	(097) 229
counselor	(059) 139	cyberspace	(088) 207	deposit	(207) 327
count	(015) 35	cycle	(255) 356	depress	(049) 117
county	(046) 111	cylinder	(101) 237	depressed	(049) 117
couple	(026) 63			depression	(049) 117
coupon	(038) 91	**D**		depth	(230) 341
courage	(075) 179			describe	(023) 57
courageous	(075) 179	daily	(063) 149	deserve	(075) 179
courier	(060) 141	damage	(039) 93	design	(084) 199
course	(054) 129	damp	(045) 107	designer	(084) 199
court	(143) 294	dampen	(045) 107	desirable	(044) 105
courtesy	(039) 93	data	(013) 29	desire	(114) 265
courtyard	(143) 294	date	(006) 13	despite	(255) 356
cover	(018) 41	deadly	(048) 115	dessert	(010) 23
crack	(098) 231	deal	(029) 71, (043) 102	destination	(011) 25
craft	(005) 11	dealer	(003) 7	destroy	(039) 93
crash	(101) 237	dealership	(003) 7	detail	(017) 39
create	(106) 249	dear	(001) 3	detailed	(017) 39
creation	(106) 249	debate	(040) 95	detain	(097) 229
creature	(137) 291	debt	(174) 310	determine	(011) 25
credit	(012) 27	debtor	(174) 310	develop	(023) 57
creditor	(012) 27	decade	(072) 173	development	(023) 57
crew	(136) 290	decide	(031) 75	device	(166) 305
crime	(135) 289	decision	(116) 269	devise	(166) 305
critic	(112) 261	deck	(104) 243	diagnose	(116) 269
critical	(048) 115	decrease	(076) 181	diagnosis	(116) 269
critically	(048) 115	dedicate	(018) 41	diagnostic	(060) 141
criticism	(112) 261	deeply	(030) 73	diagram	(066) 155
critique	(112) 261	defeat	(040) 95	dial	(246) 351
crocodile	(258) 358	defense	(096) 227	dialogue	(191) 319
		define	(013) 29		

Word	Ref	Word	Ref	Word	Ref
diamond	(103) 241	distort	(109) 255	earn	(067) 157
diet	(141) 293	distortion	(109) 255	earnings	(067) 157
differ	(049) 117	distribute	(031) 75	earthquake	(123) 284
difference	(082) 195	distribution	(031) 75	ease	(022) 51
different	(049) 117	distributor	(031) 75	echo	(065) 153
difficult	(079) 187	district	(171) 308	ecology	(044) 105
difficulty	(079) 187	diverse	(235) 344	economic	(024) 59
dig	(250) 353	diversity	(235) 344	economics	(089) 209
digit	(106) 249	divide	(051) 123	economist	(100) 235
digital	(106) 249	division	(051) 123	economy	(100) 235
dilate	(094) 219	divisional	(051) 123	ecosystem	(044) 105
dine	(026) 63	dock	(086) 203	edge	(067) 157
dinosaur	(258) 357	doctor	(089) 209	edit	(081) 191
diploma	(200) 323	doctoral	(089) 209	edition	(081) 191
diplomacy	(096) 227	doctorate	(089) 209	editor	(081) 191
diplomat	(096) 227	document	(176) 311	educate	(014) 31
diplomatic	(096) 227	documentation	(176) 311	education	(014) 31
direct	(071) 165	dolphin	(096) 227	educational	(014) 31
direction	(084) 199	domestic	(100) 235	effect	(115) 267
directly	(071) 165	donate	(046) 111	effective	(088) 207
director	(078) 185	donation	(046) 111	effectiveness	(089) 209
disappoint	(148) 296	donor	(078) 185	efficiency	(068) 159
disappointed	(148) 296	dosage	(062) 146	efficient	(068) 159
disappointing	(148) 296	dose	(115) 267	efficiently	(068) 159
disappointment	(148) 296	double	(203) 325	effort	(037) 89
discard	(024) 59	doubt	(152) 298	elaborate	(085) 201
disclose	(074) 177	doubtful	(152) 298	elect	(077) 183
disclosure	(074) 177	dough	(056) 133	election	(077) 183
discount	(005) 11	download	(083) 197	electric	(122) 283
discourage	(058) 137	draft	(083) 197	electrical	(122) 283
discover	(073) 175	drag	(189) 318	electricity	(122) 283
discovery	(073) 175	drama	(112) 261	electronic	(050) 121
discuss	(168) 307	dramatic	(112) 261	electronics	(050) 121
discussion	(168) 307	dress	(114) 265	element	(093) 217
disease	(048) 115	dressing	(114) 265	elementary	(024) 59
disk	(013) 29	drill	(057) 135	eligibility	(092) 215
disorder	(245) 350	drive	(106) 249	eligible	(092) 215
display	(051) 123	drop	(099) 233	eliminate	(084) 199
disposal	(065) 153	drought	(168) 307	emergency	(102) 239
dispose	(065) 153	drug	(049) 118	emphasis	(042) 99
dissatisfaction	(079) 187	drugstore	(049) 118	emphasize	(042) 99
dissatisfied	(079) 187	due	(006) 13, (007) 15	empire	(234) 343
dissatisfy	(079) 187	dust	(260) 359	employ	(089) 209
distance	(104) 243	duty	(220) 336	employee	(089) 209
distant	(104) 243			employer	(089) 209
distinguish	(071) 165	**E**		employment	(089) 209
distinguished	(071) 165	e-mail	(038) 91	empty	(066) 155

Word	Ref	Word	Ref	Word	Ref
enclose	(003) 7	estimation	(208) 328	expensive	(021) 49
encounter	(078) 185	ethnic	(049) 117	experience	(034) 81
encourage	(025) 61	evacuate	(125) 284	experiment	(017) 39
encouragement	(025) 61	evaluate	(112) 261	expert	(023) 57
encryption	(088) 207	evaluation	(031) 75	explain	(003) 7
endanger	(167) 306	evaporate	(041) 97	explanation	(017) 39
endangered	(167) 306	evaporation	(041) 97	explicit	(111) 259
energy	(020) 45	eve	(108) 253	explode	(072) 173
enhance	(088) 207	even	(020) 46	exploration	(025) 61
enhancement	(088) 207	event	(116) 269	explore	(025) 61
enjoy	(026) 63	eventual	(063) 149	explosion	(072) 173
enjoyable	(039) 93	eventually	(063) 149	explosive	(072) 173
enjoyment	(026) 63	evidence	(075) 179	export	(033) 79
enlist	(060) 141	exact	(209) 329	expose	(048) 115
enormous	(075) 179	exactly	(209) 329	exposure	(048) 115
enroll	(059) 139	examination	(065) 153	express	(009) 21
enrollment	(059) 139	examine	(065) 153	expression	(009) 21
ensure	(017) 39	example	(069) 161	extend	(016) 37
enter	(014) 31	exceed	(007) 16	extension	(016) 37
entertain	(054) 129	excel	(008) 19	extensive	(213) 332
entertaining	(054) 129	excellence	(030) 73	extra	(004) 9
entertainment	(018) 41	excellent	(030) 73	extraordinary	(108) 253
entire	(064) 151	except	(069) 161	extreme	(235) 344
entirely	(063) 149	excess	(068) 159	extremely	(235) 344
entitle	(068) 159	excessive	(039) 93	eyewear	(109) 255
entrance	(200) 323	exchange	(024) 59		
entree	(056) 133	excite	(086) 203	**F**	
entrepreneur	(061) 143	excitement	(086) 203		
entry	(199) 323	exciting	(086) 203	fabric	(019) 43
envelope	(052) 125	excursion	(054) 129	face	(040) 95
environment	(020) 46	excuse	(211) 330	facilitate	(051) 123
environmental	(024) 59	executive	(005) 11	facility	(051) 123
equal	(217) 334	exercise	(015) 35	factor	(043) 102
equality	(227) 340	exhibit	(137) 291	fail	(248) 352
equally	(217) 334	exhibition	(137) 291	failure	(248) 352
equation	(117) 271	exist	(041) 97	fair	(057) 135
equator	(117) 271	exit	(014) 31	fall	(100) 235
equip	(060) 141	expand	(061) 143	familiar	(079) 187
equipment	(051) 123	expanse	(041) 97	familiarize	(079) 187
error	(188) 318	expansion	(061) 143	fan	(105) 245
escape	(071) 165	expect	(006) 13	fare	(011) 25
especially	(020) 46	expectation	(006) 13	fashion	(182) 314
essence	(057) 135	expected	(006) 13	fashionable	(182) 314
essential	(057) 135	expedition	(108) 253	fat	(020) 45
establish	(216) 333	expend	(208) 328	fatal	(043) 101
esteem	(243) 349	expenditure	(208) 328	fatality	(075) 179
estimate	(208) 328	expense	(208) 328	fault	(013) 29
				favor	(097) 229

favorable	(032) 77	flour	(010) 23	furry	(137) 291
favorite	(053) 127	flow	(041) 97	further	(027) 65
fax	(003) 7	foam	(248) 352	future	(031) 75
fear	(100) 235	focal	(084) 199		
feature	(050) 121	focus	(042) 99	**G**	
federal	(047) 113	foe	(044) 105	gain	(049) 118
federation	(047) 113	follow	(021) 49	gang	(138) 291
fee	(055) 131	following	(017) 39	garlic	(114) 265
feed	(265) 361	force	(117) 271	garment	(033) 79
feedback	(037) 89	foreign	(236) 345	gas	(260) 359
female	(076) 181	forgive	(022) 51	gather	(025) 61
fence	(158) 301	forgiveness	(022) 51	gathering	(025) 61
festival	(038) 91	form	(052) 125	general	(018) 41
festivity	(155) 300	formal	(091) 213	generally	(018) 41
fiction	(071) 165	former	(097) 229	generate	(094) 219
figure	(011) 25	formula	(088) 207	generation	(119) 275
file	(191) 319	fortunate	(006) 13	generous	(046) 111
fill	(052) 125	fortunately	(006) 13	generously	(046) 111
film	(038) 91	forum	(168) 307	genre	(193) 320
filter	(004) 9	forward	(004) 9	geologic	(235) 344
final	(007) 15	fossil	(265) 361	geology	(235) 344
finally	(020) 46	found	(220) 336	glacial	(041) 97
finance	(090) 211	foundation	(220) 336	glacier	(041) 97
financial	(008) 19	founder	(220) 336	glamorize	(071) 165
finish	(064) 151	fraction	(026) 63	glamorous	(071) 165
fire	(101) 237	fractional	(066) 155	glamour	(071) 165
firefighter	(133) 288	frank	(037) 89	glare	(109) 255
firm	(032) 77	free	(003) 7	glimpse	(059) 139
first-rate	(026) 63	freedom	(171) 308	global	(166) 305
fit	(019) 43	freeze	(185) 316	globalization	(166) 305
fitness	(015) 35	freezer	(185) 316	globe	(166) 305
fitted	(019) 43	freezing	(185) 316	goal	(078) 185
fix	(100) 235	frequent	(063) 149	goods	(205) 326
flag	(047) 113	frequently	(063) 149	gourmet	(026) 63
flame	(254) 355	fresh	(053) 127	govern	(089) 209
flash	(261) 359	freshly	(053) 127	government	(089) 209
flat	(016) 37	fried	(180) 313	governmental	(077) 183
flavor	(113) 263	front	(014) 31	grace	(022) 51
flawless	(050) 121	frozen	(185) 316	grade	(049) 118
flexibility	(093) 217	fry	(180) 313	grader	(057) 135
flexible	(092) 215	fuel	(100) 235	gradual	(115) 267
flight	(001) 3	full	(116) 269	gradually	(115) 267
float	(262) 360	fully	(116) 269	graduate	(170) 308
flood	(122) 283	function	(017) 39	graduation	(170) 308
flooding	(122) 283	fund	(027) 65	grain	(113) 263
floor	(016) 37	fur	(137) 291	grammar	(058) 137
floss	(021) 49	furniture	(005) 11	grammatical	(058) 137

369

grand	(003) 7	height	(230) 341	imaginary	(252) 354
grant	(223) 338	helicopter	(101) 237	imagination	(252) 354
graph	(070) 163	hence	(118) 273	imaginative	(252) 354
graphic	(070) 163	herb	(141) 293	imagine	(252) 354
grateful	(110) 257	herbal	(141) 293	immediate	(096) 227
gratitude	(037) 89	hide	(099) 233	immediately	(111) 259
grave	(117) 271	hideout	(099) 233	immigrant	(138) 291
gravity	(117) 271	high-quality	(033) 79	immigrate	(138) 291
greatly	(037) 89	highlight	(188) 318	immigration	(138) 291
greet	(047) 113	highly	(050) 121	impact	(089) 209
grill	(056) 133	highway	(213) 332	implement	(098) 231
grocery	(028) 67	hint	(129) 286	implementation	(098) 231
gross	(028) 67	hire	(170) 308	implicit	(111) 259
ground	(130) 287	historic	(085) 201	import	(033) 79
growth	(100) 235	historical	(085) 201	importance	(071) 165
guard	(123) 284	hockey	(201) 324	importantly	(071) 165
guardian	(069) 161	hold	(015) 35	importer	(033) 79
guide	(013) 29	honor	(220) 336	impress	(031) 75
guideline	(080) 189	honorable	(220) 336	impression	(031) 75
gum	(021) 49	horizon	(008) 19	improve	(043) 101
gym	(014) 31	hors d'oeuvre	(085) 201	improvement	(069) 161
		hospitalize	(009) 21	impulse	(012) 27
H		host	(054) 129	include	(012) 27
habit	(020) 45	hot	(020) 45	inclusive	(105) 245
halt	(098) 231	housing	(087) 205	income	(089) 209
handle	(136) 290	hug	(238) 346	inconvenience	(063) 149
handling	(136) 290	huge	(024) 59	inconvenient	(063) 149
hang	(128) 286	human	(090) 211	incorporate	(050) 121
happen	(012) 27	humanity	(090) 211	incorporated	(050) 121
harbor	(155) 300	humid	(231) 342	increase	(063) 149
hardly	(186) 316	humidity	(231) 342	independence	(028) 67
harm	(022) 51	hunt	(164) 304	independent	(028) 67
harmful	(022) 51	hunting	(164) 304	independently	(265) 361
harmonious	(020) 46	hurricane	(124) 284	index	(070) 163
harmony	(020) 46	hurt	(022) 51	indicate	(065) 153
harvest	(234) 343			indication	(065) 153
hatch	(265) 361	**I**		indicator	(065) 153
head	(098) 231	icon	(189) 318	indirect	(082) 195
headache	(109) 255	ideal	(076) 181	indirectly	(082) 195
headphone	(039) 93	idealism	(228) 340	individual	(092) 215
health	(021) 49	identification	(074) 177	individualistic	(118) 273
healthy	(021) 49	identify	(074) 177	industrial	(070) 163
heart	(022) 51	illegal	(143) 294	industry	(092) 215
heartbeat	(062) 145	illegally	(143) 294	inflation	(070) 163
hearty	(038) 91	illness	(183) 315	inflationary	(070) 163
heat	(087) 205	image	(064) 151	influence	(077) 183
heel	(016) 37	imaginable	(252) 354	inform	(036) 85

索 引

informal	(025) 61	introduction	(115) 267	**L**		
information	(001) 3	invent	(250) 353			
ingredient	(113) 263	invention	(250) 353	label	(062) 146	
inhabit	(044) 105	invest	(082) 195	labor	(077) 183	
inhabitant	(044) 105	investigate	(112) 261	laboratory	(060) 141	
injure	(072) 173	investigation	(112) 261	lack	(013) 29	
injury	(093) 217	investment	(082) 195	lakefront	(086) 203	
inn	(085) 201	investor	(082) 195	lamp	(087) 205	
input	(065) 153	invitation	(027) 65	land	(074) 177	
inquire	(163) 304	invite	(027) 65	landmark	(222) 337	
inquiry	(163) 304	irregular	(062) 145	landscape	(108) 253	
insect	(044) 105	irritate	(118) 273	language	(018) 41	
insist	(242) 348	irritation	(118) 273	largely	(089) 209	
install	(004) 9	isolate	(097) 229	laser	(099) 233	
installation	(004) 9	isolated	(097) 229	late	(050) 121	
instant	(065) 153	issue	(018) 41	lately	(050) 121	
instantaneous	(065) 153	item	(012) 27	latest	(050) 121	
instead	(012) 27	itinerary	(001) 3	launch	(078) 185	
institute	(073) 175			law	(069) 161	
institution	(073) 175	**J**		lawn	(067) 157	
instruct	(017) 39	jeopardize	(098) 231	lawyer	(069) 161	
instruction	(017) 39	jewel	(103) 241	lay	(119) 275	
instructor	(057) 135	jeweler	(103) 241	lead	(029) 71	
insurance	(116) 269	jewelry	(103) 241	leader	(061) 143	
insure	(116) 269	job	(069) 161	leadership	(061) 143	
insurgent	(075) 179	join	(025) 61	leading	(029) 71	
intelligence	(253) 355	joint	(093) 217	league	(201) 324	
intelligent	(253) 355	journal	(215) 333	lean	(016) 37	
intend	(076) 181	journalism	(215) 333	leash	(039) 93	
intense	(042) 99	journey	(249) 353	leave	(012) 27	
intensify	(087) 205	judge	(112) 261	lecture	(112) 261	
intensity	(087) 205	judgment	(112) 261	legal	(007) 16	
intensive	(042) 99	jumbo	(056) 133	lend	(206) 327	
intercept	(088) 207	jury	(211) 330	lender	(206) 327	
interest	(007) 16	justice	(140) 292	lens	(109) 255	
interfere	(109) 255	justification	(140) 293	lettuce	(114) 265	
interference	(109) 255	justify	(140) 292	level	(039) 93	
interior	(084) 199			liability	(111) 259	
internal	(236) 345	**K**		liable	(111) 259	
international	(026) 63	keyboard	(192) 320	liberal	(077) 183	
interrupt	(127) 285	kidnap	(137) 291	license	(111) 259	
interruption	(127) 285	kilogram	(068) 159	lie	(119) 275, (145) 295	
interstate	(213) 332	knowledge	(175) 310	lifestyle	(043) 102	
interview	(035) 83	knowledgeable	(175) 310	lifetime	(021) 49	
interviewee	(035) 83	koala	(137) 291	lift	(251) 354	
interviewer	(035) 83			light	(022) 51	
introduce	(115) 267			lightness	(022) 51	

371

lightning	(127) 285	manager	(050) 121	method	(090) 211
likely	(020) 46	manner	(198) 322	methodical	(091) 213
limit	(057) 135	manual	(017) 39	microscope	(050) 121
limitation	(057) 135	manufacture	(051) 123	microwavable	(114) 265
line	(108) 253	manufacturer	(051) 123	microwave	(114) 265
link	(213) 332	manuscript	(080) 189	mild	(231) 342
liquid	(114) 265	margin	(195) 321	militant	(098) 231
list	(011) 25	marine	(101) 237	military	(099) 233
literal	(112) 261	mark	(047) 113	mind	(020) 45
literary	(112) 261	market	(031) 75	mineral	(041) 97
load	(029) 71	marketing	(031) 75	minimize	(109) 255
loan	(067) 157	marriage	(076) 181	minimum	(109) 255
local	(046) 111	marry	(076) 181	minister	(225) 339
locally	(046) 111	mass	(117) 271	minor	(183) 314
locate	(028) 67	massive	(117) 271	minority	(183) 315
location	(084) 199	master	(195) 321	minute	(010) 23
lock	(014) 31	match	(040) 95	miracle	(074) 177
locker	(014) 31	material	(080) 189	miss	(030) 73
log	(038) 91	mathematical	(088) 207	mission	(018) 41
lonely	(243) 349	mathematics	(088) 207	mistake	(099) 233
lookout	(092) 215	matter	(006) 13	mix	(010) 23
loose	(114) 265	maximize	(084) 199	mixer	(187) 317
loosely	(114) 265	maximum	(084) 199	mixture	(187) 317
lose	(049) 117	meal	(020) 45	mobile	(003) 7
loser	(095) 221	mean	(088) 207	mode	(039) 93
loss	(077) 183	means	(088) 207	model	(004) 9
lower	(115) 267	meantime	(001) 3	modern	(214) 332
luggage	(068) 159	measure	(046) 111	moment	(006) 13
lunar	(263) 360	measurement	(019) 43	momentum	(152) 298
lung	(094) 219	mechanic	(091) 213	monitor	(062) 146
luxurious	(108) 253	mechanical	(091) 213	monthly	(018) 41
luxury	(108) 253	media	(071) 165	mood	(053) 127
		medical	(043) 101	moreover	(092) 215
M		medication	(062) 145	mortgage	(208) 328
		medicine	(062) 145	mostly	(264) 361
machine	(091) 213	meet	(001) 3	motion	(093) 217
machinery	(091) 213	melt	(010) 23	motor	(069) 161
mail	(083) 197	membership	(107) 251	motorcycle	(087) 205
main	(018) 41	memory	(013) 29	mount	(229) 341
mainstay	(234) 343	mental	(049) 117	mountain	(229) 341
maintain	(020) 46	mentality	(049) 117	mountainous	(229) 341
major	(019) 43	mention	(039) 93	mountainside	(105) 245
majority	(043) 101	menu	(054) 129	move	(227) 340
maker	(221) 336	merchandise	(006) 13	movement	(227) 340
male	(076) 181	merchant	(006) 13	moving	(013) 29
mall	(067) 157	message	(071) 165	mow	(067) 157
manage	(029) 71	metal	(234) 343	multi-million	(074) 177
management	(029) 71				

multiply	(011) 25	objective	(200) 323	outbreak	(048) 115
muscle	(016) 37	observe	(059) 139	outcome	(116) 269
mutual	(098) 231	obtain	(079) 187	outdoor	(039) 93
mutually	(098) 231	occasion	(239) 346	outdoors	(039) 93
		occasional	(239) 346	outer	(253) 355
N		occasionally	(239) 346	outlet	(079) 187
narrow	(043) 102	occupation	(098) 231	outlook	(059) 139
narrowing	(043) 102	occupy	(098) 231	output	(065) 153
nation	(046) 111	occur	(072) 173	outstanding	(003) 7
national	(046) 111	occurrence	(072) 173	oval	(259) 358
native	(042) 99	ocean	(041) 97	oven	(054) 129
natural	(042) 99	off-the-rack	(019) 43	overactive	(062) 145
nature	(039) 93	offense	(069) 161	overall	(043) 101
nearby	(086) 203	offer	(005) 11	overcast	(045) 107
nearly	(018) 41	office	(005) 11	overcrowded	(142) 294
neat	(196) 321	officer	(008) 19	overemphasize	(042) 99
neatly	(196) 321	official	(047) 113	overheat	(100) 235
necessary	(040) 95	olive	(114) 265	overlook	(085) 201
nectar	(044) 105	online	(024) 59	overseas	(006) 13
negative	(040) 95	open-minded	(037) 89	overtime	(201) 324
negotiate	(081) 191	operate	(065) 153	overview	(032) 77
negotiation	(098) 231	operation	(050) 121	overwhelm	(058) 137
neighbor	(061) 143	operator	(074) 177	overwhelming	(058) 137
neighborhood	(061) 143	opinion	(037) 89	overwork	(142) 294
nerve	(237) 345	opponent	(040) 95	overworked	(142) 294
nervous	(237) 345	opportunity	(023) 57	owe	(007) 16
nervously	(237) 345	oppose	(096) 227	own	(014) 31
network	(018) 41	opposite	(204) 326	owner	(028) 67
nevertheless	(009) 21	opposition	(096) 227	ownership	(052) 125
noise	(039) 93	optical	(109) 255	oxygen	(094) 219
noisy	(039) 93	optimism	(078) 185		
nonsmoker	(241) 347	optimistic	(078) 185	**P**	
normal	(045) 107	optimum	(115) 267	pace	(020) 46
northern	(028) 67	option	(157) 301	Pacific	(041) 97
notch	(115) 267	optional	(157) 301	pack	(155) 300
note	(033) 79	orbit	(259) 358	package	(155) 300
notice	(011) 25	order	(004) 9	paid	(025) 61
nut	(113) 263	ordinarily	(254) 355	pain	(246) 351
nutrient	(186) 316	ordinary	(254) 355	painful	(246) 351
nutrition	(113) 263	organ	(237) 345	pamphlet	(036) 85
nutritional	(113) 263	organic	(237) 345	pan	(187) 317
nutritious	(113) 263	organism	(237) 345	panic	(101) 237
nutty	(113) 263	organization	(046) 111	par	(092) 215
		organize	(046) 111	parade	(047) 113
O		origin	(262) 360	part	(028) 67
oatmeal	(056) 133	original	(106) 249	partake	(027) 65
object	(103) 241	otherwise	(055) 131	participant	(014) 32

participate	(014) 32	pilot	(074) 177	potential	(031) 75
participation	(014) 32	pinch	(119) 275	pour	(010) 23
particle	(262) 360	pioneer	(249) 352	powerful	(071) 165
particular	(025) 61	pioneering	(249) 352	practical	(058) 137
particularly	(025) 61	plain	(086) 203	practice	(047) 113
partly	(045) 107	plan	(002) 5	precious	(210) 330
partner	(077) 183	planet	(117) 271	precise	(070) 163
party	(077) 183	plant	(044) 105	precisely	(070) 163
pass	(030) 73	plastic	(114) 265	prefer	(061) 143
passage	(042) 99	platform	(106) 249	preference	(061) 143
passenger	(068) 159	platinum	(103) 241	prehistoric	(265) 361
passion	(106) 249	player	(039) 93	prepaid	(110) 257
passport	(138) 291	playground	(158) 301	preparation	(116) 269
pastry	(055) 131	plaza	(084) 199	prepare	(054) 129
path	(259) 358	pleasant	(104) 243	preparedness	(116) 269
patience	(006) 13	pleasantly	(104) 243	prescribe	(062) 146
patient	(080) 189	please	(023) 57	prescribed	(062) 146
patronage	(037) 89	pleased	(023) 57	prescription	(062) 146
pattern	(232) 342	pleasure	(008) 19	present	(027) 65, (031) 75
pay	(005) 11	plenty	(013) 29	presentation	(027) 65
payable	(083) 197	point	(011) 25	president	(047) 113
payment	(005) 11	pole	(117) 271	presidential	(047) 113
peak	(229) 341	policy	(031) 75	press	(015) 35
peel	(250) 353	polish	(177) 312	pressure	(094) 219
penalty	(069) 161	polite	(172) 309	prestige	(090) 211
per	(055) 131	political	(077) 183	prestigious	(090) 211
percent	(070) 163	politics	(077) 183	prevent	(043) 102
percentage	(076) 181	poll	(075) 179	previous	(076) 181
perfect	(019) 43	pollute	(262) 360	price	(011) 25
perfectly	(019) 43	pollution	(262) 360	pride	(219) 335
perform	(028) 68	poorly	(082) 195	principal	(090) 211
performance	(074) 177	popular	(058) 137	print	(052) 125
period	(100) 235	popularity	(071) 165	printing	(052) 125
permission	(097) 229	population	(076) 181	prior	(212) 331
permit	(097) 229	port	(120) 282	privacy	(086) 203
personal	(027) 65	portion	(045) 107	private	(086) 203
personality	(184) 315	pose	(248) 352	privilege	(069) 161
perspective	(018) 41	position	(015) 35	prize	(038) 91
pharmacist	(062) 146	positive	(040) 95	probability	(082) 195
pharmacy	(062) 146	possess	(235) 344	probable	(082) 195
photocopy	(033) 79	possession	(235) 344	probably	(082) 195
physical	(014) 31	possibility	(007) 16	probe	(261) 359
physician	(060) 141	possible	(007) 16	problem	(021) 49
pick	(019) 43	possibly	(007) 16	procedure	(014) 31
pile	(121) 282	post	(080) 189	proceed	(027) 65
pilgrim	(101) 237	postage	(080) 189	process	(059) 139
pill	(141) 293	postpone	(239) 346	produce	(044) 105

producer	(070) 163	pump	(062) 145	reasonable	(202) 325
product	(005) 11	purchase	(012) 27	rebate	(209) 329
production	(005) 11	pure	(055) 131	receipt	(212) 331
productive	(005) 11	purpose	(044) 105	receive	(001) 3
profession	(023) 57	pursue	(157) 301	recent	(033) 79
professional	(023) 57	pursuit	(157) 301	recently	(033) 79
professionalism	(107) 251	puzzle	(255) 356	reception	(107) 251
profile	(038) 91			receptionist	(107) 251
profit	(222) 337	**Q**		rechargeable	(222) 337
profitable	(222) 337	qualification	(034) 81	recipe	(026) 63
program	(013) 29	qualified	(034) 81	recognition	(073) 175
progress	(151) 298	qualify	(034) 81	recognize	(073) 175
progressive	(151) 298	quality	(031) 75	recommend	(017) 39
progressively	(151) 298	quarter	(100) 235	reconsider	(119) 275
project	(009) 21	quilt	(221) 336	record	(100) 235
promise	(071) 165	quilted	(221) 336	recover	(043) 102
promote	(061) 143	quit	(063) 149	recovery	(009) 21
promotion	(008) 19	quota	(063) 149	recyclable	(222) 337
prompt	(002) 5			recycle	(222) 337
promptly	(002) 5	**R**		recycled	(222) 337
proof	(052) 125	race	(047) 113, (049) 117	reduce	(042) 99
proper	(083) 197	racial	(049) 117	reduction	(042) 99
properly	(083) 197	rack	(019) 43	refer	(017) 39
property	(072) 173	radar	(131) 287	reference	(017) 39
proportion	(256) 356	raise	(078) 185	reflect	(085) 201
proposal	(110) 257	ramp	(086) 203	reflection	(085) 201
propose	(110) 257	random	(013) 29	reform	(173) 309
proposed	(110) 257	range	(093) 217	refrigerate	(105) 245
proposition	(095) 221	rank	(233) 343	refrigerator	(105) 245
protect	(087) 205	ranking	(233) 343	refusal	(226) 339
protection	(087) 205	rapid	(100) 235	refuse	(226) 339
protective	(109) 255	rapidly	(094) 219	regard	(001) 3
protein	(113) 263	rare	(020) 45	region	(047) 113
protest	(159) 302	rarely	(020) 45	regional	(051) 123
proud	(005) 11	rash	(118) 273	register	(024) 59
proudly	(047) 113	rate	(020) 45	registered	(024) 59
prove	(052) 125	rather	(029) 71	registration	(212) 331
provide	(006) 13	raw	(233) 343	regret	(029) 71
providing	(032) 77	ray	(109) 255	regrettable	(029) 71
provision	(035) 83	reach	(003) 7	regrettably	(029) 71
provisional	(075) 179	react	(118) 273	regular	(026) 63
proxy	(052) 125	reaction	(118) 273	regularly	(115) 267
public	(086) 203	ready	(054) 129	regulate	(146) 295
publicly	(086) 203	realistic	(106) 249	regulation	(146) 295
publish	(215) 333	reality	(106) 249	reject	(169) 307
publisher	(215) 333	realize	(106) 249	rejection	(169) 307
publishing	(215) 333	reason	(025) 61	relate	(081) 191

375

related	(081) 191	rescue	(101) 237	roll	(054) 129
relation	(081) 191	research	(073) 175	rotate	(117) 271
relationship	(204) 326	researcher	(073) 175	rotation	(117) 271
relative	(028) 68	reservation	(107) 251	rough	(232) 342
relatively	(028) 68	reserve	(107) 251	roughly	(232) 342
relax	(053) 127	reserved	(107) 251	round-trip	(038) 91
release	(170) 308	residence	(046) 111	route	(011) 25
reliable	(091) 213	residency	(097) 229	row	(152) 298
relief	(022) 51	resident	(046) 111	ruin	(020) 46
relieve	(093) 217	residential	(046) 111	rule	(058) 137
religion	(101) 237	resign	(225) 339	run	(013) 29
religious	(101) 237	resignation	(225) 339	rush	(102) 239
relocate	(051) 123	resort	(105) 245	rustic	(104) 243
reluctant	(074) 177	resource	(090) 211		
reluctantly	(074) 177	respect	(132) 288		

S

rely	(088) 207	respond	(034) 81	sacrifice	(182) 314
remain	(041) 97	response	(062) 146	sadden	(030) 73
remark	(076) 181	responsibility	(111) 259	safety	(248) 352
remarkable	(076) 181	responsible	(111) 259	sail	(105) 245
remarkably	(076) 181	rest	(030) 73	sailing	(105) 245
remember	(040) 95	restoration	(160) 302	salary	(035) 83
remind	(007) 15	restore	(160) 302	sale	(002) 5
reminder	(007) 15	restrict	(069) 161	salmon	(167) 306
remit	(083) 197	restriction	(069) 161	sample	(263) 360
remittance	(083) 197	result	(007) 15	sanction	(097) 229
removal	(187) 317	resume	(098) 231	satisfaction	(081) 191
remove	(187) 317	résumé	(034) 81	satisfied	(081) 191
rent	(203) 325	retail	(079) 187	satisfy	(081) 191
rental	(203) 325	retailer	(079) 187	sausage	(055) 131
repair	(247) 351	retain	(081) 191	save	(024) 59
repairman	(247) 351	retire	(119) 275	savings	(207) 327
repay	(097) 229	retired	(119) 275	scale	(117) 271
repeat	(015) 35	retirement	(119) 275	scan	(073) 175
repetition	(042) 99	retreat	(041) 97	scanner	(073) 175
replace	(004) 9	return	(002) 5	scatter	(045) 107
replacement	(004) 9	reuse	(024) 59	scattered	(045) 107
reply	(190) 319	reveal	(074) 177	scene	(161) 303
report	(099) 233	reverse	(024) 59	scenery	(161) 303
reportedly	(140) 292	review	(003) 7	scenic	(161) 303
reporter	(099) 233	reward	(025) 61	schedule	(047) 113
represent	(196) 321	rewarding	(025) 61	scholar	(027) 65
representation	(196) 321	rise	(094) 219	scholarship	(027) 65
representative	(196) 321	risk	(043) 102	science	(018) 41
republic	(236) 345	roast	(056) 133	scientific	(018) 41
republican	(236) 345	robotics	(051) 123	scientist	(073) 175
request	(003) 7	rocky	(045) 107	score	(057) 135
require	(007) 15	role	(008) 19	scout	(078) 185

scramble	(055) 131	shift	(092) 215	skin	(118) 273
screen	(064) 151	ship	(006) 13	skip	(020) 45
screening	(064) 151	shipment	(006) 13	skylight	(137) 290
scrimmage	(057) 135	shipping	(006) 13	slam	(102) 239
search	(076) 181	shock	(009) 21	sleepwear	(254) 355
searcher	(076) 181	shoot	(134) 289	slice	(010) 23
season	(053) 127	short	(042) 99	slide	(015) 35
seasonal	(053) 127	shortage	(168) 307	slight	(117) 271
seat	(077) 183	shortly	(042) 99	slightly	(117) 271
secret	(022) 51	shot	(017) 39	slip	(137) 290
secretary	(098) 231	show	(046) 111	slump	(100) 235
section	(018) 41	shrubbery	(044) 105	smart	(257) 357
secure	(088) 207	shutout	(149) 297	smoke	(241) 347
security	(082) 195, (088) 207	shuttle	(127) 285	smoker	(241) 347
seek	(063) 149	shy	(243) 349	smooth	(187) 317
select	(054) 129	shyness	(243) 349	so-called	(058) 137
selection	(054) 129	sight	(108) 253	soar	(100) 235
self-addressed	(052) 125	sightseeing	(108) 253	social	(119) 275
self-awareness	(184) 315	sign	(025) 61	socialize	(119) 275
self-management	(184) 315	signal	(087) 205	society	(096) 227
seminar	(023) 57	signature	(025) 61	software	(009) 21
senate	(146) 295	significance	(082) 195	soil	(263) 360
senator	(146) 295	significant	(082) 195	solid	(185) 316
send	(190) 318	significantly	(082) 195	solution	(066) 155
sender	(190) 318	silence	(039) 93	solve	(066) 155
senior	(059) 139	silent	(039) 93	somewhat	(076) 181
sense	(022) 51	similar	(258) 358	sort	(193) 320
sensible	(118) 273	similarity	(258) 358	soul	(022) 51
sensitive	(118) 273	simple	(021) 49	sound	(104) 243
sentence	(058) 137	simply	(054) 129	sour	(056) 133
separate	(199) 323	simulate	(087) 205	source	(044) 105
separately	(199) 323	simulation	(087) 205	southern	(045) 107
series	(072) 173	simultaneous	(072) 173	space	(104) 243
serious	(021) 49	simultaneously	(072) 173	spacious	(104) 243
serve	(010) 23	sincere	(002) 5	span	(086) 203
service	(024) 59	sincerely	(002) 5	spare	(020) 45
settle	(007) 16	single	(076) 181	sparing	(020) 45
severe	(049) 118	sip	(053) 127	sparingly	(020) 45
severely	(049) 118	site	(029) 71	sparkle	(105) 245
shake	(238) 346	situate	(058) 137	special	(081) 191
shape	(251) 354	situation	(058) 137	specialize	(089) 209
share	(026) 63	size	(068) 159	specialized	(089) 209
sharp	(057) 135	skeletal	(094) 219	specialty	(027) 65
sharpen	(057) 135	skeleton	(094) 219	species	(167) 306
shatter	(072) 173	skill	(023) 57	specific	(006) 13
sheer	(105) 245	skillful	(005) 11	specification	(034) 81
shelter	(044) 105	skillfully	(005) 11	specify	(055) 131

spectacle	(084) 199	store	(013) 29
spectacular	(084) 199	storm	(130) 287
speedy	(009) 21	strain	(022) 51
spell	(197) 322	strategy	(057) 135
spelling	(197) 322	stream	(187) 317
spend	(012) 27	strength	(023) 57
sphere	(117) 271	strengthen	(023) 57
spice	(020) 46	stress	(040) 95
spicy	(020) 46	stressed	(178) 312
split	(164) 304	stressful	(040) 95
spoil	(161) 303	stretch	(093) 217
spokesman	(101) 237	stretching	(093) 217
sponsor	(059) 139	strict	(139) 292
sponsorship	(059) 139	strictly	(139) 292
sportsmanship	(057) 135	stride	(016) 37
spot	(131) 287	strike	(099) 233
spouse	(076) 181	stroke	(245) 350
spread	(082) 195	structural	(058) 137
square	(028) 67	structure	(058) 137
squeeze	(055) 131	struggle	(227) 340
stadium	(047) 113	stud	(108) 253
staff	(030) 73	studio	(106) 249
stage	(057) 135	study	(034) 81
stair	(246) 351	stuff	(218) 335
staircase	(246) 351	style	(054) 129
stamp	(080) 189	subject	(055) 131
stand	(015) 35	submission	(080) 189
standard	(081) 191	submit	(080) 189
state	(095) 221	subscribe	(061) 143
statement	(095) 221	subscriber	(061) 143
statue	(169) 307	subscription	(061) 143
status	(144) 294	subsequent	(007) 16
stay	(001) 3	subsidy	(089) 209
steady	(129) 286	substance	(118) 273
steal	(214) 332	substitute	(026) 63
step	(021) 49	substitution	(026) 63
stick	(181) 314	subtropical	(231) 342
sticker	(181) 314	succeed	(194) 320
stiff	(093) 217	success	(003) 7
stiffen	(093) 217	successful	(009) 21
stiffness	(093) 217	sudden	(201) 324
stipend	(023) 57	suddenly	(201) 324
stir	(114) 265	suffer	(241) 348
stock	(052) 125	sufficiency	(080) 189
stockholder	(052) 125	sufficient	(080) 189
stomach	(062) 145	suggest	(158) 301
storage	(014) 32	suggestion	(158) 301

suit	(019) 43
suitable	(118) 273
suitcase	(068) 159
suite	(074) 177
sunglasses	(109) 255
supplier	(006) 13
supply	(004) 9
support	(037) 89
suppose	(066) 155
surcharge	(068) 159
sure	(008) 19
surf	(104) 243
surface	(016) 37
surge	(119) 275
surgeon	(116) 269
surgery	(116) 269
surplus	(174) 310
surprise	(044) 105
surround	(020) 46
surrounding	(020) 46
survey	(076) 181
surveyor	(076) 181
survival	(043) 101
survive	(043) 101
survivor	(046) 111
suspect	(140) 292
sweat	(094) 219
switch	(016) 37
sympathize	(030) 73
sympathy	(030) 73
symptom	(043) 101
system	(036) 85

T

tablet	(062) 145
tailor	(019) 43
talent	(153) 299
tap	(053) 127
target	(099) 233
task	(175) 310
taste	(053) 127
tasteful	(053) 127
tasty	(053) 127
tax	(209) 329
taxpayer	(209) 329
tear	(124) 284
tear-gas	(101) 237

technical	(051) 123	training	(042) 99	universe	(262) 360
technique	(051) 123	transfer	(083) 197	unleash	(039) 93
technology	(050) 121	transference	(083) 197	unless	(055) 131
teenage	(049) 117	transform	(106) 249	unlikely	(020) 46
teenager	(049) 117	transformation	(106) 249	unnecessary	(020) 46
temper	(184) 315	transport	(101) 237	unneeded	(024) 59
temperament	(184) 315	transportation	(101) 237	unreadable	(088) 207
temperature	(045) 107	treat	(062) 145	up-to-date	(011) 25
temporary	(009) 21	treatment	(043) 101	upcoming	(239) 346
tempt	(054) 129	tremendous	(160) 302	update	(038) 91
temptation	(054) 129	trend	(106) 249	upper	(016) 37
tempting	(054) 129	trendsetting	(106) 249	upset	(062) 145
tend	(020) 45	trial	(033) 79	used	(024) 59
tendency	(020) 45	triangle	(084) 199	usual	(062) 145
tension	(016) 37	triangular	(084) 199	usually	(062) 145
term	(032) 77	trigger	(101) 237	utmost	(107) 251
therefore	(007) 16	trip	(038) 91		
thief	(135) 289	troop	(098) 231	**V**	
thought	(037) 89	tropical	(231) 342	vacancy	(091) 213
threat	(136) 290	trouble	(049) 118	valid	(005) 11
throughout	(218) 335	truly	(104) 243	valuable	(023) 57
tie	(201) 324	trust	(178) 312	value	(037) 89
tight	(153) 299	truth	(104) 243	variety	(018) 41
tightly	(153) 299	turbine	(161) 303	various	(090) 211
tip	(063) 149	turn	(007) 15	vary	(113) 263
tissue	(221) 337	twin	(104) 243	vast	(043) 101
toast	(055) 131	twist	(131) 287	vegetarian	(056) 133
ton	(218) 335	twister	(131) 287	vehicle	(069) 161
tone	(228) 340	type	(084) 199	venture	(086) 203
tool	(166) 306	typical	(084) 199	verbal	(095) 221
tornado	(130) 287			version	(214) 332
toss	(114) 265	**U**		vessel	(094) 219
total	(077) 183	ultraviolet	(109) 255	via	(041) 97
totally	(077) 183	unavoidable	(002) 5	vice	(160) 302
touch	(130) 287	unchecked	(100) 235	victim	(046) 111
tough	(040) 95	uncomfortable	(063) 149	victory	(152) 298
tour	(027) 65	uncover	(114) 265	video	(166) 306
tourism	(027) 65	undergo	(116) 269	videocassette	(166) 306
tourist	(048) 115	undesirable	(044) 105	videotape	(166) 306
trace	(126) 285	unforgettable	(054) 129	view	(050) 121
traceability	(126) 285	unfortunately	(006) 13	viewpoint	(050) 121
trade	(061) 143	uniform	(150) 297	violate	(097) 229
tradition	(113) 263	uniformity	(150) 297	violation	(097) 229
traditional	(113) 263	uninstall	(111) 259	violence	(098) 231
traffic	(069) 161	union	(236) 345	violent	(098) 231
trail	(039) 93	unique	(070) 163	visa	(153) 299
train	(042) 99	universal	(262) 360	visibility	(087) 205

visible	(087) 205	wax	(114) 265	windy	(120) 282
vision	(109) 255	way	(012) 27	wing	(251) 354
visual	(073) 175	weapon	(139) 292	winner	(038) 91
vital	(044) 105	wear	(109) 255	wipe	(124) 284
vitamin	(186) 316	weather	(057) 135	wire	(088) 207
volume	(028) 67	website	(024) 59	wisdom	(008) 19
volunteer	(073) 175	weigh	(117) 271	wise	(008) 19
vote	(075) 179	weight	(049) 118	withdraw	(098) 231
voter	(075) 179	welfare	(089) 209	witness	(134) 289
voyage	(108) 253	well-known	(033) 79	wonder	(097) 229
		western	(045) 107	wood	(067) 157

W

		wet	(128) 286	wooden	(067) 157
wage	(092) 215	whale	(096) 227	workman	(091) 213
want	(004) 9	whaling	(096) 227	workmanship	(091) 213
war	(119) 275	whisk	(187) 317	workout	(015) 35
warehouse	(051) 123	widen	(094) 219	worldwide	(048) 115
warm-up	(093) 217	widespread	(045) 107	worried	(020) 46
warn	(048) 115	wild	(167) 306	worry	(020) 46
warning	(048) 115	wildlife	(096) 227	worth	(113) 263
warranty	(111) 259	win	(038) 91	wrap	(114) 265
waste	(024) 59	wind	(120) 282	wraparound	(104) 243

380

〔監修者〕Bruce Hird（ブルース・ハード）

　米国生まれ。ハワイ大学卒業。現在、上智大学国際教養学部教授。
　主な著書は、『TOEIC®テストに　でる順英単語』(監修)『TOEIC®テストに　でる順英熟語』(監修)『声に出して覚える　CDブック版　TOEIC®テストに　でる順英単語』(監修)(以上、中経出版)、『最新英文ビジネスレター ── 正しいスタイルとアプローチ』(松柏社)、『英文ビジネスレターがすぐに書ける本』(監修)(ともに成美堂出版)、『Longman High Speed Business Writing for e-Communication』(Longman Hong Kong) など。

〔編著者〕河上　源一（かわかみ　げんいち）

　英語教材出版社の編集を経て、現在、出版企画・編集会社経営。
　主な著書は、『TOEIC®テストに　でる順英単語』『TOEIC®テストに　でる順英熟語』『声に出して覚える　CDブック版　TOEIC®テストに　でる順英単語』、『TOEIC®テストに　でる順英文法』(以上、中経出版)、『英文ビジネスレターがすぐに書ける本』(共著)『楽しくまなぶ小学生の英語』(3巻シリーズ)(ともに成美堂出版)、『英文Eメール楽習文例集500』(共著)(ピアソン・エデュケーション) など。

```
本書の内容に関するお問い合わせ先
　中経出版編集部　03(3262)2124
```

CD 2 枚付　TOEIC®テストの英単語　(検印省略)

2006年9月21日　第1刷発行
2008年4月26日　第3刷発行

監修者	Bruce Hird（ブルース・ハード）
編著者	河上　源一（かわかみ　げんいち）
発行者	杉本　惇
発行所	㈱中経出版　〒102-0083 東京都千代田区麹町3の2　相互麹町第一ビル 電話　03(3262)0371（営業代表） 　　　03(3262)2124（編集代表） FAX　03(3262)6855　振替　00110-7-86836 ホームページ　http://www.chukei.co.jp/

乱丁本・落丁本はお取替え致します。
DTP／河源社　印刷／加藤文明社　製本／越後堂製本

Ⓒ2006 Genichi Kawakami, Printed in Japan.
ISBN978-4-8061-2524-2　C2082